爐邊談話

富蘭克林・羅斯福的

Roosevelt's Fireside

30場經典廣播、6大重要演講，看小羅斯福如何以「話家常」的方式帶領人民度過國家危機

Franklin D. Roosevelt

「國家對我們來說意味著什麼，我們就應該為國家做些什麼。」

—— 富蘭克林・羅斯福 (Franklin D. Roosevelt)，美國第 32 任總統

小羅斯福首創的廣播講談形式，成為領袖與一般民眾溝通的經典範例，至今仍被許多國家領導人效法，利用各種傳播媒體進行他們的「爐邊談話」。

富蘭克林・羅斯福 Franklin D. Roosevelt ── 著

孔謐 ── 譯

詹姆斯・伯恩斯《羅斯福：獅子與狐狸》作者

「羅斯福既是狐狸又是獅子，也用狐狸的方法達到獅子的目的。」

《紐約時報》

「從來沒有哪一個總統能在如此短的時間裡叫人感覺滿懷希望。」

目錄

導言

爐邊談話 Fireside Chats

CONTENTS

其他重要演講 Other Speeches

導言

導言

危機・人民・領袖 —— 羅斯福「爐邊談話」及其他

作為美利堅合眾國的首都，華盛頓自然少不了關於美國總統的紀念性建築，諸如華盛頓紀念碑、林肯紀念堂等，早已為人們耳熟能詳。華盛頓廣場高聳入雲的尖頂華盛頓紀念碑，似乎象徵著一個年輕共和國的獨立與成長，以及共和國憲政原則的嚴正與凜然。林肯紀念堂莊重的林肯塑像，又似乎象徵了天賦自由的尊嚴以及合眾國「合眾為一」的精神主旨。這樣的紀念性建築，把美國人民對領袖的緬懷與景仰展現無遺，也把美利堅精神展現得淋漓盡致。

與華盛頓紀念碑的高聳、林肯塑像的莊重形成鮮明對比的，是羅斯福紀念公園的一尊塑像 —— 一位穿著儉樸的平民，坐在房間的一角，全神貫注，正在傾聽著什麼。毋須多想，人們馬上就會說出：「他是在聆聽羅斯福總統的『爐邊談話』。」

任何紀念歷史人物的建築，本質上都是對於一些思想和精神的肯定與堅守。羅斯福廣場的這尊平民塑像，雖然沒有直接表現總統，卻生動具體地為我們講述了一個領袖的非凡故事，一段令人難忘的崢嶸歲月，一些至今閃耀的理念與精神。

一

富蘭克林・德拉諾・羅斯福（Franklin Delano Roosevelt），1882 年 1 月 30 日出生在紐約的海德公園[001]。他是荷蘭人的後裔，祖輩在 1840 年代移民到新阿姆斯特丹[002]。羅斯福的父親是一位富有的鐵路官員，母親也出自一個富足的美國家庭。父母對羅斯福從不溺愛，父親教給他責任 —— 為

001　海德公園（Hyde Park），羅斯福家面積達數百畝的莊園。
002　新阿姆斯特丹，現紐約市。

自己的所作所為負責；母親的嚴厲則有助於他勤奮、堅韌種種品格的形成。少年的羅斯福在公立學校讀書，但更主要的是接受家庭教育。一位法國女教師給了他嚴格的語言和歷史素養的培育，對他價值觀的養成也作用甚大。14 歲時，羅斯福進入私立寄宿學校格羅頓（Groton）學習，在這所以嚴格著稱的學校裡，他經受了鍛鍊，學到了知識，激發了他的道德感和社會責任感。1900 年，羅斯福進入哈佛大學。大學期間，羅斯福透過體育運動和課餘活動，尤其是參與辦校報的活動，從一個靦腆的「局外人」成長為一名社交活躍分子。在校三年拿到學位後，他又留在學校當了一年校報主編。1904 年，羅斯福進入哥倫比亞大學學習法律，獲得學位後輕鬆通過律師考試，進入了紐約的一家律師事務所。在此期間，他與遠房堂妹愛蓮娜·羅斯福（西奧多·羅斯福的侄女）結為夫妻。

羅斯福很快便發現，自己已經不滿足於僅僅做一名律師了。1910 年，他身為民主黨候選人競選紐約州參議員，最終獲得了這個已經被共和黨壟斷 32 年的席位。在擔任州參議員期間，羅斯福顯得老練而獨立，對政治生活十分適應。在 1912 年的總統大選中，羅斯福支持伍德羅·威爾遜（Thomas Woodrow Wilson），後來作為回報，他被任命為海軍部助理部長。羅斯福對這一工作非常熱愛，因為他從小就酷愛船與大海，而且篤信馬漢（Alfred Thayer Mahan）的海權論。這份工作對羅斯福影響甚巨。他主要分管海軍的商務，因而必須面對企業和工會，這使他學會了與他們相處，也認知到了商人唯利是圖的一面。其間，他多次請求赴前線作戰，以便為自己的政治生涯增添絢爛的一筆，卻未能如願；但幸運的是獲得了一次赴歐洲考察海軍基地的機會，他由此接觸了同行，目睹了真正的戰爭。1920 年大選中，羅斯福被民主黨提名為副總統候選人。雖然他最終和競選夥伴詹姆斯·考克斯（James Cox）敗給了哈定（Warren Harding）和柯立芝

（John Coolidge, Jr.），但這次競選還是讓羅斯福獲益匪淺。

1921 年 8 月，羅斯福在坎波貝洛島度假時，由於火災和冰冷刺骨的海水而患上了脊髓灰白質炎 [003]。這無異於滅頂之災，因為這意味他從此要與輪椅和拐杖為伴，甚至是徹底退出大眾視野。然而，羅斯福依舊十分樂觀，他透過游泳和健身來增強自己的體格；他也沒有從政治舞臺上消失，人們總是能看到他參與政治活動的身影。而且在康復治療中，羅斯福把對他身體頗多助益的喬治亞的一處溫泉建成了一個非營利性的小兒麻痺症水療中心，並創辦基金會，為患者提供收費低廉的治療。

1924 年，羅斯福開始回歸政壇。在民主黨的大會上，他提名紐約州州長阿爾佛雷德·E·史密斯為總統候選人。雖然史密斯最後未能獲得提名，但羅斯福舉著雙拐登臺演說的豪邁氣概深入人心，這一舉措也為他贏得了變革的名聲。四年之後，史密斯在羅斯福的支持下獲得提名，而史密斯則勸說羅斯福競選紐約州州長。結果，史密斯敗給了胡佛（John Edgar Hoover），羅斯福卻贏得了選舉。紐約州州長是對羅斯福影響深遠的從政經歷。他的州長任期，幾乎是與經濟危機同時開始的，而他在擔任州長時也把紐約州當作了體制變革和政治理想的試驗基地，並贏得了廣大聲譽。從此，羅斯福開始青雲直上，再度擔任紐約州州長後，在 1932 年的大選中，羅斯福這顆「民主黨的希望」之星擊敗胡佛，成為白宮的新主人。

前所未有的是，羅斯福在白宮一待就是 12 年！自從有「國父」之稱的華盛頓堅持兩任之後不再連任後，再沒有任何一位美國總統的任期超過兩屆。1940 年，羅斯福本該離開白宮，但美國還沒有完全走出大蕭條，第二次世界大戰的戰火又已經瀰漫歐亞。美國人似乎認為只有羅斯福才能讓美國度過難關、走向復興，所以又把他留在了白宮。四年後的 1944 年，

003　脊髓灰白質炎，即小兒麻痺症。

美國已經捲入戰爭，而戰時更換總統顯然是不明智的，因而羅斯福又開始了他的第四屆任期。如今回顧歷史，可以說美國人民的選擇是明智的，對領導美國走出兩次危機來說，羅斯福堪稱不二之選。

遺憾的是，羅斯福沒有完成他的第四任期。1945 年 4 月 12 日，身心疲憊的羅斯福，在喬治亞溫泉休養時溘然長逝。幸運的是，此時戰爭已經接近尾聲，而且羅斯福臨終前便已斷定戰事即將結束，並且對戰後的世界局勢和美國的利益做出了精心的謀劃。

二

還是在 5 歲的時候 —— 1887 年，羅斯福收到了一個奇特的祝福：「小傢伙，我有一個奇怪的祝福，祝你永遠不要成為美利堅合眾國總統。」給他祝福的是時任總統格洛佛·克里夫蘭（Stephen Grover Cleveland），當時羅斯福一家受邀在華盛頓過冬，臨別時父親帶羅斯福去白宮向克里夫蘭總統辭行，總統撫摸著他的頭，給了他那個「奇怪的祝福」。

眾所周知，成為總統，可以說是「美國夢」的最高形式，而克里夫蘭之所以有此「奇怪祝福」，恐怕是「心有戚戚」了。今天，當人們談論柯林頓、小布希以及歐巴馬頭髮的黑白對比之時，這一點恐怕是所有人都「心有戚戚」了。

的確，美國總統是個催人老的職業，而羅斯福當總統的那個年代，對總統的考驗似乎更加嚴峻，對總統的錘鍊似乎更加苛酷。人們習慣於用「受命於危難之際」來概括偉人的橫空出世，但對羅斯福來說似乎並非如此，因為他是自己主動競選而上任的；不過，時際危難，倒是千真萬確。

首先是大蕭條。

就像今天這場金融危機承接著「繁榮」一樣，大蕭條之前的美國同樣

導言

經歷了一個空前繁榮的時期，史稱「喧囂的 20 年代」（當然也有稱之「繁榮的 20 年代」）。在這十年間，美國國民生產大幅提升：1919～1927 年，工廠勞動生產率提升 53%；1920～1930 年，農業勞動生產率提升 20%；1922～1927 年，年均經濟增加 7%，是歷史上和平時期最高的；國民生產總值從 1919 年的 742 億美元（按 1929 年美元計算）增加到 1929 的 1031 億美元。科技進步帶來了新產品，又使老產品價格下降，因而汽車、冰箱等都進入了尋常百姓家。隨著生活水準的提升，大眾消費文化應運而生，樂觀主義充斥社會。

然而，繁榮背後的嚴重問題也是不爭的事實。當時，雖然人們的生活水準普遍提升，但民眾收入提升的幅度卻遠遠跟不上工業生產發展的步伐。與高度發展的國民經濟相比，民眾的購買力嚴重不足，生產與消費矛盾突出。在農業領域，由於市場萎縮和國外產品競爭，農民收入幾乎減半。在工業領域，工人薪資的增加遠低於生產力的增加，而且由於生產效率的提升，就業人數幾乎沒有增加。這意味以工薪支撐的全社會消費支出相對不足，而購買力不足則又使經濟繁榮無法得到相應支撐，因而進一步加深了生產與消費的矛盾。

與廣大民眾收入增加較慢形成鮮明對比的是，企業的利潤大幅增加，再加上共和黨政府降低企業稅負，促使財富急速集中。到 1929 年時，美國國家財富的五分之三集中在 2% 的人手中。資本的集中又促使大量資金進入投機市場。當時進入股市的不僅有大富翁，由於拜金主義的美德化以及盲目樂觀情緒的作用，許多中產商人乃至薪水階層也大量投資股票，巨額資金流入股市。在所有這些因素的鼓噪之下，股價猛升，股票獲利豐厚，股市投機無所不用其極，導致嚴重失控。

1929 年 10 月 24 日，星期四，美國股市價格暴跌，一天就蒸發了 30

億美元，史稱「黑色星期四」。當天，摩根公司拿出 24 億美元基金以高於市場的價格購買股票，股市行情有所穩定。但 10 月 29 日，股票再次大挫，一天蒸發了 100 億美元，相當於美國在第一次世界大戰中的總費用。而股票市場的崩潰引起了連鎖反應，各種商品大幅跌價，人們的信心嚴重受挫，信貸收縮，企業裹足，蕭條到來。

三

大蕭條對美國的影響無疑是至深至巨的。正如美國歷史學家小亞瑟·M·施勒辛格（Arthur M. Schlesinger Jr.）所言：「美國經濟和人民遭受的普遍經濟災難是空前的。在整個美國歷史中，曾有過恐慌、衰退和通貨膨脹，但大蕭條對人民生活因而最終對美國制度性質的影響，是不可比擬的。」

就民生而言，蕭條帶來的是收入減少、生活水準下降以及失業。

危機開始的頭一年，時任總統胡佛要求企業維持原薪資，工人薪資相對穩定。1930 年下半年後，生產減速，工人被迫減少工時，薪資也相對減少，年平均薪資減少接近 20%。有經濟學家推算，1927 年一個四口之家的最低生活費用為 3,000 美元，而實際上 1932 年全國家庭平均收入只有 1,348 美元。因此，當時的美國工人家庭缺衣少食，生活水準嚴重下降。相對地，出生率也顯著下降，而且出生的孩子普遍健康較差，被稱為「蕭條的一代」。

農民的情況更為悲慘。本來，在 1920 年代的經濟繁榮中，由於第一次世界大戰後農產品價格下跌，農民就未曾像工人那樣分享過繁榮的滋味，經濟危機更使他們雪上加霜。他們辛苦工作生產出來的東西，不得不以低於成本的價格賤賣，要不就乾脆讓它們爛在地裡。西部牧場主人的牲

畜賣不掉又養不起，只好宰殺後拋入山谷。此外，由於農民抵押借貸的利息並未減少，部分必需品的價格又不像農產品價格下跌那麼嚴重，導致農民的購買力大為下降。因無力償還債務，1929～1933年，約100多萬戶農民因被取消抵押品贖回權而失去了他們的財產。

中產階級也被危機所裹挾，不無艱辛。懷揣大學文憑的人開電梯，大學教授開計程車，專業技術人員領救濟，並不算是新鮮事。在加利福尼亞水庫工地上從事體力勞動的人中，不少人原來是農場主人、牧師、工程師甚至中學校長、銀行行長。正如《紐約時報》所說：「夜裡敲門乞討的，可能幾個月前或一年前在銀行核發過你的貸款，或者在你所讀的報紙上寫過社論，或者是某家大地產公司的副經理。」不少文化名人亦難逃厄運。比如，《憤怒的葡萄》(The Grapes of Wrath) 的作者約翰‧斯坦貝克 (John Steinbeck) 用豬油和食鹽當肥皂洗衣服，連寄稿件的郵費也難以湊足，沒錢看醫生則只好聽任牙齒壞掉。

最可怕的是失業。1929～1933年，全美平均每週都有10萬人失業，總人數達1,300萬。找不到工作的人們只好四處流浪。據歷史學家推測，當時的流浪大軍多達150萬～200萬人。他們中有原本一無所有的佃農，也不乏農場主人、醫生、律師、教師，有單身漢也有夫婦，有嬰兒也有孕婦……流浪者沒有明確的目的地，而所到之處又因本身救濟負擔已經很重而不願接納他們，給他們一夜之棲、一餐之助之後便不客氣地攆走，流浪者甚至要面對員警的棍棒或牢獄之災。流浪者住在城郊用包裝盒、廢木板搭成的窩棚裡，人稱「胡佛村」；或者在公園裡的長凳上過夜，裹著舊報紙拼成的「胡佛毯」。

大蕭條最嚴重的影響是美國民眾信念的崩潰和心靈的創傷。與之呼應的不滿和抗爭相當嚴峻。由於胡佛未能採取適當的措施解決問題，民眾的

反彈十分強烈。反對削減薪資的工人舉行罷工，失業的工人舉行「飢餓進軍」，城鎮的違法活動不時有之，社會秩序十分混亂。農民則走得更遠，他們設路障不准把農產品運進城市，採取行動奪回自己被取消贖回權的土地，甚至不惜施暴、殺人。

衝擊也指向了美國的制度根基。最為激進的一部分知識分子認為經濟危機是資本主義背叛歷史的結果，主張進行社會革命，學習蘇聯，實行共產主義。但主流的觀點是在資本主義框架下進行變革，即走一條既非自由放任、又非共產主義的中間道路。很快地，知識分子、政治家、相當比例的普通民眾乃至企業家達成了共識：在資本主義民主自由的前提下，捨棄自由放任的經濟政策，實行一定程度上的國家干預社會經濟生活的變革。

顯然，時代呼喚變革，人民呼喚變革。就是在這一片變革之聲中，1932 年的大選年拉開了序幕。此時，謀求連任的胡佛抱著舊政策不放，他的競選綱領仍然堅持自由放任政策，主張聯邦不對市場進行干預，基本上靠地方政府解決危機。而羅斯福則早在民主黨大會上接受提名的演講中就起誓「我決心為美國人民實行新政（New Deal）」。就此來看，兩位候選人的勝負似乎已不言而喻。

四

1933 年 3 月 4 日，羅斯福宣誓就任總統，也拉開了「新政」的大幕。實際上，羅斯福的變革精神和「新政」理念在他就任總統之前就有所展現。

羅斯福在擔任紐約州州長的時候就奏響了變革的序曲，一定程度上可以說紐約州正是其未來「新政」的試驗場。比如，在公共能源和自然資源保護兩個方面，他採取了重大舉措：降低公用能源價格，力主政府管理和

參與能源開發，並對私有公用企業進行有效控制；由州政府購買荒廢的土地而用於植樹造林，並進行城鄉接合起來的嘗試。面對經濟危機，他大膽採取措施救助窮人。他任命了「穩定就業委員會」，成立了「州臨時救濟署」。這些均較全美其他州先著一鞭，展現了羅斯福的變革精神。而在奧爾巴尼（紐約州首府）時，由哥倫比亞大學教授組成的智囊團就已經對經濟政策問題有了清晰的認知：經濟集中的趨勢無法逆轉，因而將自由市場轉變為「被大公司經營者控制」的市場。這種由私人控制的經濟生活是不可靠的，正是這種私人控制造成了大蕭條。1920 年代經濟繁榮發展的收益變成了企業主的利潤、存款和資本，而這種收益本該透過向工人支付較高薪資和對農產品支付更高價格來增強購買力。解決問題的唯一途徑，就是由政府來進行有系統的規劃。這些認知，成了後來羅斯福「新政」的思想基礎。

　　「新政」的具體內容部分地在羅斯福競選時浮出水面。在接受提名演說中，他宣導實施森林重建計畫；在奧勒岡州的波特蘭市，他提出政府要對電力等公用事業進行調控；在匹茲堡的演講中，他認為在公民飢餓和急需幫助時應該增加撥款；在多個場合，他勾劃了政府與企業合作的新秩序。此外，如財政赤字、聯邦工程、提升富人稅負等也已成竹在胸，只是出於競選策略的原因未加渲染而已。

　　羅斯福「新政」往往被史家分成兩個階段，分別冠以「第一次」和「第二次」之名。「第一次新政」的主要立法在 1933 年 3 月 9 日——6 月16 日期間完成，歷時 99 天，習慣上稱為「百日新政」。這一階段的「新政」側重於解決當務之急，即遏制經濟衰退，挽救業已崩潰的金融危機和瀕臨崩潰的農業系統，復興工業，消除失業和飢餓。其中主要的立法有解決銀行危機及金融問題的《緊急銀行法》、《格拉斯 - 斯蒂格爾銀行法》、

《證券法》以及《證券交易法》等，重建工農業平衡的《農業調整法》，政府與企業合作度難關的《全國工業復興法》，幫助「經濟金字塔底層被遺忘的人」的《聯邦緊急救濟法》、《緊急救濟撥款法》。此外，新政還涉及相關的機構（如民間資源保護隊、公共工程局等）和工程（如安居工程、田納西河流域工程等）。

「第二次新政」時間在 1935 ～ 1939 年。這一階段的「新政」注重具有長遠影響的立法。比如，1935 年《銀行法》改變了聯邦準備系統的組織和權力結構，使控制權從以華爾街為代表的地區儲備銀行回到了華盛頓的聯邦準備系統理事會，因而確立了與經濟現代化相適應的現代銀行體系；《社會保障法》規定向雇主強制性徵收聯邦失業保險稅，聯邦向各州撥款幫助各州照顧弱勢族群，因而建立了較完備的福利制度；《財產稅法》規定提升財產稅，並將個人收入超額累進所得稅和公司純收入累進所得稅提升，建立了較為公正的稅收制度；《瓦格納法》明確支持勞工的集體談判權，並規定了維護這種權益的各種措施，同時規定超黨派的勞工關係委員會為處理勞資關係的最高機構，因而開創了一種新型的勞工、企業、政府間的關係。

羅斯福「新政」的歷史功績是毋庸贅言的，它絕不僅僅是把美國帶出了大蕭條，更在於把美國帶入了現代化，可以說，一個現代美國正是由此崛起的。

五

羅斯福從奧爾巴尼的州長官邸來到華盛頓的白宮之後，面臨著圍堵危機和推行「新政」的雙重使命，而這都要盡可能多地獲得大眾的了解和支持。顯然，羅斯福是此一方面的駕輪老手，他有效地駕馭了各種溝通傳播

工具，為自己的使命凝聚了廣泛的同盟者和支持力量。在其執政的 12 年裡，羅斯福共舉行過 998 次記者招待會，平均每週達 2 次之多。而他利用「新媒體」——廣播所進行的「爐邊談話」，更成了迄今為人所津津樂道的領袖人物凝聚民心的典範。

從某種角度上來說，「爐邊談話」可以說是應時之舉。羅斯福履任伊始所要面對的首先是銀行危機，而解決這一危機的根本途徑就是穩定人心，遏制乃至消除擠提擠兌風潮。借助法律方法，羅斯福讓已經關閉的銀行繼續休假並一度延長休假，強制性地「中止」了擠提擠兌。但顯然，這是權宜之計，根本的出路在於民眾自願放棄擠提擠兌，甚至是增加儲蓄。上任四天後的 3 月 8 日，羅斯福舉行了有 120 名記者參加的第一次記者招待會，在輕鬆的氣氛中就銀行業的問題回答了記者的提問。此舉有助於政府與民眾的溝通，但畢竟要假手記者和報紙，受眾未必廣泛，傳播有欠及時，甚至可能不那麼全面、準確，效果令人惴惴。

3 月 13～15 日，經核准的聯準成員銀行和非成員銀行就要相繼復業了，民眾是否還會像過去那樣排隊擠提銀行存款？顯然，這是一個未知數。但此時政府也並非全然無可作為，穩定民心、提振信心就大有可為。於是，在銀行復業的前一晚——3 月 12 日晚，羅斯福在白宮樓下的外賓接待室接受了美國廣播公司、哥倫比亞廣播公司和共同廣播公司（Mutual Broadcasting System）的採訪。羅斯福坐在壁爐旁邊，面前放著擴音器，場面有些像家常談話。就在講話之前，講稿卻不見了，但羅斯福泰然自若，拿起一份給記者準備的油印稿，熄滅了菸頭，轉向了擴音器，開門見山地說：「我想花幾分鐘時間與合眾國人民談談銀行的情況——」接著，羅斯福以誠懇的態度、親切的聲調、樸實的語句，向美國民眾就銀行業的運作進行了淺顯易懂的解釋，並勸說民眾支持銀行業發揮作用，並向大眾

保證，「把錢放在經過整頓、重新開業的銀行裡，要比放在墊被下面更安全」。全國 6,000 萬民眾收聽了這次談話，包括羅斯福廣場那位平民。

　　長期以來，人們以為「爐邊談話」之名出自時任哥倫比亞廣播公司（CBS）高級新聞記者的羅伯特·特勞特（Robert Trout），據說他認為羅斯福廣播講話的聲音猶如起居室裡壁爐中熊熊燃燒的爐火劈啪有聲、鏗鏘有力。但吉姆·考克斯（Jim Cox）認為，「爐邊談話」之名出於時任 CBS 附屬的 WJSV 電臺經理哈利·C·布徹（Harry C. Butcher）。當時布徹注意到外賓接待室裡有一壁爐，便提議為總統的廣播講話冠以「爐邊」，命名為「爐邊談話」（Fireside Chat），理由是：當國民打開收音機，聽到自己領袖的聲音，彷彿總統親臨己家，與其圍爐相坐、親切交談。這樣，特勞特每次作開場白的時候，就用「爐邊談話」來介紹總統的廣播講話。

　　第一次「爐邊談話」獲得了巨大成功，復業後的銀行依舊就是大排長龍，但不是提款，而是存款 —— 把前些天提領出的錢和另外的積蓄存入銀行。這樣的收穫凸顯了這種家常式談話的價值，羅斯福自然不會放棄再次利用。於是，5 月 7 日，第二次「爐邊談話」同樣在週末進行。這一次，羅斯福是為了推行其工業復興計畫而爭取企業和勞工的支持，談話同樣獲得了成功。此後，「爐邊談話」就成了必然之舉，每當美國面臨重大問題之時，羅斯福都要用他所鍾情的這種方式與美國人民溝通。同樣，美國人民也鍾情於此，每當他們有所鬱結和困惑之時，也都希望聽到總統那親切、誠摯的聲音。

　　「爐邊談話」斷斷續續持續了 11 年多，幾乎與羅斯福 12 年的任期相伴。從 1933 年 3 月 12 日第一次談銀行問題，到 1944 年 6 月 12 日談第五次戰爭籌款運動，長長短短共 30 次。就兩次危機而言，30 次談話幾乎平分秋色：大蕭條時期共 13 次，二戰時期共 17 次。從頻率來看，顯然以

「百日新政」和對日宣戰為最，平均間隔不足 2 個月，此外則間隔時間時短時長。「百日新政」及隨後的一段時間，半年多談了四次，此後頻率就降了下來。值得注意的是，在 1938 年 6 月 24 日談各黨派的初選問題後，「爐邊談話」有長達 14 個多月未再進行，直到 1939 年德國入侵波蘭後才在 9 月 3 日簡短地談了談歐洲戰爭。不過，此後，「爐邊談話」頻率增加，幾乎每隔半年一次，珍珠港事件後更是在不到半年裡談了三次。無疑，這種頻率與需求有關，也符合策略原則 —— 新鮮而不疲勞。

六

僅僅把「爐邊談話」理解為與人民進行交流溝通的工具是不夠的。「爐邊談話」不僅是溝通民眾的橋梁，也是政治鬥爭的利器，更是政策導向的指南。

第一次「爐邊談話」時，間不容髮，政府與國會之間沒機會爭吵。當時政府高喊的是：「行動！行動！」國會高喊的是：「表決！表決！」羅斯福提交國會兩院的《緊急銀行法》幾個小時就表決通過，以至於有些議員表決前根本未曾仔細讀過法案。但這樣的一致並不常見，政府與國會、遊說集團（lobbying）乃至最高法院的分歧與角力時而有之。這時，「爐邊談話」一方面是溝通民眾、勸導對手的工具；一方面也就成了對付那些堅持己見、冥頑不化的反對者的利器 —— 爭取人民的了解與支持，給對手造成強大的壓力，使其放棄己見、屈從「新政」。這一點，在羅斯福與最高法院的鬥法中表現得最為突出。1937 年 3 月 9 日那次談話，主要話題正是對司法機構改組的提議和鼓動。

第二次世界大戰在歐洲爆發之初，遠隔重洋的美國人覺得事不關己，大可安枕無憂。羅斯福同樣態度超然，不願意捲入戰爭。然而，保持中立

的羅斯福卻不認為戰爭並非與本國甚至本土無關。因此，他積極推動軍事生產，向歐洲反法西斯國家和力量提供武器及其他補給，支持他們在遠離美國的地方打贏戰爭。同時，他還主張積極備戰，以防哪一天法西斯的鐵蹄踏上本土。在 1939 年 9 月 3 日就歐戰發表第一次談話後，在 1940 年 5 月 26 日和 12 月 29 日，羅斯福又兩次談論國防和國家安全，高瞻遠矚地把備戰觀點注入了人們的腦海。而 1941 年 5 月 2 日的談話（最長的一次「爐邊談話」），則宣布全國進入無限期的緊急狀態，把備戰落到了政策措施的層面上。無疑，這幾次「爐邊談話」的觀念和政策導向作用十分明顯。也正是這樣的深謀遠慮，使得美國具備了較為厚實的戰備基礎，在戰爭降臨的時候能夠從容應對，並在盡可能短的時間內贏得勝利。

領袖需要有果敢善斷的決策能力、迅捷堅韌的行動能力，更需要高瞻遠矚的謀劃能力和循循善誘的引導能力。可以肯定的是，羅斯福如果僅有臨陣磨槍般的「爐邊談話」，而沒有政策導向類的「爐邊談話」，他的形象會失去幾分丰采，而正是後者才使其領袖形象閃現出熠熠光彩。如果我們對羅斯福早 4 年、早 8 年執掌權杖美國就不會鬧出大蕭條的假設未可然否的話，那麼可以肯定的是，羅斯福的前任胡佛以及胡佛的前任柯立芝、哈定們如果能夠高瞻遠矚、居安思危，不要沉醉於繁榮而高歌「美國的事業就是企業」或者拘泥於體制而高舉自由放任之旗的話，美國的大蕭條確實可以減輕並儘早復甦。

遺憾的是，我們雖然總說歷史是一面鏡子，卻很少切實地拿它來觀照、鏡鑑，尤其是在繁榮昌盛、高歌猛進的時候。就這樣，在大蕭條 70 多年之後，幾乎相似的一幕重新上演。同樣相似的是，我們像歷史上無數次重複的那樣，在事後拿起了鏡子；同樣遺憾的是，儘管照過了鏡子，我們依然難免像過去那樣繼續犯錯的衝動。

七

幾乎每一位羅斯福的傳記作家都不捨得丟掉「爐邊談話」這一題材，相反地，對此他們幾乎是濃墨重彩。因為，「爐邊談話」是羅斯福政治生涯中最出色的一個部分，是其思想、理念、能力、魅力最為集中的展現，而且垂範後世，至今為人所津津樂道和孜孜效法。

「爐邊談話」表現了羅斯福駕馭語言的高超能力。作為一種「話家常」式的溝通，「爐邊談話」平和、親切，邏輯中心突出卻又似隨興而談，口氣上如家人般傾心相向，用詞上盡可能簡單、平易，堪稱應用語言藝術的典範。

「爐邊談話」平和親切。談話選在了日常家庭聚談最常見的地方──壁爐前，雖然聽眾看不到畫面，但日常生活的累積使他們可以想見總統談話時的情形。這幅民眾腦海中形成的畫面，與領導人物高居講壇宣讀高頭講章的情形大為不同，一下子就拉近了雙方間的距離。空間距離拉近的同時，同樣拉近的是心理距離，這自然使民眾感到總統的話語聲聲可親、字字入耳，也就甘於欣然接受。在這個氛圍中，羅斯福不再是總統，而成為民眾的家人或朋友，但又是一位家中的長者或睿智的朋友，民眾信賴他，願意聽從他的勸說和指引。因此，在第一次「爐邊談話」的第二天，銀行剛剛開門營業，人們就紛紛前去，將家中的現金存入銀行，僅在紐約一天中的存款數就超過取款數多達 1,000 萬美元。

「爐邊談話」聲情並茂。進行「爐邊談話」時，爐邊聽「談」的只有記者和幕僚、部屬，並沒有普通民眾。但情景既然設定，羅斯福也就入情入景、聲情並茂，彷彿一大群普通民眾──產業工人，城市平民，農場主和佃農，企業雇主，中年漢子與年輕姑娘，老人和孩子，乃至孕婦……

一位傳記作家寫道：「他有意識地使他的談話對象——人民——形象化。他忘記了擴音器，好像他的聽眾也會與他一起點頭、微笑或者和他一起大笑起來。」曾擔任羅斯福政府勞工部長且與總統過從甚密的珀金斯小姐（Frances Perkins）在她的著作中這樣寫道：羅斯福說話的時候，「時而點頭，時而雙手做出簡單、自然而輕鬆愉快的姿勢」。「他面帶微笑，容光煥發，好像他真的就坐在前廊，或者就與他們一起坐在起居室裡」。

「爐邊談話」深入淺出。「爐邊談話」面對的是廣大的普通民眾而非專業人士，而主題卻又是國內外形勢以及國家的大政方針，有些問題又有相當的專業性。要把事關國計而且不乏專業性的問題對沒有專業背景的普通民眾講清楚，這是一個不小的挑戰。羅斯福顯然做到了，而且做得非常出色。比如，羅斯福在第一次「爐邊談話」中說的這段話——

首先，我要指出一個簡單的事實：你們把錢存進銀行，銀行並不是把它鎖在保險庫裡了事，而是用來透過各種不同的信貸方式進行投資的，比如買公債、做押款。換句話說，銀行讓你們的錢發揮作用，好使整個機構運轉。你們存入銀行的錢只有很小一部分是以貨幣形式保存的，其數量在平時完全能夠滿足普通公民的現金需求。換句話說，國家所有貨幣的總量僅僅是所有銀行全部存款中很小的一部分。

就是這不足 200 字的一段話，便把銀行業的運作機制解釋得清清楚楚。因此有人說，羅斯福短短的一兩百字就是一堂出色的金融課。

談話並不是可以不講技巧，相反地，它對技巧的要求似乎更高。羅斯福的「爐邊談話」就展現了極高的語言技巧——仍以第一次談話為例：用親切的稱謂（「我的朋友」、「我們」）把聽眾拉到爐邊來；用各種技巧做好起承轉合、調動聽眾興趣（「你們會問」、「請讓我講清楚」等）；用各種方法使自己講清楚、聽眾聽明白（如「換句話說」等）。這樣的技

巧以及大量修辭手法的運用，在「爐邊談話」中隨處可見。

細細品讀羅斯福的「爐邊談話」，我們必然會驚服於其爐火純青的語言技巧，也會不時擊節稱賞或會心微笑。

八

羅斯福「爐邊談話」的語言技巧值得細緻體味、悉心效仿，而他的熱情、樂觀、隨和、親民等領袖魅力更應該深長體味、傾心效法 —— 不是要成為另一個羅斯福，而是要把人民裝在心坎裡，把各種社會力量凝聚到抗禦、扭轉危機乃至引領經濟社會良好發展的神聖使命上來。

歷史學家給我們留下了許多關於羅斯福領袖魅力的真實寫照 ——

「你要我做什麼事我都會做。你就是我們的領袖。」愛荷華州的一位眾議員寫信給羅斯福說。

「和總統在一起待一個小時以後，叫我把釘子當飯吃我都吃得下去！」一位平日頗為冷靜的機關負責人對他的朋友驚嘆道。

「我與富蘭克林·羅斯福很接近，就像他的跟班一樣。他在我心目中至今仍是英雄。」羅斯福政府的一位要員臨終前說。

「總統是個好夥伴 —— 他非常聰明、機智，進能攻，退能守。他有廣泛的興趣，而且非常富有人情味。」羅斯福政府另一位性格執拗粗暴的成員哈羅德·伊克斯（Harold LeClair Ickes）說。

羅斯福的領袖魅力源自何處？

領袖魅力源自羅斯福的樂觀、自信。對此，我們無需贅述，只舉一例佐證：1933 年初就任總統後不久，羅斯福去拜訪 92 歲高齡的最高法院退休法官奧利弗·文戴爾·霍姆斯。霍姆斯的法官職位是羅斯福的「特德叔叔」（西奧多·羅斯福）任命的，他對富蘭克林·羅斯福的印象一直是：

是個好人，但有點文弱。然而，此次羅斯福拜訪離開後，這位偉大的法學家在書房裡陷入了沉思。在座的朋友不解其意，老人望了望羅斯福剛剛走出去的那扇門，脫口說道：「智力二流，但性格卻是一流！」

領袖魅力源自羅斯福的坦誠、謙遜。「爐邊談話」正是羅斯福坦誠對待人民的一種方式──他把國情、政策以及自己的想法和打算向民眾和盤托出，就如同對自己的家人或摯友。他從不掩飾自己的觀點，同樣也毫不矯飾自己的謙遜。在第三次「爐邊談話」時，他說：「我不否認我們在做法上可能犯下錯誤。我並不指望打出去的球每次都能命中。」他引用西奧多·羅斯福的話說，如果正確率能達到75%，他就會十分高興。

領袖魅力源自羅斯福的操守與胸襟。羅斯福胸襟廣闊，極具包容心。他的政府官員有著各種各樣的背景，他的座上客有著各色人等。他很少黨派的門戶之見，也十分鄙視路線說教。在聯合各種社會力量共度危機方面，羅斯福顯示出了極為卓越的協調能力，各種力量都被他凝聚到了身邊，形成了空前絕後的「羅斯福大聯合」。傳記作家中不乏稱羅斯福為「代理人」或「經紀人」的，尤其是在其執政的早期。這樣的冠稱，生動揭示了羅斯福的施政理念和協調藝術。羅斯福認為，危機當頭，總統的角色就是要在許多分歧因素中找出對整個國家最有利的一致目標，並透過各種方法把各種力量調集在同一目標上來。不過，對於原則目標，羅斯福操守堅定，從不鬆懈、從不妥協。對此，大洋彼岸那個似乎對誰都不喜歡的人──阿道夫·希特勒（Adolf Hitler），也在1933年說：「我同情羅斯福總統，因為他越過國會、越過遊說集團、越過頑固的官僚主義者，徑直走向自己的目標。」

領袖魅力更源自羅斯福的親民，特別是對弱勢族群──「經濟金字塔底層被遺忘的人」──的關注。還在競選時，羅斯福1932年10月19

日就在匹茲堡說：「假如我們的公民中有人陷入飢餓或極度貧困，因而有必要增加撥款，以至預算失衡，我也將毫不遲疑地把全部實情告訴美國人民，並請求他們允許我得到那筆增撥款項。」1933 年 3 月 21 日，羅斯福致國會咨文提議成立聯邦救濟機構。5 月 12 日法案通過，聯邦緊急救濟署成立。羅斯福任命出身貧寒、長期從事福利工作的哈里·霍普金斯（Harry Hopkins）任該署署長。霍普金斯立下誓言「要做到誰也不挨餓」，當一位助手呈交一份「總有一天會成功」的救濟計畫時，他說：「人民不是『總有一天』才吃飯，他們天天都得吃！」羅斯福對霍普金斯的任命展現了他的識人之明，也展現了他自己的情感理念。

羅斯福十分注重收集民情，這靠他的智囊，靠他的妻子，更靠他自己。第一夫人愛蓮娜是羅斯福了解民情的一個有效管道。他教妻子如何體察民情：「要觀察人們的臉色，要看一下晾衣繩上掛著的衣服……注意他們的汽車。」夫人一回到家，他就仔細地問長問短——民眾吃什麼，住得怎樣，房子如何，有些什麼教育設施。羅斯福自己後來也經常出去巡視。有一次在巡視西部後，他對某個委員會的人們談及 1932 年和 1934 年人們臉上神情的變化時說：「你站在車後看人群，就能看出差別來。他們是有希望的人民。他們的勇氣都寫在臉上。他們非常愉快。他們知道面臨極大困難，但他們正在弄清情況……」由此可見，他對民情是多麼體察入微，對民眾是多麼充滿感情。

與此相對，對那些罔顧民生、只圖自身利益的人，羅斯福卻毫不留情地給予駁斥。1934 年 8 月，一個叫美國自由聯盟的組織成立，其著名成員有工業家、汽車製造商、石油資本家等，也有一些知名民主黨人，宗旨是「教育人們認知尊重人權和財產的必要性」。對此，羅斯福不無譏諷地說：這個聯盟抬出了兩條戒律——「保護財產的必要性和保護利潤的必

要性」；他們相信兩件事——「熱愛上帝，然後忘記鄰居」。接著，他嚴正指出：「這裡說的兩種事都沒有提到社會應當關心那些願意工作而又無事可做的人。讓人民免於挨餓，有房子住，生活過得不錯，子女享受教育，這些是政府關心的事情。除此之外，保護個人的生命和自由不受社會上那些企圖以犧牲他人利益而獲取榮華富貴的人們之害，這也是政府義不容辭的責任。」這些話可謂立場鮮明，擲地作金石聲！

羅斯福受到美國民眾的擁戴是空前的。傳記作家這樣寫道：「芝加哥的一名焊工，亞特蘭大的一位家庭主婦，西部小城的一個加油站老闆，都會熱情地寫信給總統，向他傾訴自己的希望、憂慮和困難。」就是那些身為領導者的人，也願意請羅斯福給予指點，「商人、雇主、銀行家、農場主、勞工領袖、報紙編輯，他們離開白宮時沒有一個不是深受感動，輕鬆愉快」。一位羅斯福政府的要員曾看到，民眾蜂擁著圍住羅斯福的汽車，對他唱歌，與他同聲歡笑，並說自己「從未見過像他這樣受人愛戴的人」。原因何在？一位美國農場聯合會的負責人寫給羅斯福的信道出了個中祕密：「你捍衛人民的權利！」

導言

爐邊談話 Fireside Chats

談銀行危機
—— 1933 年 3 月 12 日　星期日

　　在羅斯福就任總統之前，大蕭條已經持續相當長一段時間，羅斯福應對蕭條的「新政」也已醞釀成熟。但進入 1933 年以來，銀行危機來勢凶猛，因此，羅斯福履職之初即著手處理銀行危機。在 3 月 13 日銀行恢復營業的前一晚，羅斯福作廣播講話，向國民解釋了關於銀行的運作以及大眾、企業和銀行的關係，勸導大家讓自己的錢在銀行裡發揮作用，並保證這比放在墊被下面更安全。全美有 6,000 萬人收聽了這次講話，由此化解了人們長期鬱結心中的疑慮與不滿。第二天，部分銀行回復營業，許多人在銀行前排起長龍，把不久前同樣排著長龍提兌的貨幣或黃金存入銀行。幾天裡，銀行回收了 3 億美元的黃金和黃金兌換券。一週後，占總數四分之三的銀行恢復營業，交易所重新響起了鑼聲。

　　朋友們：

　　我要花幾分鐘時間和合眾國的人們談談銀行業。只有很少一部分人了解銀行的運轉機制，而絕大多數人則把銀行用做存款和取款的地方。我要告訴大家過去這些天我們都做了什麼，為什麼要做這些事情以及我們的下一步計畫是什麼。我承認，國會山莊和華盛頓發出的許多公告、立法、財政部法規等等，大部分內容都是用銀行業和法律術語表述的，為了普通公民的利益應當加以解釋。我對此要特別表示感謝，因為每個人都堅定而心平氣和地接受了銀行休假造成的不便和困難。我知道，當大家了解了我們在華盛頓所做的一切後，我將會得到大家的全力合作，如同你們在過去的這週裡給予我們的同情和幫助一樣。

　　首先，我要指出一個簡單的事實，你們把錢存進銀行，銀行並不是把

它鎖在保險庫裡了事，而是用來透過各種不同的信貸方式進行投資的，比如買公債、做押款。換句話說，銀行讓你們的錢發揮作用，好使整個機構轉動。你們存入銀行的錢只有很小一部分是以貨幣形式保存的，其數量在平時完全能夠滿足普通公民的現金需求。換句話說，國家所有貨幣的總量僅僅是所有銀行全部存款中很小的一部分。

那麼，2 月末 3 月初這些日子裡發生了什麼事情[004]呢？由於大眾的信心下降，很多人衝進銀行，將銀行的存款兌換成現金或黃金。[005]取款的人非常之多，以至於最可靠的銀行也不能獲得足夠的現金以滿足需求。當然，其中的原因是，在人們一時衝動的時刻，不可能出售銀行的完全健康的資產，除非將這些資產以遠低於其真實價值的恐慌價格變成現金。

到 3 月 3 日下午時，也就是一週前的星期五下午，美國幾乎所有銀行都關門歇業了。[006]差不多所有州的州長都發布了暫時全部或部分關閉這些銀行的公告。

正是那時候，我發布了公告，規定全國的銀行休假。[007]這也是聯邦政府為重建我們的金融與經濟大廈所採取的第一步。

第二步是國會迅速而充滿愛國心地透過立法，[008]確認了我的公告，並

004　實際上銀行業危機在 1932 年晚期即已開始，內華達州和愛荷華州最先發生恐慌，銀行無法應付席捲而來的擠提擠兌風潮，被迫宣布停業。

005　由於擔心紙幣貶值，人們紛紛將紙幣兌換成黃金，或囤積於國內，或轉輸於國外，致使國家黃金儲備大幅減少。

006　繼內華達、愛荷華州以後，1933 年 2 月 14 日密西根州長宣布全州 550 家銀行「放假」8 天，此後各州跟進，到 3 月 3 日紐約州和伊利諾州 —— 包括全國金融心臟紐約和芝加哥的所有銀行全部停止付款。

007　1933 年 3 月 5 日，羅斯福援引 1917 年 10 月 6 日授權總統控制銀行和通貨的《與敵通商法》，宣布 3 月 6 ～ 9 日全國銀行一律休假 4 天，禁止銀行支付黃金和從事外匯交易。

008　這裡的新法律指本次「爐邊談話」的主題之一《緊急銀行法》。1933 年 3 月 4 日晚，羅斯福命令財政部長威廉・伍丁（William Woodin）在 5 天內制定出該法案；3 月 5 日要求國會在 3 月 9 日召開特別會議討論通過。當天，眾院議長宣讀了 1 分鐘前還在用鉛筆修改的法案草稿，然後僅經過 38 分鐘辯論就一致歡呼通過。參議院經過一番辯論，於當晚 7 時 30 分以絕對多數通過法案。1 小時後法案到達白宮，羅斯福立即簽署。

擴大了我的權力以便聯邦政府根據時間需求延長假期和逐漸解除假期。該項法律還授權制定一項復原我們的銀行業務的計畫。我要對全國各地的公民們說的是，國會，包括共和黨人和民主黨人，透過此次行動表明：他們熱衷公共事業，認知到我國正處於非常時刻，必須快速採取行動。這在我國的歷史上是罕見的。

第三步是通過了一系列法規，准許各家銀行繼續履行其職能，負責分發食品和生活必需品，並支付薪資。

這次銀行休假儘管在許多方面造成諸多不便，但是為我們提供了供應足夠多的現金以應對這種形勢的機會。各家銀行上週一關門放假時，幾乎都是一貧如洗。任何一家銀行都沒做好立即開業的準備。新法律允許 12 家聯邦準備銀行[009]以優質資產為基礎發行更多的貨幣。這樣，重新開業的銀行就能夠滿足所有合理要求。印刷局正在全國各地大量發行新貨幣。這是健康的貨幣，因為它有真實而優質的資產做後盾。

大家會問的一個問題是：為什麼所有銀行沒有同時重新開張營業呢？答案很簡單。你們的聯邦政府不想讓過去幾年的歷史重演。我們不想要，也將不會看到另外一次銀行倒閉大流行了。

該法案共五部分：

第一部分，正式確認總統的銀行休假命令；修改了 1917 年《與敵通商法》，授權總統在緊急狀態下可以限制或禁止一切銀行機構的存款支付；除非得到總統批准和財政部長認可，聯準系統成員銀行不得從事一切銀行業務；禁止黃金囤積和黃金輸出。

第二部分，對依據現行法律本該破產或接受破產管理的數千家國民銀行（即經聯邦註冊的私人商業銀行）進行整頓和重組。

第三部分，規定聯邦註冊銀行與信託公司可向大眾和復興金融公司發行優先股。

第四部分，為解決銀行貨幣短缺問題，規定聯邦準備銀行向某些地區的銀行緊急發行聯準紙幣，各銀行必須以相當面值的國債券作為擔保；此外，還採取對合格的商業票據和銀行承兌票據進行貼現的辦法向各銀行供給聯準紙幣。

第五部分，規定撥款 200 萬美元作為實施該法的經費。

009　指聯邦準備系統分布在全美各地的 12 家政策性銀行，其職權包括控制貨幣供應及監管成員銀行。這 12 家銀行總部分別設在波士頓、紐約、費城、克里夫蘭、聖路易斯、舊金山、利治文、亞特蘭大、芝加哥、明尼阿波利斯、堪薩斯、達拉斯。

　　因此，我們明天，也就是從星期一開始，12 個聯邦準備銀行所在城市的各家銀行將開門營業。這些銀行在財政部首輪審查中表明狀態良好。緊接著，在星期二，已經表明可靠的銀行將在擁有經過驗證的票據交易所各城市恢復其全部功能。這意味著合眾國的約 250 個城市位列其中。

　　星期三及隨後幾天，全國較小地方的銀行將會重新開始營業，當然，具體時間依聯邦政府完成其調查的物力而定。銀行重新開業的時間有必要延長一個時期，以便准許這些銀行申請必需的貸款，獲得滿足其要求的貨幣，並使聯邦政府能夠進行常規審查。

　　大家要清楚，如果你們的銀行在第一天沒有開業，那麼，大家絕不能認為這家銀行將不會開業了。在後續時間內任何一天開業的銀行，其地位與明天開業的銀行完全一樣。

　　我知道，許多人擔心是各州銀行，而不是聯邦準備系統的成員銀行的狀況。這些銀行能夠，並將獲得成員銀行復興金融公司[010]的幫助。這些銀行的運作方式與國家銀行一樣，只是它們從州的權力部門獲得他們的重新營業許可證。財政部長已要求這些權力部門批准其優秀銀行按著與國家銀行同樣的時間表開始營業。我相信，州銀行營業管理處在制定銀行開業的相關政策時將和聯邦政府一樣謹慎小心，並將遵循同樣的基本政策。

　　這些銀行重新開始營業時，一小部分還沒有從恐懼中恢復過來的人有可能再次開始撤資。我希望大家清楚地知道，各銀行將滿足所有需求。我相信，過去那一週發生的囤積現金的行為已經變得非常不合時宜了。不需要預言大師來告訴大家，當人們發現可以獲得他們的錢時 —— 任何時間

010　復興金融公司（Reconstruction Finance Corporation）是為應對經濟危機而成立的政府金融服務機構。胡佛於 1932 年成立該公司，向大銀行、大企業、大農場提供貸款，並允許其向各州發放貸款。1933 年 3 月，羅斯福頒布「新政」，其中一條重要舉措便是由復興金融公司發放 30 億美元貸款，以提高銀行信用。

爐邊談話 Fireside Chats

只要目的合法都可得到 —— 恐懼的陰影將很快蹤跡全無。人們又將樂呵呵地將他們的錢存放在得到妥善保管並能夠隨時方便地使用的地方。我可以向大家保證，把錢放在經過整頓、重新開業的銀行裡，要比放在墊被下面更安全。

當然，我們這個偉大的國家計畫的成功依賴於大眾的合作 —— 依賴其智力支持和使用這個可靠的系統。

大家記住，新法律的實質性完成的象徵是使銀行有可能比以前更願意將其資產兌換成現金。已經制定了更寬鬆的規定，允許銀行將這些優質資產放在各儲備銀行以拆借資金；同時還制定了更寬鬆的規定來以這些優質資產的有價證券為基礎發行更多貨幣。這種貨幣不是法定貨幣。只有有價證券充足時方可發行此種貨幣，而每家健康的銀行都擁有大量此種有價證券。

在結束談話前還要說明一點。當然會有些銀行因沒有進行改組不能重新開業。新法律准許聯邦政府幫助進行迅速有效的改組工作，甚至准許其提前注入至少一部分新的必要資金。

透過對聯邦政府正在做的事情進行基本回顧，我希望大家看到，在此過程中沒有聯合性的，或激進主義的事情發生。

我們的銀行形勢很糟糕。我們的有些銀行在管理大家的存款時表現得不稱職或者不誠實。他們把這些委託給其經營的錢用於投機活動和輕率的貸款。當然，絕大多數銀行並不是這麼做的，但是確實有不少銀行在從事此類活動，其數目之多，足以將人們震驚得一時產生了不安全感，並形成了一種思維定勢，認為天下烏鴉一般黑。聯邦政府的工作是糾正此類誤解，並且會盡快去做。這項工作正在完成之中。

我沒有向大家承諾說，所有銀行都會重新開業，或者每個人都不會遭

受損失。然而，損失可能將是不可避免的。如果我們繼續採取觀望投訴的話，損失有可能更多，更大。我甚至答應大家至少對一些壓力非常大的銀行實施救助。我們不僅僅要讓可靠的銀行重新開業，而且還將透過重組創辦一些可靠的銀行。

全國各地發給我的滿懷信心的信件令我振奮不已。我對大家給予我的衷心支持表示最誠摯的謝意！感謝大家服從命令聽從指揮，儘管你們似乎對我們的整個程序還不是很清楚。

畢竟，在我們對金融體系進行重新調整過程有一個因素比貨幣和黃金還重要，那就是人們的信心。信心和勇氣是成功地完成我們的計畫的必備條件。你們大家一定要有信念；大家一定不要被各種流言蜚語和胡亂猜測嚇破了膽。讓我們大家團結起來消除恐懼！我們已經建立了恢復我們的金融系統的機制；支持這種機制，並讓它開始運轉就是大家的責任了。

這是我們大家共同的問題。我們大家不能認輸！

爐邊談話 Fireside Chats

簡述「新政」規畫
——1933年5月7日　星期日

在履職八週後，羅斯福再次對全國大眾發表廣播講話。此時，他已經認可了這種與民眾溝通方式的作用。該方式已經被命名為「爐邊談話」。此次談話簡述「新政」的相關計畫 —— 正在做的事情和準備做的事情，主要是國內事務，但也談到了國際事務。篇中談到了以總統為首的政府與國會的關係，肯定了國會的合作，同時否認政府有任何舉措違反憲政原則。更為突出的是，羅斯福讚揚了經受危機洗禮的人民的頑強精神，並表示因民眾的支持而深受鼓舞。

在我就任總統一週後的那個週日晚上，我透過這個電波和大家談到了這場銀行危機以及我們為應對這場危機正在採取的措施。我想透過這樣的方式我已經向全國民眾闡明了本來有可能被誤解的各種事實，並大致上找到了一種方法來了解哪些措施更加有利於恢復信心。

八週後的這個夜晚，我再次來此向各位匯報我們的工作情況：用同樣的精神和方式和大家談談我們正在做的事情和準備做的事情。

兩個月前，我們正面臨著嚴重的問題。我們的國家離滅亡近在咫尺，因為商業和貿易活動已然下降到了危險的低水準；基本日用品的價格低得已經危及到像銀行、保險公司和其他國家機構的資產價值。這些機構由於自身的迫切需求，正在取消抵押貸款，收回貸款，拒絕放貸。這樣一來，數百萬民眾的財產實際上正遭受著破壞，因為他們曾經以這些財產的美元價格做抵押借款，但目前美元的價值與1933年3月的水準相比已經發生了重大的變化。任何複雜的經濟萬靈丹或富有想像力的計畫對於那場危機中的情形都無濟於事。我們所面對的是一場危機而不是一種理論。

　　現在只有兩種選擇：一是任由喪失抵押品回收權的情形繼續下去、緊縮信貸、錢繼續消失，因而迫使銀行、鐵路和保險公司進行清算和破產，並對所有商業和資產的資本按較低的水準進行重新調整。這樣的選擇意味著一種被大致稱為「通貨膨脹」的情形延續下去，其最終結果將會是，由於失業加劇、薪資水準進一步降低，所有的財產所有者以及所有靠薪資為生的人將面臨前所未有的困難。

　　我們很容易地看到，這種情形的結果將不僅僅展現在經濟層面，其社會後果必將是無法估量的。甚至我在就職前就認為，這樣的政策是美國人民所無法承受的。這樣的政策不僅意味著更多的家庭、農場、銀行存款和薪資將遭受損失，而且我們的精神價值也將遭受損失，這種損失包括我們對現在和將來失去了安全感，而這種安全感恰恰是維繫個人和家庭的和平與幸福所必需的。一旦你破壞了這些東西，你就會發現將來樹立任何形式的信心都變得非常艱難。顯然，簡單地依靠我國政府來恢復信心，簡單地靠借給那些搖搖欲墜的機構更多的錢並不能遏制目前的下滑趨勢。對我來說，盡可能迅速地實施一項應急計畫對於我們的國家安全來講似乎不但是合乎情理的，而且也是勢在必行的。國會，這包括兩大政黨的成員，完全了解這種形勢，並給了我慷慨的和充滿智慧的支持。國會的議員們意識到，平時所使用的方法不得不由非常時期所採取的措施來取代，這些措施順應了當前嚴峻而迫切的需求。事實上，國會並沒有投降，它仍然掌握著憲法所賦予的權力。任何人都沒有絲毫的想法想要改變這些權力的平衡局面。國會的職能是決定必須做什麼，並選擇合適的機構來達成其意願。它一直嚴格地堅持著這一政策。唯一發生的事情是國會授權總統作為執行國會意願的機構。這不但合乎憲法，而且與美國過去的傳統一致。

　　已獲通過或正在執行中的立法可以恰當地了解為該項依據充分的計畫

的組成部分。

首先，我們將為 100 萬失業人口中的 25 萬人，特別是那些少有所依的年輕人創造就業機會，派他們投身到林業和防洪工作當中去。這個任務很重大，因為這意味著我們要為相當於常規軍隊人數兩倍的人員提供衣食起居。在組建民間資源保護隊[011]的過程中我們採取了一石二鳥的策略：既明顯增加了國家資源的價值，又可緩解目前人們的貧困狀況。這些人將本著完全自願的原則投入工作，不涉及軍事訓練。我們既要保護自然資源，又要保護我們的人力資源。這項工作的重大價值之一是它很便於實行，幾乎不需要設計新的機構。

第二，我已請求國會務必通過一項議案來使得位於馬瑟爾肖斯[012]的巨額國家財產在數年閒置後運營起來，與此相適應的將是一項改善田納西河流域廣大地區狀況的宏大計畫。[013]該計畫將使成千上萬人生活得更加安康幸福，並將惠及整個國家。

第三，國會將透過法律來極大地緩解我國農民和家居所有人在分期付款方面所承受的壓力，減輕我國數百萬人所承受的沉重債務負擔。

---

011 民間資源保護隊（Civilian Conservation Corps, CCC）也譯作「民間自然資源保護隊」。鑑於美國平原地區土地過度放牧、過度開墾和山區森林過度砍伐，以及大量青年失業流浪的情況，羅斯福於 1933 年 3 月 2 日致國會的咨文中提出成立平民墾殖隊的計畫。3 月 31 日國會通過《民間自然資源保護隊重造森林救濟法》，羅斯福簽署後民間資源保護隊建立。該隊成就卓著，既保護了自然資源，也為 250 萬青年創造了臨時就業機會，培養了一支訓練有素的勞動者隊伍。

012 馬瑟爾肖斯（Muscle Shoals）為阿拉巴馬州地名，田納西河流經此地形成綿延 40 公里、約 40 多公尺高的水流落差，水利資源豐富。一戰時，伍德羅‧威爾遜總統曾選定在此建立生產炸藥和肥料的硝酸鹽基地，並擬建水壩和水力發電廠，但因各州利益爭執而一直停頓。

013 田納西流域覆蓋美國南部 7 個州，原本森林茂密、土地肥沃。後由於大肆砍伐導致森林枯竭、水土流失，該地區陷入貧困，居民收入不及全國一半。1933 年 4 月 10 日，羅斯福向國會提出田納西河流域管理局法案，並於 5 月 18 日簽署。該法案旨在治理洪水、重造森林和保持水土，使該地區成為生產化肥或提供電力的基地，同時試圖建立一個既有政府權力又具私人企業靈活性和創造力的公司，從而因而綜合開發這一流域的資源，提高該地區人民的生活水準。羅斯福的計畫，實際上將該地區當成了一個上述目標的巨大實驗區。

　　我們的下一步直接救濟計畫[014] 將是：同意撥款 5 億美元幫助各州、縣和市政府切實履行其職責，照顧好那些需要直接和緊急救助的人們。

　　國會也通過了法律，[015] 授權在那些希望銷售啤酒的州進行啤酒銷售。這已然大大地增加了再就業人數，並增加了急需的稅收。

　　我們正計劃要求國會透過法律允許聯邦政府實施公共工程，並藉此來直接或間接刺激眾多經過深思熟慮的專案的就業規模。

　　國會還通過了更加深入地涉及我們的經濟問題的立法。《農業調整法》[016] 將尋求使用一種或數種方法來增加農民主要農產品的收入，同時防止在此期間發生災難性的生產過剩。這種情況在過去經常導致日用品價格嚴重低於合理收入水準。這項措施為緊急事件的處理提供了廣泛的權力。其使用的程度完全取決於將來的情形。

　　同樣，我們將採取經過慎重考慮的、保守性的措施以使我國的產業工人獲得更加公平的薪資收入，防止惡性競爭和超長的勞動時間，同時鼓勵所有企業防止生產過剩。

　　我們的鐵路法案[017] 也是出於同樣的目的，它鼓勵鐵路本身制定明確的規畫，在聯邦政府的幫助下減少重複建設和浪費。這將使鐵路進入破產管理程序，自負盈虧。

014　這個救助計畫就是後來通過的《聯邦緊急救濟法》，它規定建立聯邦緊急救濟署，該署管理 5 億美元資金，作為對各州的救濟撥款。

015　這裡的法律指啤酒法案。此前美國的禁酒法案禁止酒類產品制售。為增加稅收，羅斯福政府提出修改原法案，使啤酒和低度酒生產和銷售合法化。1933 年 3 月 16 日，國會通過了啤酒法案，羅斯福隨即簽署。

016　《農業調整法》（The Farm Relief Bill），也譯為《農場救濟法》。第一次世界大戰後，美國農業陷入了增產和降價的惡性循環。大蕭條時期，其農產品價格更是大幅下跌。鑑於此種嚴峻的農業形勢，1933 年 3 月 8 日，羅斯福指示農業部長亨利·華萊士（Henry Wallace）等準備農業法案。農業法案起草後經參議院長達數日的激烈爭議，最終形成了《農業調整法》，羅斯福於1933 年 5 月 12 日簽署。此法包括三個部分：第一部分規定小麥、棉花等為必須限制其產量的「基本商品」；第二部分主要解決農業貸款問題；第三部分即《湯瑪斯修正案》。

017　這裡的鐵路法案指 1933 年 5 月 4 日羅斯福簽署的《緊急鐵路法》。該法案授權一位運輸協調人促進或強制運輸人的行動，以避免機構重疊，防止浪費。

爐邊談話 Fireside Chats

　　我堅信，我國民眾了解並認同新一屆政府在農業、工業和交通方面所實施的政策的各種目標。我們不知不覺地發現，我們生產了太多的農產品，以至於我們自己都消費不了；我們有了太多的產品盈餘，要不是以過低的價格出售，其他人根本沒有錢來購買我們的產品。我們還發現，我們的工廠能夠生產出超出我們消費能力的產品，同時我們卻面臨著出口需求下降的尷尬局面。我們發現我們的運輸商品和農作物的能力超出了商品和農作物本身的數量。所有這一切問題很大程度上源於完全缺乏規畫，並完全沒有領悟到世界大戰結束後就一直顯現的危險信號。我們國家的人民受到錯誤的鼓舞，他們相信能夠無限地增加農場和工廠的產出，而某些魔術大師也能夠找到方法來消費掉這部分增加的產出，並使生產者獲得不錯的收益。

　　今天，我們有理由相信，事情比兩個月前略好一些了。工業企業已經開始運轉，鐵路也在運載更多的貨物，農產品價格更高了。但是，我還不準備做出過分狂熱的保證。我們不能大肆宣揚自己已經重歸繁榮。任何時候我對我們的人民都會老老實實。我不想令我們國家的人民在新的投機浪潮中斷送掉我們已經取得的進步。我不想讓人民由於盲目樂觀而去相信，我們能夠像過去一樣增加農作物和工業品的產量，認為某個好心的國度能找到願出高價來購買我們的產品的買家。那種邏輯或許能夠給我們帶來即時的虛假的繁榮，但這是一種將會把我們帶到深淵的繁榮。

　　將我們已經採取的措施稱為政府對農業、工業和交通運輸業的控制是完全錯誤的。這更像是聯邦政府與農業、工業和交通運輸業的合作。這並非是利益上的合作，因為這些利益仍將惠及我們的公民；而是在規劃方面的合作，共同致力於這些計畫的落實。

　　讓我們來用一個例子來詳細說明這個問題。以棉製品業為例。事實可

能是，90% 的棉花生產商會同意取消最低薪資，停止延長工時，停止僱傭童工，同意防止生產過剩。但是，如果另外那 10% 的棉花生產商支付最低薪資，延長勞動時間，在工廠中僱傭童工，並生產出我們無法承受的多餘產品，那麼此項協定的好處何在？這不公平的 10% 會生產出廉價的產品，並足以迫使那 90% 的人去應對這種不公平的環境。這就是聯邦政府所要介入的地方。在透過測算，並為工業企業制定了規畫後，聯邦政府應當擁有並終將獲得這樣的權力，在絕大多數工業企業的協助下依據聯邦政府的授權來實施這項協議。所謂的反托拉斯法的目的就是要防止壟斷的產生，防止那些壟斷企業獲得超額利潤。反托拉斯法的這一目標必須繼續下去，但這些法律從來沒有要鼓勵此類不正當競爭的發生。這類競爭導致了延長工時、低薪資和生產過剩現象的出現。

同樣的原則也適用於農產品生產企業和交通運輸業以及所有其他有整合私有企業的各個領域。

我們正朝著明確的目標工作著。這個目標是，防止那種幾乎破壞掉了我們所稱為的現代文明的事情再次發生，真正達成我們的目標尚需時日。我們的政策完全服務於 150 年前我們的美利堅憲法政府設立的目標。

我知道，我們國家的人民將會了解這些，並也將了解我們實施此項政策的決心。我並不否認，在我們實施這種措施的時候可能會犯程序性錯誤。我並不奢望每次都會成功。我所追求的是：為我本人和我的團隊獲取最大可能的平均命中率。西奧多・羅斯福 [018] 曾經對我說過，「如果能夠達到 75% 的正確，那我將盡我最大的努力去爭取。」

最近，我們已經就聯邦政府的金融與通貨膨脹和金價標準等問題談了

018　美國第 26 任總統西奧多・羅斯福（Theodore Roosevelt）是富蘭克林・羅斯福的堂兄，他對羅斯福影響甚大。

很多。[019] 讓我來把事實闡述得更加簡明，把我們的政策談得更加透徹些吧。首先，政府信譽和政府流通貨幣實質上是一碼事。面對政府公債，人們只相信一項承諾。而對於我們持有的政府流通貨幣來說，除了履行承諾外，我們還要保有黃金和一定量的白銀。在這種關聯方面，我們需要記住這樣事實：過去，聯邦政府已經同意用黃金贖回其近 300 億美元的債務和貨幣，同時美國的私營公司也同意用黃金贖回另外 600 到 700 億美元的有價證券和抵押。聯邦政府和私有公司在做出這樣的協議時非常清楚地知道，在美國持有的所有黃金總和也不過在 30 到 40 億美元之間，而全世界的黃金總量也只有約 110 億美元。

　　一旦這些債券持有者開始要求兌換黃金，那麼數天內，先來的人將得到黃金，他們的總人數將只占到所有有價證券和貨幣持有者總數的 1/25。25 人中的另外 24 人由於碰巧無法占得先機，將被禮貌地告知，沒有多餘的黃金了。我們已經決定用同樣的方式，本著正義的原則，從聯邦政府憲法權力的立場出發去對待所有這 25 人。我們會一視同仁，以此來維護大眾的利益不受侵害。

　　然而，黃金，在一定程度上還有白銀都是流通貨幣的完美無缺的基礎。這也就是我決定現在不允許美國持有的任何黃金外流的原因。[020]

　　三週前出現一系列情況很可能意味著：一、外國將耗盡美國的黃金；二、作為上述情況的結果，美國資本價值將飛漲，並以黃金的形式流出美

019　當時美國的相關問題是物價大跌、黃金擠兌及外流。羅斯福傾向於提高金價，刺激通貨膨脹、美元貶值，放棄金本位制。1933 年 4 月 19 日，羅斯福在記者招待會上宣布政府將放棄金本位制，讓美元貶值以刺激國內價格上漲。6 月 5 日，國會決議限定過去和未來一切公司契約均禁止用黃金支付，至此美國最終放棄了金本位制。

020　在擠兌風潮中，不少美國人把兌換出來的黃金輸往國外，致使美國黃金儲備岌岌可危。羅斯福在 1933 年 4 月 5 日發布行政命令，禁止儲藏黃金，持有者必須把金幣、金條或黃金兌換券交付聯準銀行。4 月 20 日，財政部宣布不再頒發黃金出口許可證，並進一步控制國際兌換中的黃金支付。

國。告訴各位下面的事實並非要誇大其可能性：此類流通將很可能耗光我們的大部分黃金儲備，並進一步削弱我們聯邦政府和私人企業的信譽，直至造成恐慌，使美國的產業車輪完全停止運轉。

美國聯邦政府的目標很明確，就是要提升日用品的價格，直到那些曾經借款的人們基本上能夠以當初他們所借出的同樣的美元來償還這筆錢。我們並不希望看到，這些人所獲得的美元那麼便宜，以致他們能夠用比當初他們借得的少得多的錢來償還欠款。換句話說，我們希望糾正一個錯誤，而不是要在相反的方向創造另一個錯誤。這就是將權力給予聯邦政府，使其在必要時擴大信用以糾正現存錯誤的原因。聯邦政府將在必要時為達到目標而行使這些權力。

與我們首要考慮的國內形勢密切相關的當然是世界局勢。我要向大家強調的是，國內形勢與世界其他國家的形勢不可避免地且深深地連繫在一起。也就是說，雖然我們能夠盡最大可能實現美國的重新繁榮，但如果離開了全世界的重新繁榮，美國的繁榮也是不能長久的。

在我們曾經和正在舉行的與外國領導人的各種會議上，我們都在追求達成四個主要目標：一，進行普遍裁軍，並藉此消除對侵略和武裝對抗的恐懼；同時，裁減軍費，以幫助平衡聯邦政府預算和減稅。二，消除貿易壁壘以重啟國家間農產品和工業品的流動。三，建立穩定的貨幣，以便推進貿易發展。四，與所有國家重新建立友好關係，並樹立更大的信心。

過去三週以來，我們的外國參觀者對這些目標做出了積極回應。所有國家在此次大蕭條中都經受了同樣的遭遇。他們都達成了這樣的共識：所有國家的共同行動將有助於每個國家。正是本著這種精神，我們的參觀者會見了我們，並討論了我們共同關心的問題。即將召開的國際會議[021]一定

021　這裡的國際會議指 1934 年 6 月 12 日在倫敦召開的經濟會議。因羅斯福政府為達成國內貨幣貶

會成功的。世界的未來需要它。我們每個人都承諾為此盡最大努力。

　　對你們，我的美國同胞們來說，我們所有人，國會的所有議員們，聯邦政府的所有工作人員們都抱著一顆深深的感恩之心。經過大危機的洗禮，你們變得有耐心了。你們賦予我們廣泛的權力；你們贊同我們的涉及範圍廣泛的計畫，我們深受鼓舞。我們將盡最大努力，動用一切可用資源，絕不辜負各位的信任。我們有理由相信，我們已經有了個明智的開始。在當前的相互信任和相互鼓勵的推動下，我們將勇往直前。

值、通貨膨脹的目標而放棄外部平衡，拒絕在穩定貨幣方面進行合作，因而此次會議不歡而散。

談復興計畫的目標與基礎
—— 1933 年 7 月 24 日　星期一

　　復興計畫是羅斯福「新政」的主體內容，為此政府制定了《全國工業復興法》。這篇談話中，羅斯福指出了復興計畫的目標：國民都有工作可做，都能得到公平的薪資和收益。要達成這些目標，就勢必要解決蕭條期間惡性競爭、極度貧困和勞資關係緊張的問題。而要解決這些問題，則首先必須取得企業、勞工的了解和支援。這也正是復興計畫的基礎，即人民之間的諒解和支持、共同的盟約。最後，羅斯福表示對大眾目標和基礎力量充滿信心。

　　五個星期前舉行的具有歷史意義的國會特別會議[022]休會後，我有意拖延了向大家匯報的時間。這有兩個原因。

　　其一是我想我們所有人都需要一個進行平靜思考的機會，對開啟新政車輪 100 天來所發生的諸多事件在頭腦中進行反思和吸收。

　　其二是我需要幾週時間來組建新的管理機構並認真審查我們精心規劃的首批成果。

　　我想，如果我將用於國家復興的規畫的基本原則說出來，你們一定會感興趣的。我確信，這將使各位更加清楚地認知到，3 月 4 日以來通過的所有議案和法律[023]不是眾多鬆散方案的集合，而是一項關聯密切的邏輯整體的有機組成部分。

　　早在就任美國總統以前我就已確信，個人的，地方的甚至是各自為戰

022　指 1933 年 6 月 16 日舉行的國會特別會議，此次會議通過了《全國工業復興法》。
023　至此次談話時，羅斯福政府已經先後推出《緊急銀行法》（3 月 9 日）、《證券法》（5 月 27 日）、《農業調整法》（5 月 12 日）、《聯邦救濟法》（5 月 12 日）、《全國工業復興法》（6 月 16 日）、《田納西河流域管理局法》（5 月 18 日）等。

的聯邦政府的努力都已失敗；此類努力的必要性終將失敗；因此，聯邦政府的全面領導無論在理論上還是在實踐上都成為必然。但是，這種領導開始於保持和強化美利堅合眾國政府的信用，因為沒有這種信用，任何領導也是不可能達成的。多年來，聯邦政府一直靠赤字運行。眼前的迫切任務是使我們的日常開支保持在我們的財政收入範圍內。此事我們正在做。

對一個政府來說，一方面要削減日常開支，同時還要借錢並花費數十億美元來應對緊急情況，這看起來似乎有些矛盾。但實際上並不矛盾，因為大部分緊急救濟款都以健康貸款的形式支出了，這筆錢數年後將被償還給財政部。為了籌集其餘的緊急救濟資金，我們已經徵收了稅收來支付債務部分發生的利息。

因此，你將發現，我們已經使我們的信用保持良好的紀錄。在混亂時期，我們已經建立了堅實的基礎。聯邦政府的信用基礎的確已經建立起來，不僅廣泛而且真實。

接下來的這部分問題是關於個體公民自身的信用的。你們和我對銀行危機及其對我國民眾存款所構成的重大威脅都有了些了解。3 月 16 日，所有的國家銀行都關閉了。一個月之後，存款人在國家銀行中 90% 的存款又可以使用了。今天，國家銀行中只有大約 5% 的存款依然被凍結。就各州銀行的情況來說，雖然從比例的角度看不是很理想，但凍結存款的總額正呈現出穩定減少的趨勢，—— 這個結果比我們三個月前想像的要好得多。

個人信用問題由於另外一件事情而變得更加艱難。這裡的美元與招致普通債務出現的美元是不一樣的。因此，許多人實際上正失去對於農場和住宅的所有權和領有資格。你們都知道我們為了糾正這類不公平現象所採取金融措施。除了住宅貸款法 024 外，農場貸款法和破產法都已獲通過。

024　羅斯福「新政」時期，對住宅政策進行了一系列重大調整。其中於 1933 年 6 月 13 日簽署《住

減少人們的債務和利息負擔，恢復人們的購買力確實非常迫切。但另一方面，在我們幫助人們保有其信用的同時，絕對有必要為那些在那一刻身陷困境的成千上萬的人們做些事情，來滿足他們的身體方面的需求。市和州的援助正被延展到極限。我們撥款 5 億美元來填補他們的不足。而且，如各位所了解到的，我們已使 30 萬年輕人投身於既實際又有意義的林業、防治水災和水土流失等工作中。他們所賺取的薪資的一大部分將供養構成其家庭成員的近 100 萬人。

依照同樣的分類方法，我們用於龐大的公共工程的資金總額將達到 30 億美元。這些錢將被用於修築鐵路、建造輪船、防治水災、內河航運以及數千個自籌資金的州和市的改進計畫。在分配和管理這些專案時有兩點必須澄清。一是我們正竭盡所能去選擇能夠創造就業機會、成效快和實用的項目，避免議員為當地選民爭取地方性建設經費情況的發生；二是我們希望，至少有一般的錢將會從專案回歸到聯邦政府。這些項目一段時期後將能夠自食其力。

到現在為止，我已經主要講了基石的問題，談到了聯邦政府透過防止貧困和由各級政府部門提供盡可能多的幫助，以便重建信用，並引領人民朝相反的方向前進而採取的措施。現在，我來說說將讓我們保持長久繁榮的關鍵因素。我曾經說過，在一個一半蒸蒸日上，而另一半衰敗不堪的國家不會有長久的繁榮。如果我們的所有國民都有工作可做，都能得到公平的薪資和收益，那麼他們就能買其鄰居的產品，情況就是好的。但如果你奪走了其中一半人的薪資和收益，那麼情況就只有一半是好的。即便那幸運的一半非常繁榮也於事無補；最好的方法是使每個人都過著幸福的生活。

宅貸款法》（The Home Loan Act），授權建立住宅貸款公司。規定以房產作抵押借款的屋主無力還款時可以其抵押品轉借政府擔保的國債，因而使許多人保住了住宅。

爐邊談話 Fireside Chats

　　多年來，較低的農產品價格和對失業的日益麻痺、大意，一直是實現正常繁榮的兩大障礙。這些因素使我國的購買力縮減了一半。我承諾採取行動。國會承擔了自己的責任，通過了農業和工業復興法。今天，我們正將這些法律付諸實施。如果大家了解了這些法案的基本目標，它們的實施將會見到成效。

　　首先來談一談《農業調整法》。制定該法案的依據是，我國人口將近一半的購買力依賴於足夠高的農產品價格。我們生產的某些農產品數量已經超過了我們的消費能力。國際市場疲軟使得外銷也很困難。解決此問題的辦法是不要生產那麼多東西了。沒有我們的幫助，農民們無法共同減產。《農業調整法》給他們提供了一種方法來使產量達到合理的水準，並使其農產品保持合理的價格。我已經明確指出，這只是一種試驗性的方法。但是，既然我們已經走出了這一步，我們就有理由相信這種方法必將產生良好的效果。

　　顯而易見，我國有數千萬人依靠農業和農產品銷售為生，如果我們能夠極大地提升這些讓人的購買力，那必將大大提升工業產品的消費能力。

　　那就是我的最後一招 —— 將工業品價格調到合理的水準上去。

　　去年秋天，我在多個場合明確指出，透過在工業界的民主自律，我們有可能做到普遍增加薪資，縮短工時，直到使工業企業付給其工人足夠多的薪資以讓工人們購買和使用他們生產的產品。只有允許和鼓勵工業企業採取合作的態度，我們才能夠做到這些。因為很明顯，如果沒有聯合一致的行動，每個競爭集團中總有些自私的人會付給工人極少的薪資，並堅持讓其工人過長時間地工作。該集團的另外一些人要不是跟進，就是關門停業。過去 4 年來，我們已經看到，此類行為的後果是將我們的經濟進一步推向了深淵。

有一種方法顯然可以解決這個難題。如果每個競爭集團的所有雇主都同意付給其工人相同的薪資，一份合情合理的薪資；同意採取同樣的勞動時間，一種合情合理的勞動時間，那麼較高的薪資和較短的工時就不會傷害任何雇主。而且，與失業和低薪資相比，這對雇主更為有利，因為這可以讓更多的人購買其產品。這就是《工業復興法》[025] 的核心理念。

根據所有人協調行動這個簡單的原則，我們正在開展全國範圍的反失業抗爭。如果我們的同胞了解了這個原則，我們就能夠取得成功 ── 無論是在大企業還是小店鋪，在大城市還是在小城鎮。這個原則非常簡單，也不是什麼新玩意。它可以追溯到社會和國家的基本原則本身，即萬眾一心，眾志成城。

舉例來說，在棉紡織品條令和其他已經簽署的條令中禁止使用童工。自從我到華盛頓就任總統以來，這是我參與的最讓我個人感到高興的事情。童工一直是紡織品業揮之不去的夢魘。我很自然地想到了這一行業，而也正是此行業在《工業復興法》簽署後就給予了我們極好的合作。但沒有哪個雇主能夠獨自採取禁止童工的行動。如果哪個雇主或哪個州想試一試的話，其運作成本將直線攀升，直至他們不可能與沒有採取此種措施的雇主或州進行競爭。《工業復興法》剛一通過，這個多年來根本無法透過法律或輿論方法解決的怪物一瞬間就解決了。正如一位英國編輯所說的那樣，我們在一天內通過一部法令做到的事情比英國人在 85 年間靠習慣法做到的事情還要多。我的朋友們，我用這作為例證並非是要吹噓我們已經做了多少事情，而是要向各位表明我們在這幾年夏天和秋天還有哪些更艱

025　該法全名應為《全國工業復興法》，在「爐邊談話」中多稱為《全國復興法》和《工業復興法》（The Industrial Recovery Act, IRA）。旨在復興工業的法案。1933 年 6 月 16 日國會通過，當日羅斯福簽署。該法案包括三個部分，第一，規定成立國家復興局；第二，規定設立公共工程局，撥款 33 億美元用於建設公路、堤壩、聯邦建築、海軍基地及其他工程；第三，規定徵收超額利潤資助公共工程局。

巨的工作要做。

今年的情況比去年要好些。我堅信所有勇敢和樂觀的人都能夠挺過這個冬天。我們不能再讓美國面臨無助的艱難局面了。是採取積極行動的時候了。《工業復興法》給了我們戰勝失業的武器，就像我們用以清除童工時一樣。

簡單說，該法案說的是：

如果所有雇主一致縮短工時，增加薪資，我們就能夠讓人們重新回到工作崗位上。任何雇主都不會遭受損失，因為所有人的競爭成本的相對水準將同比提升。但是如果哪個集團沒跟上，這個重大的機遇將與我們擦肩而過，而我們也將陷入另一個困難時期。一定不能讓此類事情發生。

我們已經向所有雇主發布了一份協定，[026] 這是經過數週協商的成果。該協議核查了幾乎所有大企業提交的自願性條令。這份空白的協定得到了我任命就此協議提出建議的三大委員會[027]的一致認可。這些委員會由勞工、工業和社會服務界主要領導人的代表組成。此協議獲得了每個州和工業界各個階層眾多人士的認可。這是一項經過深思熟慮的、合乎情理和目標明確的計畫。它將使通過法令在各個產業部門所建立的最重要的廣泛原則得以立即貫徹落實。自然地，使得這些條令完善起來並獲得通過，將涉及大量的整合工作、舉行大量的聽證會並將耗費數月時間，但我們等著所有這些條令一一獲得通過。但是，我正在分發給每個雇主的這份空白協議將使這項工作現在就開始運轉，而非從現在開始一直等到六個月後再說。

當然，一定有人 —— 雖然是少數人 —— 會為了尋求個人私利去阻礙

026　這裡的協定指由國家復興局局長休·詹森建議制定的「總統再就業協定」，透過郵局分發全國各地。協定要求雇主保證不僱用 16 歲以下童工，工廠工人每週工作 35 小時，其他工人 40 小時，每週最低薪資 12 美元等等。

027　指由勞方、資方和大眾代表分別組成的委員會，他們在國家復興局的認可和監督下制定適合於本行業的規範。

這項協議的通過。法律方面懲罰將會很嚴厲，但我現在希望你們從輿論和道德的角度進行合作。這是這個偉大的夏季我們用以抗爭失業的唯一武器。但我們會將這一武器的作用發揮到極限以抵禦落後者的干擾，並使這項計畫取得成功。

戰爭中，執行夜間攻擊任務的戰士要在其肩頭佩戴明亮的徽章 [028] 以避免戰友間的戰鬥。根據這樣的原則，那些在此計畫中進行合作的人們互相間得一看便知。因此我們頒發了獎章。它的設計很簡單，上面刻有一句話，「我們做了分內的事」。我要求所有那些和我站在一起的人們將這枚獎章放到顯眼的地方。這對達到我們的目標是必要的。

所有大型的和基本的產業部門都已經自願地提交了所提出的條令，在這些條令中，他們接受了導致大規模再就業的原則。令人振奮的示範效應儘管重要，但是小企業主在這個過程中的作用最為關鍵，因為他們的貢獻將使 10 倍的人獲得工作。這些小企業主確實是我國的中堅力量。我們的計畫成功與否很大程度上取決他們的配合。

電報和信件正雪片般向白宮飛來。雇主們將他們的名字放到這份光榮榜上。他們代表著大型企業和公司，合夥人和自營者。我要求哪怕是在我們所發出的協議中所設定的日期前，我國那些還沒有照此辦理的企業主們 —— 不論是大企業主還是小店主 —— 都應以個人名義打電報或寫信到白宮，表明其參與該計畫的意願。我的目標是，每個城鎮的郵局將所有那些與我站在一起的人們光榮榜展示出來。

我要藉此機會對此刻正在舊金山參加會議的 24 位州長說，這次會議一開始所通過的決議案是對這項偉大運動的最有力的支持。該決議案迅速

028　指「藍鷹」徽章，國家復興局為符合「總統再就業協定」規範的企業發放的榮譽性標誌，它以印第安神鳥藍鷹為圖案，上寫「人盡其責」（We do our part）的字樣，懸掛在企業營業地點或印在產品上。當時這個徽章曾風行一時，企業主以此為榮，故有 200 多萬企業主在協定上簽字。

且完全地同意我們的計畫，並保證在其所在各州支持此計畫。

我想誠摯地為那些因事實上的失業或對失業的恐懼而使其生活變得暗淡的男人和婦女們加油鼓勵。已獲批准或即將通過的法令和協議將表明，這項計畫確實會增加薪資，也確實會給更多的人帶來就業機會。你們可以將每個同意該計畫的企業主看作是正在做著他們分內事情的人，他們將對每一個為謀生計而工作的人做出貢獻。像我本人一樣，你們也會清楚地看到，那些逃避責任的企業主或許可以以比其競爭對手低廉的價格拋售其製造的產品，但他們據此獲得的積蓄是以我們犧牲我們國家的福祉為代價的。

我們在從事這項偉大的工作時不應該有異議和爭論。沒有時間來吹毛求疵或者對這份協議所設立的標準提出疑義。我們應該耐心些，多份了解，多份合作。依據這項法令，我國的工人有不可被剝奪的權利，任何人都不允許削減他們的權利；但是，另一方面，也不可透過暴力方法獲取這些權利。整個國家將團結起來為你們獲取這些權利而奮鬥。適用於企業主的原則也適用於工人。我要求工人們以同樣的精神進行合作。

當被稱為「老核桃木」的安德魯·傑克遜（Andrew Jackson）[029] 逝世時，有人曾問，「他會去往天堂嗎？」有人答道，「如果他想要去的話，會的。」如果有人問我，美國人民能否自己度過這場危機，我的回答是，「如果他們想要的話，他們會的。」該計畫的本實質是，人們普遍同意限制每人每週的勞動時間，付給工人高於最低薪資標準的薪資。我不能保證這項全國範圍的計畫肯定會取得成功，但我國的人民卻能夠保證其成功。我對「包治百病」沒有信心，但我相信我們能夠極大地影響經濟力量。我

---

[029] 美國第 7 任總統安德魯·傑克遜（Andrew Jackson, 1776 ～ 1845）性格堅毅，故有「老山核桃」（Old Hickory, 亦譯「老核桃木」）之稱。他臨終時說：「我親愛的孩子們，朋友們，白人們，我希望並盼望在天堂和你們大家 —— 白人和黑人見面。」

對那些職業經濟學家們所持的觀點不敢苟同。這些人堅稱事情必須按自己的運行規律運轉，人為機構並不能對經濟病症發揮作用。原因之一是，我碰巧了解到職業經濟學家們很久以來總是每隔 5 ～ 10 年就會改變其經濟規律的定義。但我的確相信，並一直對大眾目標的力量和美國人們萬眾一心的力量充滿信心。

　　這就是我向大家說明我們的復興計畫賴以制定的簡單原則和堅實基礎的原因所在。這就是我們要求全國的企業主們以愛國主義和人道主義的名義與我簽訂這份公共契約的原因所在。這就是我要求工人師傅們以了解和援助的精神與我們一道前行的原因所在。

談通貨形勢
—— 1933 年 10 月 22 日　星期日

　　實行「新政」的半年裡，羅斯福基本扭轉了蕭條局面。《紐約時報》聲稱「羅斯福已經挽救了一場史無前例的絕大危局」，「從來沒有哪一個總統能在如此短的時間裡讓人覺得這樣滿懷希望」。在第四次「爐邊談話」中，羅斯福回顧了 3 月以來「穩健而扎實的工作」，並高度概括了「第一次新政」所致力於達成的目標。羅斯福依然「感謝大家的耐心和信任」，也坦陳了別人誤解自己的看法，然後做出保證：「奇蹟是不存在的；我將竭盡全力。」

　　朋友們，今天距離我上次和大家討論我國的問題已經有三個月了，在此期間發生了很多事情。我很高興地告訴大家，這些事情中的絕大部分都有助於改善每位公民的福祉。

　　因為，你們的聯邦政府所採取的每項措施都考慮到了你們每個人的利益，也就是老話說的「最大多數人的最大利益」。我們身為理性的人民，不能期盼每個人、每個職位、每家企業，工業或者農業都可獲得源源不斷的好處，同樣，任何理性的人都不會在這麼短的時間內盼望獲得那麼多好處，因為在此期間，新的機構不僅投入運行，而且首先要將它們建立起來。這樣，美國 48 個州的每一個地方才能夠平等地共用國家進步的益處。

　　但是，我們國家從東海岸到西海岸的每一寸國土，全國 1 億 2,000 萬同胞中的每個人都向那些樂於看到進步的每個人展現令你們和我為之驕傲的事實與行動。

　　今年年初，我們國家的實際失業人口數量要多於世界上的其他國家。據客觀的估計，去年 3 月時的失業人口數量達 1,200 萬或 1,300 萬人。當

然，這其中有幾百萬人可以被劃入正常失業的範疇。這些人有些是覺得高興時才偶爾去工作，而有些人則根本不願去工作。因此，我國公民中有約 1,000 萬人迫切地且更多的時候是如飢似渴地在找工作卻無法得到工作機會，這樣的說法是公正的。我確信，在短短幾個月內，這些人當中至少有 400 萬人已經找到了工作。或者換句話說，那些找工作的人中有 40% 的人已經找到了。

朋友們，這並非意味著我對此感到滿意，或者你們感到滿意了，我們的工作可以結束了。我們還有很長的路要走。我們才剛剛出發而已。

我們的復興大廈一旦建成，貨幣兌換商或乞丐將無所遁形，它將致力於維護美國最大多數人的社會正義與福利，人民將可以安居樂業。那麼我們如何來建設這座大廈呢？我們正在一塊石頭一塊石頭地搭建著基柱，這些基柱將為我們的大廈奠定基礎。基柱的數量眾多，但有時候，儘管某根基柱的鋪設會影響到緊鄰著的房梁的架設，但整體工作必須毫不間斷地進行下去。

我們都知道，救濟失業者是建設我們的大廈的首要工作。也正因為如此，我才首先談到，幾乎遍及全國每個角落的民間資源保護隊營地在整個冬季已經或正在向 30 萬年輕人提供就業職務。

你們也知道，我們為配合各州和地方政府在工作和家庭救濟方面的工作所耗費的資金比以往任何時候都要多，其數量在幾年冬季不會減少。其原因很簡單：儘管有幾百萬人回到了工作崗位，但還沒有獲得工作的那些人比去年的這個時候更加迫切地需要我們的救濟。

接著我們來談談救濟問題。我們現在正將它發放給那些面臨失去農場或家園的人們。我們需要在全國的 3,100 個縣建立新的機構以恢復他們的農場信用和住宅信用。過去的每一天都是在幫助數千個家庭救助住宅和農

場。我已經公開要求延長農場、各類動產和住宅的抵押回收期限，直到美國的每位抵押人都獲得了充分利用聯邦信用的機會。我還進一步提出，如果美國的任何一個家庭將要喪失了住宅或各類動產，該家庭應該馬上致電位於華盛頓的農業信貸局[030]或屋主貸款公司2[031]請求幫助。就你們許多人所知，各大聯邦信用機構已經提出了這樣的要求。

另外兩大機構也很活躍。復興金融公司繼續向工業和金融機構拆借大額資金，其基本目的是使工業、商業和金融業的信用開展起來更加便捷。

三個月內，公共工程計畫已經進展到這樣的地步：在用於公共工程的總額達 33 億美元的撥款中，已有 18 億美元被分配給各類聯邦專案，地域遍布美國的每個角落，這方面的工作正在向前推進。另外還有 3 億美元分配給了有各州、市和私營公司實施的公共工程項目，如那些進行中的貧民窟清理專案。公共工程資金的平衡問題就是等著各州和地方政府本身提供合適的項目。所有這些資金都準備用於州和地方項目上。華盛頓手裡握著這筆錢，等著將其撥給合適的專案使用。

另一大活躍的機構是農業調整局。[032]南方的棉花種植園主、西部的小麥農場主和東南部的菸草種植園主們給予了聯邦政府非同尋常的合作，這令我感到吃驚。我相信，中西部的豬農也會步其後塵。我們謀求要解決的問題在這 20 年間變得更加糟糕了。但是過去六個月我們取得了比任何國家同期都要大的進步。確實，7 月分，農業日用品價格比現在還高，這部

030　農業信貸局（Farm Credit Administration），這是羅斯福政府依據《農業調整法》成立的政府金融機構，意在為農村人口保住他們的農場和住宅提供政策性信貸支援。

031　這是羅斯福政府根據《住宅貸款法》（The Home Owners Loan Corporation）成立的政府金融機構。該公司由復興金融公司撥款 2 億美元，另獲授權發行 20 億美元債券，購買屋主持有的拖欠的抵押借款單，因而使即將失去房產贖回權的房主保住自己的房產。公司還貸給房主現金，供其支付稅收和房屋修理費用。

032　農業調整局（Agriculture Adjustment Administration, AAA），也譯作農場調整局。它是負責實施《農業調整法》新設的政府機構，隸屬於農業部。

分地是由那些不辨菽麥的人、從來沒見過棉花生長的人、不知道豬是吃玉米長大的人所進行的純粹投機活動所致。這些人對農民和他們所面臨的問題沒有實際的興趣。

　　儘管投機畢竟是投機，但是有個事實是，1933 年期間美國農民從其產品中獲得的收入比 1932 年增加了 33%。就是說，他們在 1933 年的收入是 400 美元，而在 1932 年僅有 300 美元。記住，這只是全國的平均水準。我得到的報告指出，有些地方農民的收入並不比去年好多少。主要農產品，特別是養牛戶和乳品加工業也是如此。我們正盡快跟進這些問題。

　　我毫不遲疑地用我能夠想到的最簡單明瞭的話和大家說，雖然許多農產品的價格已經回升了，雖然許多農戶的生活比去年富裕了，但我對農產品價格增加的數量和幅度都不能感到滿意，繼續增加農產品的價格，並將其範圍擴展到那些還沒有獲得實惠的農產品中去是我們確定不移的政策。如果我們不能用這種方式做到這點，我們就會用另外的方式去做。我們終將做到。

　　農業和工業，《農業調整法》和《全國復興法》互為協調。其目標是使工業和商業工人找到工作，並透過增加其薪資的方法提升其購買力。

　　童工也被禁止使用。血汗工廠也已經被取締。在某些工廠工作一週僅得到 60 美分，在某些礦山工作一週得到 80 美分薪資的情況都稱為了歷史。促進工業成長的措施奏效與否取決於總的再就業人員數量。相關情況我已經和大家談過了。實際上，再就業人數在不斷增加而不是止步不前了。《全國復興法》的祕訣在於合作。這種合作是透過自願地簽署空白的協定和已然包括全國所有大型企業的具體協議來達成的。

　　在絕大多數地方的絕大多數情況下，人們都全力支持全國復興法的實施。我們知道總會有搞破壞的人。我們已經發現了一些為謀取一己私利而

心懷叵測的人。他們對該法案橫加指責，為該法案的執行設置重重障礙。

90% 的抱怨源於誤解。譬如，有人說《全國復興法》無法提升小麥、玉米和生豬的價格；《全國復興法》無法向地方公共工程項目發放足夠的貸款。當然，無論怎麼講，全國復興法與農產品的價格或公共工程都扯不上任何關係。該法的任務只是為產業組織制定經濟規畫，以消除不公平的經營活動，並創造再就業機會。即使在工商業領域，《全國復興法》也不適用於農村社區人口總量少於 2.5 萬人的城鎮，除非依據具體情況在這些城鎮設有工廠或連鎖店。

另外一個事實是，在我談到的搞破壞的人當中，既有人物，也有小角色，他們都利用空隙或漏洞來謀取不正當利益。

我舉一個東部某大城市商店的一名銷售商的例子。此人想將一件棉襯衫的價格從 0.5 美元提高到 2.5 美元，並對顧客說漲價的原因是棉製品加工稅。實際上，每件襯衫中僅含約 1 磅棉花，而其加工稅僅有 4.25 美分。

就這方面的情況來說，我應該將信用給予生活是全國各城市和大城鎮的 6,000 萬～ 7,000 萬人才是公平的，因為他們了解並樂意繳納這微不足道的加工稅，雖然這些人很清楚地知道，由城市居民所繳納的這部分棉織品和食品加工稅將 100% 地用於增加我國農業居民的農業收入。

我要談的最後一個問題是存放在國家銀行的國家的資金。這裡要了解兩個事實。

一是聯邦政府準備將 10 億美元以緊急貸款形式用於自 1933 年 1 月 1 日以來已經被凍結的或非流動性銀行資產，並對這些資產進行寬鬆的評估。如果人力充足，這筆錢一經從銀行取出來，就會掌握在存款人的手裡。

　　二是從 1 月 1 日起，政府銀行存款基金[033] 對總額達到 2,500 美元的存款提供擔保。我們現在也認知到，在此日期或以前，聯邦政府將建立銀行資本機構以確保保險公司正常運作時各家銀行處於良好狀態。

　　最後，我來重申一下我曾經在眾多場合說過的，自從去年 3 月以來，聯邦政府政策明確，就是要保持日用品的價格水準。這個目標已經在一定程度上得以達成，這是農業和工業企業能夠再次提供就業機會給失業人員。人們也有可能以更接近於他們借債時的貨幣水準償付公私債務。價格機構已經漸漸維持在一種平衡的狀態。這樣就可以在更公平的交換基礎上用其農產品交換工業產品了。防止價格漲幅超過我們達到此目的的必要限度，以前是現在依然是我們的目標。我們國家各個階層的人民的永久福利和安全最終都依賴於這些目標的達成程度。

　　顯然，因為我們國家幅員遼闊，農作物品類繁多，工業部門行當齊全，所以我們無法再短短的幾個月裡達到目標。我們可能會需要 1 年、2 年甚至 3 年的時間。

　　所有人在了解到我們所處的實際環境後都會認為，日用品，特別是農產品的價格還不夠高。

　　一些人在本末倒置。他們首先要求對美元價值進行永久性再評估。而聯邦政府的政策首先是要保持價格水準。我不知道，而且其他人也無法說清楚美元的永恆價值會是什麼。現在想猜測一個永久的黃金價格恐怕必須要看今後所表現的交換情況。

　　一旦保持住了價格水準，我們將努力建立和維持一種下一代都不會改

033　政府銀行存款基金（Government Bank Deposit Insurance），這是依據 1933 年 6 月 16 日羅斯福簽署的《格拉斯－斯蒂高爾銀行法》（Glass-Steagall Act）建立的基金。該基金部分來自聯邦政府撥款（1.5 億美元），其餘來自參加保險的銀行繳納的保費。該基金為數額達 2,500 美元的存款予以保險。該基金公司保護了儲戶的利益，有利於銀行體系的穩定。

變其購買力和還貸努力的美元。去年 7 月，我在給駐倫敦的美國代表團的信中曾談到這點。現在我在此重申這個觀點。

受國內因素和世界其他地區不可控事件的影響，提出並採取進一步措施以便及時控制我國國內美元兌黃金的價格變得日益重要起來。

總體來說，我們的美元受到國際貿易事務、其他國家的國內政策和其他地區政治動盪等因素的重大影響。因此美國必須將美元的黃金價格牢牢地控制在自己手裡。這對於防止因美元不穩定而致使我們偏離我們的最終目標，即進一步恢復我國的日用品價格是必要的。

我還打算在國內建立一個聯邦政府黃金市場，作為達到此目標的進一步有力措施。因此，根據先行法律的明確授權，我將批准復興金融公司在與美國財政部和美國總統協商後，必要時以核定價格收購在美國新開採出的黃金，並在我們認為必要時在世界市場上收購或出售黃金。

我採取此項措施的目標是要建立和保持持續的控制能力。這是一項政策，而不是權宜之計。

這項政策並非僅僅為了彌補暫時性的性格下降。我們正朝著建立一種可管理的貨幣的方向努力。

大家會回憶起去年春天有些人做出可怕的預言。這些人不同意我們的透過直接方法提高價格的普遍政策。實際上所發生的事情與那些預言形成了鮮明的對比。聯邦政府的信用水準提升了，物價有所回升。毫無疑問，我們中間依然存在著邪惡的預言家。但是，聯邦政府的信用必將保持住，健全的貨幣將使美國的日用品價格水準繼續回升。

今晚，我和大家談了我們在建設我們的復興大廈時所做的穩健而扎實的工作。按照我去年 3 月 4 號之前和之後對你們做出的承諾，我保證兩點：奇蹟是不存在的；我將竭盡全力。

　　謝謝各位的耐心與信任！我們的困難不會在瞬間消失，但我們已經啟程並朝著正確的方向前進！

對第 73 屆國會所取得成就的回顧
—— 1934 年 6 月 28 日　星期四

　　這篇回顧國會所取得成就的談話，自然集中在立法與行政機構關係以及公民權利問題上。羅斯福稱本屆國會是和平時期歷屆國會最自由的一屆，既讚揚了國會，也說明了國會與政府的良好關係。接著，談話集中於挽救和捍衛國家生活的三大措施 —— 救濟、復興、改革。由此歸結於人權，指出三大措施都是為了達成這一理想，並請大家自問《權利法案》中規定的權利是否受到了些微損害。在此基礎上，羅斯福譴責了那些專門利己，唯利是圖的人。最後，又從白宮引申到政府權力的來源，回應了這次談話的主題。

　　幾個月前，我和大家討論了關於政府的問題。1 月以來，我們這些承蒙各位信任的人一直致力於達成數月前經過廣泛討論的計畫和政策。似乎對我們而言，我們的職責不僅是要使復興的路線更加清晰，而且還包括要走出這條路來。

　　在我們回顧第 73 屆國會所取得的成就時會清楚地發現，完成和強化國會 1933 年 3 月分所開啟的工作已成為本屆國會的當然任務。這項任務並不輕鬆，但本屆國會是勝任的。人們普遍認為，除了為數不多的幾次例外，自華盛頓總統[034]本人所領導的美國政府以來，本屆國會身為合作夥伴是和平時期歷屆國會中表現得最為自由的一屆國會。本屆國會無論從業已的各項立法的深度和廣度來說，還是他們在就這些措施所進行的辯論過程中所展現的智慧和良好願望來說，都是令人印象深刻的。

　　我僅舉幾個主要措施來說明。法律規定透過《公司與城市破產法》及

034　即美國第一任總統喬治・華盛頓（George Washington, 1732 ～ 1799）。

《農業救濟法》來重新調整公民的債務負擔。透過鼓勵貸款給那些有償付能力卻無法從銀行機構得到足夠資助的企業來助這些企業一臂之力。透過證券交易稅來強化金融的完整性。透過互惠貿易協定為增加美國對外貿易額提供了理性的方法。強化了我國海上軍事力量以履行現行條約權力的意圖與許可。《勞工調整法》[035] 使企業走向進一步的和平。透過採取為廣大農民所要求的各項措施對我們的農業政策進行了補充，並試圖轉移毀滅性價格造成的生產過剩。為了鎮壓歹徒的犯罪活動，強化了聯邦政府的權力。透過我今天簽署的這部法案，[036] 採取了明確的措施來推動全國住宅計畫的實施，以鼓勵私人資本進入美國的住宅再建設項目。國會組建了一個永久性的聯邦機構來嚴格規範各類通訊方式，包括電話、電報和無線通訊。最後，也是我認為最重要的，是本屆國會對我們的貨幣體系進行了改組和簡化，使其更加公平和正當。建立了完全能夠滿足現代經濟生活需求的貨幣本位和政策，並使作為合眾國貨幣基礎的黃金和白銀各得其所。

　　為了挽救和捍衛我們國家生活，我們此前採取了一系列相互一致的措施。在這些措施中，我仍然認為包含三個相互關聯的步驟。首先是救濟。這是因為任何信奉宣導仁愛的民主理念的政府所主要關注點都是這樣一條簡單原則：在一個資源富足的國度不應當有飢餓存在。救濟過去是而且繼續是我們考慮的首要問題。這項工作需要大規模支出並將在未來很長一段時間內以不同的形式繼續下去。我們或許也已認知到了這一事實。在那 10 年間，人們貪婪地追求不勞而獲的財富，而當時，各個階層的領導人幾乎都對他們自己的計畫和投機行為置若罔聞，視而不見。這期間的麻痺、

035　《勞工調整法》（The Labor Adjustment Act），主要指解決失業、支持就業的各種法案。如「總統再就業協定」對企業雇主的約束；以工代賑、「生產者使用」的各項救濟、自助工程。

036　這裡的法案指羅斯福於 1934 年 6 月 28 日簽署的《國家住宅法》。政府根據此法成立聯邦住宅管理局，為發放修房和建築新房貸款的銀行、抵押貸款公司、建築與貸款協會提供聯邦保險。

大意導致了現在的局面。我們的聯邦救濟署[037]遵循兩條原則：一是只要可能，我們的直接奉送都應有有益的和有償的工作作為補充；二是如果有些家庭在現存環境下無論如何也找不到達成完全自給自足、幸福和歡樂的途徑，那麼我們將試著在新的環境給他們一個新的機會。

第二步是復興。我可以自信地要求你們當中的每個人來將現在的工農業形勢與 15 個月前做個比較。

同時，我們也認知到改革和重建的必要性。改革是因為我們當前和過去數年間所面臨的困難都是由於商業和金融領袖們缺乏對公平和正義的基本原則的了解所致；重建是因為我們經濟生活中出現了新形勢，而那些根深蒂固卻被忽略的因素也必須加以糾正。

那些你們大家耳熟能詳的實際成果的取得表明我們是對的。我可以向大家提供統計資料來證明我們國家所取得的無可辯駁的成就。這些統計資料表明在絕大多數企業上班的個人平均週薪增加了。這些統計資料表明成千上萬人在私人企業重新找到了工作，還有成千上萬人在聯邦政府形式多樣的直接和間接的幫助下獲得了新的工作。當然，在職業追求方面也存在例外的情況。有些人改善日常生活條件的願望被延遲了。我還可以用統計資料表明農產品的價值有了很大提升，消費者對食品、服裝和汽車的需求增加了，後期對耐用品的需求也提升了。統計資料還表明，銀行存款有了大幅增加，數以千計的家庭和農場重獲抵押品回收權。

當然，你們大家評判復興成果的最簡捷的方法是看看自身情況的變化。你們今年比去年更有錢了吧？你們的債務負擔是不是減輕了？你們的

---

037 聯邦救濟署是依據《聯邦緊急救濟法》成立的聯邦機構，由哈里·霍普金斯擔任署長。該署擁有 5 億美元資金，作為對各州的救濟撥款（而不是貸款），其中一半直接給予貧困州，另一半撥給其他各州，但附加條件 —— 每 1 美元聯邦撥款，各州、市要配套相應的資金。除直接救濟外，該署還安排了許多以工代賑工程。

銀行帳戶是不是更安全了？你們的工作環境是不是更好了？你們對自己的未來是不是更加充滿希望了？

你們也可以思考另一個簡單的問題：作為個人，你們取得這些成就是不是付出了更高的代價？花言巧語的利己主義者和理論的頑固派會說，你們大家失去了個人自由。這個問題的答案同樣來自各位自己生活中的事實。你們是不是喪失了你們的權利或自由或憲法所賦予的行動和選擇的自由？回過頭來看看憲法中的「權利法案」[038] 吧。我曾經莊嚴宣誓要維護權利法案所規定的各項權利，而「權利法案」也使大家的自由獲得安全保障。讀一讀「權利法案」中規定的每項條款，然後捫心自問，自己的這些權力是否曾受到任何微小的損害。我對你們的答案心裡很有數。你們大家各自的生活實踐就是明證。

換句話說，絕大多數農民、製造商或工人並不否認過去一年我們所取得的實際成就。那些最不安分的人大致由兩部分人組成：一部分是那些需求特殊的政治特權的人，另一部分則是需求特別的金融特權的人。大約 1 年前，我舉了這樣一個例子。美國 90% 的棉花生產商想要順應其雇員和大眾的要求做正確的事情，但卻被另外 10% 的人所阻止，這幫人靠著不公平的方法和非美國的標準扼殺了他們。我們都很清楚地知道，人性的完美需要一個長時間的過程；各個階層中自私自利的少數人，像農業、商業、金融業甚至政府服務部門本身都是首先想到自己，然後才想到同伴們的利益。

我們在制定重大的全國性計畫，該計畫要照顧到最大多數人的基本利益。確實，有些人的利益受到侵害並將繼續受到侵害。但相對而言，這些

038　「權利法案」（The Bill of Rights of the Constitution）特指 1791 年生效的《美利堅合眾國憲法》第 1 ～ 10 條修正案，規定公民享有許多權利和自由。在美國的政治術語中，權利法案泛指憲法關於保障公民權利不受政府非法侵犯的規定。

爐邊談話 Fireside Chats

蠅頭小利屬於少數人。這些人謀求透過某些捷徑獲取或保有地位或財富或者兩者兼得。但這種捷徑卻侵害了多數人的利益。

合眾國政府在執行美國國會所授予的各項權力時需要並將不懈地謀求美國可以負擔得起的最佳途徑。在我們的歷史上，公共服務領域在服務的機遇方面提供了最佳的獎賞。它所提供的不是高薪資，而是足夠維持生活的薪資。來自全國各地的有才幹男男女女們懷揣著勇氣找到我們，要求從事服務工作。依靠濫用公共權力來謀取一黨之利的時代結束了。聯邦政府的每位成員，不論其職位高低，都熱切地投身於公共服務的活動中。

去年的計畫的確在運作當中。經過月復一月的努力，這項計畫日益適應了新舊環境。全國復興管理局在整合機構和方法上的不斷變化清楚地表明了這一演化過程。過去的每個月，我們都在大踏步地調整、理順勞資關係。當然，全國各地的情況幾乎各不相同，而每個產業部門的情形也不盡一樣。更加恆久的機制——我很高興地指出——還有雇主和雇員各自對渴望保持全方位的公平關係的日益認同取代了臨時性的調整措施。

還有，雖然幾乎所有人都認知到因禁止童工、向工人支付不低於最低薪資標準的薪資和縮短工時等措施帶來的巨大進步，但我們依然感受到在解決與產業自治，尤其是關於在某些自治機構希望消除公平競爭的領域，我們的路還很長。

在同一演進過程中，我們的目標一方面是使工業部門免受內部某些人的破壞，另一方面是，透過維持合理的競爭來防止零售品價格過快上揚，超額保護消費者的利益。

但是，除了這項迫切的任務外，我們還必須看到更遠大的未來。我已經向國會指出，我們正努力重新找到那條通往早已為我們大家所熟知但某種程度上卻被我們所遺忘的理想和價值之路。我們的追求的是全國人民的安全。

　　這種安全要求採取額外的方法給全國人民提供更好的住所。這是我們未來計畫的首要原則。

　　第二是要有計劃地使用我國的土地和水資源，目標是更好地滿足我國公民日常生活的需求。

　　最後，也就是第三條原則是聯邦政府各部門要提供協助，以期找到切實的方法來抵禦現代生活的各種變遷，即社會保障問題。

　　今年我希望和大家更詳細地談談這些計畫。

　　少數膽怯的人害怕進步。他們會試著將我們正在做的事情取個新奇的名字。有時他們稱其為「法西斯主義」，有時稱其為「共產主義」，而有時他們又稱其為「集中營」或「社會主義」。但是他們這樣做的目的無非是要將實際上很簡單實用的東西複雜化，變成抽象的理論。

　　我信奉實用的理論和政策。我相信，美國人民長期以來一直為達成其古老而經過考驗的理想奮鬥著，而我們今天所做的一切是實現這一目標所必需的。

　　我為大家舉個簡單的例子：

　　今年夏天我離開華盛頓時，白宮辦公大樓開始進行早就十分迫切的翻新並增加新建築的工作。建築師們曾經設計在本就很狹窄的一層式布局內增加幾個房間。我們希望在這次翻新和整修期間加裝先進的布線、管道系統和設施，以確保白宮辦公室在華盛頓炎熱的夏天有個涼爽的環境。但要保持白宮行政辦公大樓的建築輪廓。白宮建築群的優雅布局是建築大師們的傑作。當時我們的共和國還很年輕。這種建築布局的簡捷而硬朗的風格至今仍經得起每個現代人的檢驗。但是在保持這宏偉華麗布局同時，也要進行不斷的重新整合和再建設，以滿足現代政府辦公的需求。

　　有些能夠預測不幸事件的預言家們這些天正在討論此事。如果我聽信

爐邊談話 Fireside Chats

了他們的觀點，可能在決策時就會開始猶豫。我會擔心，在我離開華盛頓幾個星期後，建築師們會在白宮建造出一座怪模怪樣的嶄新的哥德式塔樓，或是一座工廠大樓，還可能複製出一座克里姆林宮或波茲坦宮殿。但我沒有那樣的擔心，因為這些建築師和設計師們都有著相同的美利堅藝術品味。

他們懂得和諧一致和必要性原則。這些原則要求新建築的風格必須與老建築相互融合。恰恰是新舊風格的完美結合才成就了有序與和諧的進步。這不僅展現在建造大樓上，也展現在構建政府本身上。

我們的新建築是老建築的一部分，並服從於老建築的風格特色。

我們所做的一切都是要去實現美國人民的歷史傳統。其他國家或許受到古老且臭名昭著的獨裁體制的暫時蠱惑，犧牲了民主制。我們正在人們自治的原則指引下恢復人們的信心和福祉。認同約翰·馬歇爾[039]個世紀前所說的那樣，我們依然是「堅強而有力的真正的民有政府。」我們的聯邦政府「在形式和實質上……皆源於此。其權力為人民所授予，且將在他們的直接監督下，為了維護他們的利益來行使這些權力。」

在結束今天的談話前，我要告訴大家，我希望幾天後開始一次旅行。我期待著這次旅行將帶給我的樂趣與愉悅。對每個人來說，每年至少可能有一次機會出去走走，看看風景，都會是件美不勝收的事情。我可不想去那種因樹木太密而看不到森林的地方。

039　約翰·馬歇爾（John Marshall, 1755～1835），美國政治家，曾參與獨立戰爭，並曾任眾院議員和國務卿等。1801～1835 年任聯邦最高法院第 4 任首席大法官期間，曾做出著名的馬伯里訴麥迪森案的判決，奠定了「司法審查」制度的理論原則和實踐基礎。

　　我希望到波多黎各 [040]、維爾京群島 [041]、運河區 [042] 和夏威夷去看看我們的美國同胞，順便還將和我們的姊妹共和國，如海地、哥倫比亞和巴拿馬等共和國的總統們互相友好地打個招呼。

　　在船上待了四個星期後，我計劃在太平洋西北部的一個港口登陸，在那裡迎來我的整個旅行最美妙的時刻。因為我想對位於哥倫比亞州、密蘇里州和密西西比河上的眾多新的大型國家專案進行檢查，參觀一些國家公園，並在橫跨美洲大陸返回華盛頓的旅行期間順便了解更多的實際情況。

　　一戰期間，當我還在法國時，我們的朋友們就常常把美利堅合眾國叫做「上帝的國度」（God's Country）。就讓我們建設這個國度，並保持其「上帝的國度」的美名吧！

040　波多黎各當時是美國的殖民地，1950 年成立共和國，1952 年美國給予「自由邦」的地位。

041　這裡指美屬維京群島，為美國的「未合併領土」。1917 年美國從丹麥買下該群島，1927 年該島居民成為美國國民，但不參加總統選舉。

042　運河區是巴拿馬運河兩岸 16.09 公里地帶，面積 1,432 平方公里。1903 年美巴簽署《巴美條約》，美國獲得開鑿運河及「永久使用、占領和控制」運河與運河區的權利。20 世紀末美國歸還運河及其所有權利給巴拿馬。

談推進更多的自由與安全
—— 1934 年 9 月 30 日　星期日

　　這篇談話就現實的企業、勞工以及其他社會狀況談推進自由與安全的問題。「新政」的某些舉措似乎限制了某些人的自由，這一直是其受到最多詬病的方面。羅斯福在多篇談話中談到了這一問題，本篇則集中在自由與安全關係上剖析了這一問題，袒護政府的干預措施。最後，羅斯福指出：「我相信亞伯拉罕·林肯的話：『聯邦政府的合理宗旨是為全體公民做任何他們需要做但做不到或依靠一己之力無法做好的事情。』」「據此，我們正朝著使每個人都享有美國有史以來更多自由、更多安全的方向邁進。」

　　國會休會後，我曾和大家談過一次，至今已經過去三個月了。今晚，我來和大家接著談。不過因為時間關係，我必須把許多題目放到後面的談話中加以討論。最近，我們大家面臨的一個最熱門的大眾問題是勞資關係問題，以及我們在這方面所取得的重要進展。我高興地告訴各位，數年的飄忽不定狀況在 1933 年春天的大崩潰中終於達到頂點後，我們正盡可能地以合理的薪資僱傭工人，使更多的企業在能夠獲得較公平利潤的情況下開業，因而使多年的混亂局面歸於有序。這些政府的和企業的進步是美國取得新成就的基礎。

　　人們對於涉及工商業的獨特的政府活動形式觀點可能千差萬別，但幾乎所有人都認為，有時候對這些私人企業不能疏於幫助和保護，否則，它們不僅會毀掉自己，而且還會毀掉我們的文明進程。當伊萊休·魯特[043] 說

043　伊萊休·魯特（Elihu Root, 1845～1937），美國政治家，曾任國務卿等職，1912 年獲諾貝爾和平獎。

出了下面這段非常重要的話語時，現在採取此類措施的迫切性和幾年前沒有差別：

取代了自由個體契約的平等交換的是組織的龐大權力，以及與之相伴的在大型產業結構中積聚的大量資本。這些機構透過大型商業機構進行運作，並在生產、交通和貿易活動中僱傭大量的工人，其人數是如此眾多以至於任何個體在其中都會感到相當無助。雇主與個人的關係，巨額資本的所有者與勞工組織的關係，小生產者、小商小販、消費者和大型運輸、生產、配送機構之間的關係，所有這一切都為解決事情提出了新的難題，因為從前依賴個人意志自由地採取行動，但現在這樣的方法已無濟於事了。而且從許多方面看，我們稱之為政府行為的有系統的控制與干預似乎同樣能產生正當的結果和恰當的行為。在這些新的條件產生前，我們是靠犧牲個人的權益獲得上述效果的。

正是在魯特國務卿所描述的精神的感召下，我們才在 1933 年 3 月開始了我們的工作，讓私人企業重現活力。當然，我們的第一個問題是銀行形勢。因為就大家所知，銀行業已經垮掉了。有些銀行沒辦法救了，但是絕大多數銀行透過動用自身的資源或在聯邦政府的幫助下已經得以維持並恢復了大眾的信心。這使銀行的數百萬儲戶有了安全感。與這項偉大的建設性舉措緊密相隨的是，我們透過各種聯邦機構拯救了許多其他商業領域的債務人和債權人，如在農產抵押貸款和住宅抵押貸款人，還有貸款給鐵路和保險公司的債權人。最後就是向住宅所有者和企業本身提供援助。

在實施這些措施時，聯邦政府都對商業提供了援助，並期望這些企業最終將償還他們所使用的這些錢。我相信它們一定能做到。

為了維持普通商業企業，我們採取的第二項措施是徹底清理投資領域的不健康環境。在這方面，我們得到了許多銀行和商業人士的幫助。他們

中的許多人都承認過去在銀行體系中存在著邪惡的東西。銷售有價證券、故意慫恿股票投機行為、銷售不良抵押以及許多其他方面都使大眾損失了數十億美元。他們認為，如果不改革投資政策和方法，大眾對於儲蓄安全的信心就無法恢復。依據新的銀行法，[044] 如根據《證券法》[045] 對新的有價證券進行仔細核查，透過《證券交易法》[046] 來縮減股票投機的規模，這些都使人們感受到了銀行存款的安全性。我真心希望人們因此不再靠投機有價證券等不正當方式快速致富。我國只有一小部分人信奉投機致富。他們不相信班傑明·富蘭克林的古老哲學，[047] 即勤勞致富。

　　國家復興局[048]是美國政府應對復興工業問題的主要政府部門。在它的指導下，占全國工業雇員總數90%的貿易和工業部門接受了公平競爭法。該法令已獲總統批准。根據這些法令的規定，在所有相關工業部門中都禁止童工。工作日和工作週的時間縮短了。最低薪資標準得以建立。其他薪資數額也朝著提升生活水準的方向進行了調整。《全國復興法》的迫切目標是讓人們去工作。自該機構成立以來，已有 400 多萬人重新就業。這在很大程度上是美國企業根據這些法律規定進行合作的結果。

044　指《格拉斯－斯蒂高爾銀行法》，羅斯福於 1934 年 6 月 6 日簽署。該法旨在防止銀行利用存款或聯準系統的資金進行投機，規定商業銀行必須與其下屬的證券機構脫鉤，且不得經營投資銀行業務。

045　《證券法》（The Securities Act）是羅斯福於 1933 年 5 月 27 日簽署的規範證券市場的法律。此法規定公司發行新證券必須在聯邦委員會登記，並提交發誓保證真實的關於新證券的詳細報告，故此法亦有「證券真實」法案之稱。

046　《證券交易法》（The Securities Exchange Act）是羅斯福於 1934 年 6 月 6 日簽署的法律。該法旨在規範證券交易活動、防止營私舞弊等。但該法並未規定具體交易規則，而是規定建立一個超黨派的獨立的證券交易委員會（成員由總統任命），授權這一委員會對交易活動進行具體規範。

047　富蘭克林是美國開國三傑之一，也是發明家。他所著《窮理查年曆》充滿哲理格言，勤勞是其推崇的理念之一。

048　國家復興局（National Recovery Administration）是依據《全國復興法》成立的政府機構，1933 年 6 月 20 日成立，休·詹森擔任局長。1934 年 9 月 27 日成立包括資方、勞方和大眾代表組成的全國工業復興委員會，代替詹森領導的國家復興局。1935 年 5 月 27 日，由於最高法院判定《工業復興法》違憲，該局撤銷。

談推進更多的自由與安全—1934 年 9 月 30 日　星期日

　　工業復興計畫的益處不僅展現在工人找到了新的工作、從過度工作和超低薪資狀態中解脫出來，而且還惠及工業的所有者和經理人員們，因為隨著薪資的大幅度整體性提升，總的工業利潤實際上也增加了 —— 1933 年第一季度還是預算赤字，而在全國復興管理局成立的一年內則達到了實際盈利的水準。

　　現在我們還不應期盼，哪怕是那些業已工作的工人和資本家會完全滿意於當前的形勢。已受僱工人的薪資怎麼說也還沒有達到繁榮時期的收入水準，雖然說到目前為止數百萬低收入工人獲得的薪資優於此前任何時期。還有，今天數十億美元投資資金的安全性更強，其獲利能力也好於以往。這是制定了公平的競爭標準的結果，是擺脫了依靠削減薪資進行不正當競爭的結果。薪資的削減既使市場疲軟，又損害了消費者的購買力。一個不爭的事實是，使另外數十億健康投資在一年內保有合埋的獲利能力是不可能做到的。沒有我們可資利用的魔法和經濟萬靈丹來使沉重的工業和貿易一夜之間得以復甦。

　　但是總體來說，貿易和工業也已取得了實際的收益。這些收益和政府所採取的各項政策提供給我們擔保，這鼓舞了所有滿懷希望的男人和女人們，使他們有了信心：毫無疑問，我們正在沿著新政所規劃的路線重建我們的政治經濟體制。我已經多次對此做過闡述。它們與建立有序的受歡迎的政府這一基本原則完全一致。美國人民自從白人上次登臨這塊大陸以來一直在追求著這樣的原則。像過去一樣，我們也依賴個人的主動性、公平的私人利益動機。這些原則因認可了對大眾利益負有的義務原則而得以強化。我們有權希望大家本著愛國主義的原則全心全意地投入復興我們的國家的運動中。

　　我們在國家復興局已經走過了制定法令的程序化階段，並對該管理局

進行了重組以適應下一階段的需求。這反過來又是一個將決定其永久形態的立法準備期。

在最近的機構重組中，我們認定了三項不同的功能：一是立法或政策制定功能；二是法令制定與修改的行政職能；三是司法功能，包括法律實施、處理消費者投訴、解決雇主與工人間以及工人與工人之間的爭端。

我們現在準備在能力出眾、精力充沛的詹森[049]將軍的領導下，以我們在第一階段的實踐為基礎，向第二階段推進。

我們將密切關注《全國復興法》實施的第二階段設立的新機構的運作情況，需要修正時加以修正，並最終向國會提出建議以便使全國復興管理局那些已被證明有價值的職能變成政府永久機構的組成部分。

我想請大家注意下面的事實：《全國工業復興法》透過所謂的「工業自治」方法給予商業人士多年來夢寐以求的機會去改善商業環境。如果這些書面法律過於複雜，如果它們超越了穩定物價和限制生產的範疇，那麼大家記住，只要有可能，只要與過去 1 年的迫切的大眾利益相一致，只要為改善勞動環境所必需，貿易和工業的代表就會獲准將他們的想法寫進法律。現在到了綜合審查這些措施，以判斷這些在危急關頭使用的方法和政策是否發揮最大限度地推動工業復興、永久地改善商業和勞動環境的作用的時候了。我們要根據實踐，從工業自身的利益和大眾的普遍利益出發採取專門的方式來做這項工作。這裡或許有一個嚴肅問題，即關於控制生產或防止破壞性降價的諸多方法是否明智。許多商業組織堅持認為這些方法是必要的。另一個嚴肅的問題是，這些方法的作用是否是為了防止產量增加過快，而這一產量有可能降低價格，增加就業。另一個問題是關於是否以小時薪資或週薪資作為基礎來核定最低薪資數。這將使收入最低的工人

049　指擔任國家復興局局長的休‧詹森，他曾當過騎兵。

獲得滿足其最低生活需求的年收入。至此我們進入了核心問題。將適用於大型工業中心和大企業主的法律規定推廣到位於較小社區的大量小企業主是否明智也是我們探討的問題。

過去 1 年間，罷工和其他一些重大事件一定程度上使我們的工業復興步伐放慢了。我並不是淡化這類衝突為雇主、工人和普通民眾帶來的不可避免的損失。但是，我要指出的是，在此期間勞工糾紛的激烈程度是有史以來最嚴重的。

當我國的商界人士正要求享有盡可能整合自己以推進其合法利益的權利，而農民們也在要求在法律上給予他們為了共同的進步整合自己的機會與權利時，工人們依據《全國工業復興法》第七款 A 項的規定，[050] 尋求整合自己來進行集體談判的憲法權利得到公開的法律保障就是很自然的事情了。

聯邦政府組建的機構為此提供了一些調整的方法。雇主和工人都沒有能充分利用。他們因此都應受到譴責。有些雇主討厭中立的調停機構，有些否認工人有整合的自由，而有些雇主則沒有竭盡全力和平地解決其糾紛，這些人都無法全力支持聯邦政府的復興措施。同樣，那些討厭這些中立的調停機構，拒絕在辦公室達到其目標的工人們也沒有與他們的聯邦政府進行通力合作。

是採取鮮明措施以使勞資雙方達成聯合行動的時候了。這是《全國工業復興法》的最高目標之一。我們已經進行了 1 年多的教育工作。我們已經逐步建立起了各種聯邦政府部門，以便在必要時確保總體上的工業和平局面。當人們的自願談判行動無法達成必要的協定時都可以公正地利用這些機構。

050　此款即著名的「勞工條款」，規定勞工有建立工會和透過自己選出的代表進行集體談判的權利；雇主及其代理人不得對勞工代表的產生進行干預、限制和施加壓力；雇主不得以參加公司工會作為僱用勞工的條件，也不得拒絕僱用參加、建立或幫助過自己選擇的勞動組織的工人。

爐邊談話 Fireside Chats

　　至少應該對這些結束了工業衝突的措施進行完全公平的檢驗。透過這種辦法應能確保雇主、工人和消費者的利益，即所有的行動都是為了我國企業持久和平與安寧。

　　為此，我在下個月與能真正代表大企業主和大型有成立勞工團體的各個團體進行磋商，以期他們在我所描繪的工業和平的具體檢驗期內進行合作。

　　我希望在建設這一期望中的和平期時得到願意參加此活動的人士的合作，希望他們做出保證，遵守協定。這有賴於多方的共同努力。根據這些協定，我們可以就薪資水準、工時數量以及工作環境等問題做出決策。今後的調整工作將依據協議進行。如果未達成協議，將由州或聯邦機構進行調停或仲裁。我並非要讓雇主或工人們永遠放棄使用工業戰的各種武器。但我想讓勞資雙方都對調整其觀點和利益衝突和平方法進行公平的檢驗，並在一定的時間內採取適當措施使我們的工業文明發揚光大。

　　與《全國復興法》緊密相關的是同樣在該法中規定的公共工程計畫。[051] 該計畫的目標是讓更多的人既直接在公共工程中又可在為公共工程提供原料的工業部門中間接得到工作機會。有些人認為文明在公共工程和其他復興專案上的開支是種浪費，我們難以負擔。我對此的答覆是，不論多麼富有的國家都承受不起其人力資源的浪費。由大規模失業引發的士氣消沉是文明的最嚴重的浪費行為。從精神層面來說，這是文明的社會秩序的最大威脅。有些試圖告訴我說，我們必須接受這樣的事實：正像其他國家 10 多年來的情形一樣，將來我國將長期擁有數百萬失業者。那些國家需要怎樣的情形，這不是要負責決定的事情。但對我們國家來說，我無論

051　《全國工業復興法》第二部規定，設立公共工程局，撥款 33 億美元建設公路、堤壩、聯邦建築、海軍基地及其他工程。此舉對刺激經濟成長發揮了一定的作用，對美國基本建設事業的長遠貢獻尤其明顯。

如何也不會接受把將來我們要長期維持一個失業大軍的存在作為國家盛衰必要條件。相反地，我們不僅不能容忍失業大軍的存在，而且將盡我們所能迅速地動員全國經濟部門的力量來結束目前的失業狀況，並採取明智的措施防止其反彈。我們必須使這些成為國家原則。我並不想承認，長期靠救濟過活是任何美國人的宿命。

有些人 ── 幸虧只是少數幾個人 ── 被人們的勇敢精神和做決策的責任嚇得要命。他們抱怨說，我們做的一切都是徒勞的，注定要冒巨大的風險。既然這幫人才從防風地窖中爬出來，他們也就不記得曾經有暴風雨存在。他們轉向了英國。他們會跟大家說，英國靠著無為而治的政策從大蕭條中解脫出來。英國和我們國家各有自己的特殊性，但我並不認為有哪位明智的觀察家會在當前的緊急形勢下對英國採取的非常措施提出譴責。

英國真的聽天由命了嗎？沒有。當英國黃金儲備受到威脅時它維持住了金價標準了嗎？沒有。英國回歸到了現在的金價標準了嗎？沒有。英國按 5% 的利率動用其 100 億美元的戰爭券，以便能僅以 3.5% 利率發行新的戰爭券，藉此來挽救英國財政部每年 1.5 億美元的利息時猶豫不決了嗎？沒有。更不用說英國銀行家提供的援助了。1909 年戰爭以來，大不列顛王國在社會保障的許多方面並不是比美利堅合眾國走得更遠了嗎？在以集體談判為基礎的勞資關係方面英國不是已經比美國取得了更長足的進步了嗎？英國媒體不無諷刺地告訴我們，我們的新政計畫在許多方面只不過是要去趕上英國 10 年前或者更早以前所進行的改革步伐。

幾乎所有的美國人都有自己的判斷力，都很冷靜。關於我們的某些復興、救濟和改革的措施被可怕地宣布為違憲消息既沒有使我們變得多麼興奮，也沒有打破我們的心靈的平靜，不論我們是商人、工人或者農民。我們沒有被反動的律師或政治編輯所嚇倒。所有這些喊叫我們以前都曾聽到

爐邊談話 Fireside Chats

過。21 年前，當西奧多·羅斯福和伍德羅·威爾遜[052]想要糾正我們國家生活中的權力濫用問題時，偉大的首席大法官懷特[053]說到：

似乎對我來說，每當與平常的行為習慣發生抵觸的事情出現時，就莫名其妙地將憲法作為一種防禦方法。這樣就造成了一種普遍印象，認為憲法只是進步的障礙，而不是取得真正進步陽光大道。此刻，巨大的危險也就來臨了。

在採取措施實現復興時，我們一方面避開了這樣的論調，即認為應該而且必須將商業納入到包羅萬象的聯邦政府中去；另一方面，我們也避開了一種同樣站不住腳的論調，即當私人企業需要幫助時，我們所提供的幫助是對自由的干涉。我們所進行的事業符合美國的政府實踐：逐步採取行動，立法措施僅是為了滿足實際需求，並鼓勵人們接受變革。我相信亞伯拉罕·林肯 12 的話，「聯邦政府的立法目的是為全體公民做任何他們本來需要做但根本不能做到或以靠其一己之力無法做好的任何事情。」

我並不想重複自由的定義。許多年來，一個自由的民族正被以自由的名義逐漸地納入少數特權人物的統治之下。我樂意，我相信你們也更樂意接受一個更廣義的關於自由的定義。據此，我們正朝著使每個人都享有美國有史以來更多自由、更多安全的方向邁進。

---

052 伍德羅·威爾遜（Woodrow Wilson, 1856 ～ 1924），美國第 28 任總統。他與西奧多·羅斯福在 1912 年大選中都提出了相應的限制利益集團權力濫用的主張。就任總統後，他簽署了反托拉斯法。

053 懷特（Edward White, ? ～ 1921），美國大法官（1814 ～ 1910）。1910 年時，被塔夫特打破常規任命為首席大法官。

談工程救濟計畫
—— 1935 年 4 月 28 日　星期日

　　這篇關於救濟工作的談話實際上有兩個部分。前半段主要談救濟，即工程救濟計畫以及《社會保障法》。羅斯福的「以工代賑」救濟計畫成就顯著，影響深遠。後半段談保持商業發展的措施，談到了三部法案。這些法案或多或少都在國會遇到了一些麻煩，羅斯福希望透過談話獲得民眾的支持，因此他說，「這些措施是我根據自己的憲法職責向國會建議的計畫」，而「在全面的國家計畫中，這些因素必不可少」。

　　自從去年 1 月 4 日向國會提交了我的年度咨文後，我就一直沒有透過電波和大眾交談過。自那之後的多個星期以來，國會全心全意地投入到制定為我們國家的福祉所必須的各種法律的辛勤工作中。這項工作已經並正在取得明顯進展。

　　但是，在我談及任何具體的措施前，我希望各位心裡明確一件事情。我們的政府和國會在這項政府任務中並不是各自為政的。我們所採取的每個步驟都與其他步驟有著明確的關係。從某種意義上講，為國家事務制定計畫的工作好比建造一條船。他們在我經常參觀的港口的不同點上建造了適於遠航的大型船隻。當這些船隻正值建造過程中，鋼結構被置於船的龍骨中時，那些對船舶一無所知的人很難說出來，這些船在深海航行時會是怎樣一番風采。

　　有些人或許會感到困惑不解，但正是這些組成這條船的一個個具體的構件才最終為人類造就了這一有用的設備。國家政策的制定與此同理。3 年間我國的目標已經發生了重大的變化。在此之前，個人的自我利益和集團的自私自利在大眾思維中占有重要地位。大眾利益受到漠視。

爐邊談話 Fireside Chats

歷時 3 年的艱苦思索已經改變了這種狀況。由於越來越多的人思維更加清晰、對此的了解更加深刻，他們現在更願意從全域而不是從與一個地區、一種農作物、一種產業或是一份私有工作崗位相關的單個部分來考慮問題。這是民主原則的巨大進步。全國絕大多數人都能從他們所聽到的、所看到的事情中明辨是非。他們懂得美國的重建不可能一蹴可及，但是即便有少數人想渾水摸魚，重建工作也在進行當中。總體上說，美國人的感覺正一天天好起來 —— 他們比許多許多年前更能感到幸福與歡樂。

華盛頓是世界上最難以獲得關於美國整體性的明確而公開的看法的地方。我的腦海中時常浮現出威爾遜總統的話，「許多來到華盛頓的人並不了解事情的真實情形，而了解美國人民的所思所想的人卻寥寥無幾。」這就是我為什麼有時候要將行動計畫放幾天，而跑去釣釣魚，[054] 或者回到海德公園的家看看的原因。因為這樣我就能有機會平心靜氣地考慮一下美國的總體情形。像他們所說的，「遠離了一棵棵樹木方可看到整座森林。」從長遠角度對美國進行思考的責任有著特殊的意義，這是各位選我做總統時就賦予的職責。大家是否曾經靜心地想到，在美國畢竟只有兩個職位是由全體選民投票選舉產生的 —— 總統和副總統。這使得副總統和我本人從整個美國的角度來思考我們所承擔的責任變得特別必要。因此，我今晚就向全體美國人民說說我對全體美國人的看法。

首先，我來談談達成國會剛剛通過的大型工程計畫的目標的問題。該計畫的第一個目標是將現在還靠救濟過活的男人和婦女們送上工作崗位，順便在物質上為已經確定無誤的向復興進軍運動提供支援。我不會使我的

054　羅斯福愛好廣泛，打獵、滑冰、集郵、釣魚均為其所酷愛。由於身體的原因，他擔任總統期間主要集中於後兩者，忙裡偷閒，不僅發展了愛好，對工作也大有助益。二戰期間，在為戰爭絞盡腦汁而一籌莫展時，他就去白宮他自己那間很小的集郵室，從那裡出來不久問題即豁然貫通。

討論被一大堆數字混淆。人們引用了很多數字來證明很多事情。有時候依據你所讀到的報紙和收聽到的廣播來這麼做。因此，我們在討論失業問題時心裡應明確兩三個簡單卻必不可少的事實。當商業和工業的日子的確更好過之時，還有大量人口需要救濟。這是事實。但是，五年來等待救濟的人數在今年冬天這幾個月不升反降也是頭一回。這個數字仍在下降。一個簡單的事實是，與兩年前或一年前的今天相比，又有好幾百萬人獲得了自己的工作；過去的每一天都給那些想要工作的人帶來了更多的工作機會。雖然像所有其他國家一樣，美國的失業問題依然很嚴重，但是我們已經意識到我們有可能也有必要採取一些有益的補救措施。這些措施分為兩類。一方面是採取預防措施來緩解、最大限度地減少並防止將來出現失業情況；另一方面是在當前的緊急形勢下採取切實可行的方法幫助那些失業的人們。我們的《社會保障法》[055] 就是要試圖解決第一類問題，而我們的工程救濟計畫 [056] 針對的則是第二類問題。

　　目前正在國會表決的社會保障計畫 [057] 是聯邦政府未來失業政策的不可或缺的組成部分。我們當前和擬議中的用於工程救濟的開支完全在我國信用資源的合理限度之內。顯然我們不能年復一年地繼續為達此目的擴大聯邦政府的支出。我們現在必須未雨綢繆了。這也就是社會保障計畫成為我們的整個計畫的重要部分的由來。該計畫希望透過養老金來幫助那些已經到了退休年齡而放棄其工作的人們。這樣一來，當這些人步入老年時，他

055　1935 年 1 月 17 日，羅斯福在致國會的咨文中，提出社會保障立法的建議。1935 年 8 月，國會通過《社會保障法》。該法規定實行聯邦 —— 州失業保險聯合體制，向雇主強制性徵收聯邦失業保險稅。

056　工程救濟計畫（Works Relief Program）是羅斯福政府為救濟失業者而推行的計畫，即僱用聯邦救濟名冊上的人參與政府興辦的救濟工程，領取低於通行薪資標準的薪資。這是一種典型的「以工代賑」計畫。

057　為使失業者和老年人的生活得到保障，羅斯福於 1934 年成立經濟保障委員會，草擬社會保障計畫。該計畫最終形成了一個由各州直接徵收失業保險基金，並由各州自行管理的聯邦 —— 州聯合失業保障體系。

們就給了年輕一代更多的就業機會，並給所有人一種安全感。

立法中關於失業保險的規定不僅有助於保障每個人將來一旦失業，不必依賴救濟過活，而且將有助於透過保持人們的購買力來緩解經濟困境帶來的衝擊。失業保險的另一個有助益的特徵是，他將鼓勵雇主進行周密的安排以便透過穩定就業形勢本身來防止失業。

但是，社會保障方面的規定是為將來提供保障的。解決失業問題是我們當前最迫切的職責。國會透過美國歷史上最系統的工作計畫滿足了我們的職責需求。現在我們的問題是讓 350 萬仍然靠救濟生活但有工作能力的人去工作。私人企業和聯邦政府對此都擔負著同樣的責任。

為了使聯邦政府龐大的工程救濟計畫付諸實施，我們必須分秒必爭。我們完全有理由相信，該計畫到今年秋天將初具雛形。為了指導該計畫的落實，我提出六項基本原則：

1. 計畫應當有用。
2. 計畫的實質應當是，花費的大部分資金將用來支付工人的薪資
3. 承諾最終把絕大部分資金返還給財政部的計畫將優先予以考慮
4. 撥付給每一個專案的經費必須盡快在當年花掉，不得留到下一年
5. 提供靠救濟生活的人們工作機會是這些計畫的一貫特點
6. 這些專案將按照各地方或救濟地區所擁有的接受救濟的工人數量予以分配。

下面我將明確說明我們將如何指導這項工作。

➤ 我已經成立了應用與資訊處。該處將對所有的開支計畫進行初步研究和考察。

80

➤ 這些專案經應用與資訊處詳細審核後，將送交分配處。該處由專門負責開展工程救濟專案的更重要的政府部門的代表們組成。該處還應包括各市、勞工、農業、銀行業和工業的代表。這個處將對提交上來的所有動議進行審查。那些獲得其批准的項目將被提交給總統。總統有權依據該法進行最終的分配決策。

➤ 下一步將是負責該計畫的合適的聯邦政府部門。同時還將通報我正在創建的另一個處 —— 執行處。該處將負責協調原料和供應品的購買，並將那些已經獲得工作的人從救濟名單中刪除。它還負責決定不同地方的工作報酬，負責充分利用現有的就業服務機構，以及幫助參與救濟工作的人們一旦有機會，就盡可能快速地回到各自的工作崗位上去。還有，該處還負有確保這些項目按時間表推進的職責。

➤ 我感到必須明智而謹慎地盡可能避免設立新的機構來監督這項工作。聯邦政府目前至少有 60 個不同的部門負責開展 250 或 300 種即將進行的工作。這些部門的人員構成、閱歷和能力都符合我們的要求。因此，這些部門將只是在更大的範圍內從事著他們一直在做的同類工作。這將確保盡最大可能將撥付資金用於創造新的工作，而不是用於在我們的華盛頓組建臃腫的、高高在上的政府部門。

數月來，準備工作一直在進行之中。對可行專案的資金撥付工作已經開始了。負責這項偉大任務的關鍵人物也已經選拔出來。我清醒地意識到，我國在今年年底前有望看到像他們所說的實施這項工程的「大興土木」的場面。我向我的同胞們保證，我們將不遺餘力地將這項資金有效地用於對抗失業問題之上。

我們要對全國人民負責。這是一次偉大的國家遠征。它旨在摧毀強迫性賦閒無事現象。這種現象是由大危機引起的人類精神的敵人。我們對於

這些敵人的進攻必須不惜血本、一視同仁。不允許任何地方性的、政治性的差別存在。

　　但是，我們必須看到，當具有這一特徵的企業遍布全國 300 多個郡時，效率低下、管理不善和濫用資金的情形可能時有發生。當然，當這類事情發生時，總會有人試圖和你們說，個別失敗是整體成功的特徵。我們應該記住，每一項重大任務都有瑕疵。每個階層都有搞破壞的人；每個工業部門都有人因不公平的做法而獲罪；每個職業都有害群之馬。但在聯邦政府的長期實踐教會我懂得，與幾乎所有其他行業相比，聯邦政府中存在的個別不道德行為的情形是最少的。防止在工程救濟計畫中出現此類惡行的最有效的方法是美國人民自己的內部監督。我呼籲各地的美國同胞們與我進行合作，使工程救濟計畫成為世界上有史以來最高效、最純潔的公共事業的典範。

　　是給那些憤世嫉俗的人一個響亮的回答的時候了。這些人認為，民主制不可能是誠實高效的。如果你們肯幫忙就能做到。因此，我希望大家在全國每個角落對這項工程進行監督。自由地進行批評。告訴我們哪些工作可以做得更好；或者告訴我哪些工作還存在不當之處。你我都不想聽到吹毛求疵心懷叵測的批評；但是我妒忌你們每位公民，因為你們有權關注聯邦政府的行為，看看它是如何為了美國人民的利益去更加有效地花費這筆公共資金的。

　　朋友們，下面我來談談國會正在考慮的關於保持商業發展的那部分措施。國會正在考慮制定許多實施經濟與社會重建計畫的措施。2 年來我們一直關注著這些措施。今晚我僅舉這些措施中的幾個為例，但是大家可不要把這理解成我對其他許多重要的擬議中的提議缺乏興趣或不予同意。

《全國工業復興法》將於 6 月 16 日到期。[058] 經過認真考慮，我已經要求國會延長這一有成效的聯邦政府機構的壽命。當我們繼續讓依據《全國工業復興法》設立的國家復興局履行其職責時，我們一次次地找到了更多推進其目標達成的好方法。任何有良知的人都不想放棄我們目前所取得的成就。我們必須繼續保護兒童、實施最低薪資制度、防止超長工作時間、維護、界定並落實集體談判制度、並在保持公平競爭的條件下盡我們所能消除各種不公平的經營活動。不幸的是，這些自私自利的少數人從事的這些活動是造成當前經濟形勢崩潰的最主要因素。

同樣，國會也在就取消公共事業領域不必要的控股公司的立法[059] 進行表決。

我認為該法是一項積極的復興措施。我國的電力生產已經達到 1929 年的最高水準。煤氣和電業領域的合作公司總體上說狀態良好。但是在控股公司的控制下，公共商業內部長期以來一直進行著令人絕望的內鬥，並與大眾的意見發生衝突。在我就職前公共事業安全性整體上就已經呈現下降趨勢。不必要的控股公司控制的缺席管理模式已經和他們所要服務的社區失去了關聯和同情心。更加重要的是，過分集中的經濟權力是整個美國都感到不安。

消費者沒有信心，大眾不滿意，這樣的企業對投資家來說隨著時間的推移必定存在風險。這項法律將從投資者的利益出發，結束引起人們缺乏信心和不滿意的局面。它將把公共事業經營企業的未來，無論是公共關係

058　《全國工業復興法》的時效為 2 年，1933 年 6 月 16 日簽署生效，故於 1935 年 6 月 16 日到期。

059　此處的「立法」指《公用事業控股公司法》。當時美國公用事業由凌駕於經營公司之上的少數控股公司壟斷，它們很少對經營公司進行真正的投資，卻大大加重了經營公司的成本、降低了效率，而且極盡掠奪、牟利之能事。為此，1934 年夏，羅斯福任命了一個國家動力委員會，調查研究控股公司。1935 年 3 月，研究報告提交國會，並委派專人起草相關法律。由於草案有強制解散提不出存在理由的控股公司的「死刑條款」，此法案在國會表決時一波三折。羅斯福被迫讓步，8 月 28 日簽署了刪除「死刑條款」的法案。

爐邊談話 Fireside Chats

還是內部關係，都置於可靠的基礎之上。

這項法律不但要達成將來向消費者提供更便宜的電和煤氣，而且要保護目前為數千投資者所擁有資產的實際價值與獲利能力。這些投資者在舊法律下幾乎無法抗拒過去常說的激情財政政策的侵害。

旨在改善我國交通運輸部門地位的法律的實施不但對商業的復興，而且對整個美國經濟的復興都將會發揮巨大的推動作用。我們要制定法律規範州際間公共汽車、卡車和水路運輸，加強對商船、空運業的管理，加強對州際商務委員會的職能，使之能夠制定出一套完整的美國交通運輸體系的理論框架，據此既要保證私人企業的利益，又要將這些重要服務業的公共安全置於大眾的聯邦政府的保護之下。

最後一點，作為一個國家，我們採取各種措施以重新建立大眾對於民營銀行的信心，其最有助益的結果之一是重建了大眾對於國家銀行的信心。我們都知道，民營銀行業實際是依靠全國人民的發言人 —— 聯邦政府的許可而存在，並受到聯邦政府的管理。可是，明智的公共政策要求銀行不僅是安全可靠的，而且其資源能最大限度地用於國家的經濟生活。為達此目的，我們 20 多年前就斷定，聯邦政府要承擔起提供某種途徑的責任。據此，國家的信用不是要受控於少數幾個民營銀行機構，而是掌握在具有公共信譽與權力的機構手中。滿足此要求的就是聯邦準備制度。這項制度 20 年的運行實踐表明當初重建這一制度是英明的，但這 20 年的實踐也表明的確有對其加以改善的必要。希望國會迅速通過意在修正《聯邦準備法》的那些提案。[060] 這些修正案是依據過去的實踐和當前的需求對我們

060　美國《聯邦準備法》（Federal Reserve Act）是 1913 年制定。由於其中對組織權力結構規定不明確，華盛頓的聯邦準備委員會沒有實權，各地儲備銀行則可以對貨幣供給等施加實質影響。1934 年 11 月，羅斯福任命馬里納‧伊克爾斯（Marriner Eccles）為聯準會主席，起草新的銀行法案。1935 年中，眾參兩院先後通過該法案。8 月 24 日，羅斯福簽署。這部新的銀行法使聯邦準備理事會掌握了貨幣政策的三大工具，即公開市場業務、準備率、貼現率（Discount Rate），

的聯邦準備法進行的最小幅度的、明智的再調整。

　　在很大程度上，我所提到的這些措施就是我根據自己的憲法職責向國會建議的計畫。在全面的國家復興計畫中，這些因素必不可少。這些措施透過對國家生活中的各種因素進行了充分而理性的調整，並明智地規定要保護弱勢族群免受強勢族群的侵害，因而豐富我國國民的生活。

　　1933 年 3 月就職至今，我最清楚地感覺到了復興的氛圍。但這不僅僅是我們個人生活的物質基礎的復興問題，而且是對我們的民主進程與制度的信心得以恢復。我們已經克服了所有的艱難險阻和重大國家經濟問題的威脅。在我們國家最黑暗的那些月分裡，我們承受住考驗，並對掌控我們自己命運的能力充滿信心。在各個方面，恐懼正在消失，而信心正在逐步恢復。人類極有可能靠政府的民主形式改善其物質與精神狀況，這種信念獲得了新生。這種信念正獲得應有的回報。為此，我們要感謝上帝對美國的佑護。

成為美國現代銀行體系最終確立的重要象徵。

談乾旱的形勢
—— 1936 年 9 月 6 日　星期日

　　這篇談話從乾旱的形勢切入，重點談的是農業。羅斯福一直十分關注農產品價格，他希望農業限產增收，是農民有較好、較高的工業產品購買力，促進工農業的和諧發展。為此，他主張政府拿出資金來賑濟旱災，同時重點扶持來年生產、加強水土保持和農田水利等基礎建設。之後，談話轉入了就業問題，因為這（城市居民因就業而獲得的薪資）是「駄著美國前進的兩條大隊之一」（另一條是農民的購買力）。在向民眾祝賀第二天的勞動節，羅斯福又簡略地闡明了一些重要問題：「勞動關係應當是一種自由人之間的平等關係」，「勞動與財產享有同等的尊嚴」。

　　我最近進行了一次考察旅行。我首先直接考察了各乾旱州的形勢，去看看聯邦和地方各級機關是如何高效率地應對迫切的救濟問題的。我也想了解他們的下一步工作的打算，看看他們想怎樣保護我國人民將來免受乾旱的影響。

　　我在 9 個州看到了乾旱造成的破壞。

　　許多家庭麥苗枯死了、玉米苗不長了、家畜倒下了、水井中打不到水了、花園不見鮮花，直到整個夏天結束都沒有 1 美元的現金入帳，冬天將沒有吃的。他們面對的是一個沒有種子可以播撒到田地裡的耕種季節。我與這些家庭進行了交談。

　　這是極端的例子，但是在西部的農場卻有成千上萬個家庭面臨著同樣的困難。

　　我看到養牛人由於沒有草和冬季飼料已經被迫將所有牛都賣掉，只留下了繁殖畜。他們在即將帶來的這個冬天甚至還要靠援助才能養活這些繁

殖畜。我看到牲畜們能活下來僅僅是因為人們長途跋涉用罐車將水送來給牠們。我還看到其他的農戶。他們沒有受到任何損失，但是這些農戶如果還想要在明年春天繼續從事農業生產的話就必須得到某種形式的援助，因為他們只收穫了部分農作物。

我絕不會忘記因過分乾熱而無法進行收穫的枯萎的麥田。我絕不會忘記那一塊接一塊的玉米地，那裡的玉米秧長得又矮又小，既不見玉米穗，也不見葉子，因為都被蝗蟲給吃了。我看到了一塊塊褐色的牧場，在那裡50 英畝的草場甚至都養不活一頭牛。

但是，我絕對不想讓你們認為，在這些乾旱地區只有永久的災難，或者認為我所看到的情景會使這些地區的人口減少。地球不會破碎，太陽不會讓人酷熱難耐，風不會燃燒起來，那些蝗蟲也無法與不屈不撓的美國農場主、牧場主和他們的妻兒們相抗衡。他們已經熬過了令人絕望的日子，並用他們的自立、堅忍不拔和勇氣鼓舞著我們大家。創造家園是他們的父輩們的任務，保持這些家園則是他們的任務。我們的任務是幫助他們戰勝災難。

首先，我花幾分鐘時間說說這個夏天和即將來臨的冬天。對那些需要實實在在地活下去的家庭來說，我們有 2 個選擇：發放救濟金給他們或送他們去工作。他們不想靠救濟金過活。他們百分之一千地正確。因此，我們認為我們必須送他們去工作去賺一份體面的薪資。我們做出此決策是做到一箭雙雕，因為這些家庭透過工作可以賺得足夠的錢，不僅能使自己活下來，還能買飼料給他們的家畜和用於明年春天進行耕作的種子。當然政府貸款機構將參與這項計畫，它們明年將像過去一樣用生產貸款提供幫助。

我與之交談過的每一位州長都完全贊同這項為這些農業家庭提供工作

的計畫，正如他們都同意各州都將照顧好那些找不到工作的人一樣。但他們同時認為，聯邦政府必須承擔僱傭那些完全有能力並願意工作的人們的費用。

如果那時，就像今天一樣，我們知道從現在直到整個冬天都需要某種形式的工作救濟的農業家庭的大致數量，那麼我們所面對的問題是，他們應該做哪種工作。我要明確指出的是，這不是什麼新鮮的問題，因為在每個乾旱的社區，這個問題都在很大或較小的程度上得以解決。從 1934 年開始，每當我們遇到重大旱情時，州和聯邦政府都會合作制定出眾多計畫，其中許多計畫針對的目標都是緩解未來的旱情。根據這個計畫，數千個池塘或小水庫得以建成，目的都是為牲畜供水，提升地下水位以防止水井乾涸。數千口水井開鑿出來，或者被加深；建造了很多社區湖泊，農田水利規畫也在推進當中。

由於這次新旱情的出現，我們正將透過這類方法進行水資源保持工作推廣到整個大平原地區、西部的玉米帶和位於美國更南部的各州。在中西部，水資源保持工作不那麼迫切。在這裡，工程計畫更多地考慮控制土壤浸蝕，並建設從農場通往市場的道路。

這種開銷不是浪費。如果我們現在不肯在這類事情上投資，那就預示著將來的浪費。這些緊急工程計畫提供資金去買用來過冬的食品和衣物；它們使農場的牲畜存活下來；它們為新的農作物帶來了種子；更重要的是，這些計畫將來會使那些經常受到乾旱襲擊的地區的水土得以保持。

比如，如果某些地區的地下水位繼續下降，而表層土繼續流失，土地的價值將隨著水土的流失而消失。生活在農場的人們將流入附近的城市；城市中將不再有農業貿易活動，城市工廠和商店裡的工人將丟掉工作。城市裡的資產價值將下降。另一方面，如果位於那個地區之內的各個農場依

然是水土保持較好的農場，農業人口就會留在這片土地上發展繁榮，而附近的城市也會繁榮昌盛。資產價值將會提升而不是消失。這就是作為一個國家值得我們為了省錢而去花錢的原因。

　　我僅將自己的論點用於一個小地方。但這個觀點對於整個美國也同樣適用。位於乾旱地區的各州正在與位於乾旱地區之外的各州做生意，而且將來也會一直做下去。在紐約州製衣廠工作的男男女女們 —— 生產著農民和他們的家人穿的衣服、匹茲堡鋼鐵廠、底特律的汽車廠以及伊利諾州收割機廠的工人們的生存恰恰是依賴農民購買他們生產的日用品的能力。同樣地，正是在這些位於城市的工廠工作的工人們的購買力保障他們和他們的妻子兒女們能夠吃到更多的牛排、更多豬肉、更多小麥，更多玉米、更多水果和更多乳製品、買更多棉、毛和皮質衣服。從物質的、財產的和精神的意義上來說，我們是你中有我，我中有你。

　　我想明確指出，在整個乾旱地區，解決乾旱問題沒有什麼萬靈丹可用。計畫必須依賴當地的條件來制定，因為這些條件隨著年降雨量、土壤特徵、海拔高度和地形的不同而不同。在一個郡採用的水土保持方法或許和接壤的另一個郡就會不同。在牛羊養殖地區進行的工作在種類上就與在小麥產區或玉米帶所進行的工作不同。

　　大平原乾旱區委員會[061] 已經將該地區長期規畫的初步設想報告交給了我。以那個報告為基礎，我們正成功地進行合作，並得到了各位州長和州規劃委員會的鼎力支持。隨著我們將這項計畫付諸實施，人們將會越來越能夠確保自己安全地生活在這塊土地上。這將意味著聯邦政府和各州政府

061　大平原乾旱區委員會（Great Plains Drought Area Committee），美國大平原地處內陸，位於洛磯山脈和密西西比河之間，乾旱少雨。1930 年代，該地區出現了嚴重的沙漠化，帶來了慘重的經濟損失。1936 年，羅斯福授意成立大平原乾旱地區委員會，親自任命 8 名成員。該委員會制定了長期發展規畫《大平原的未來》，並推動了各項工作。

爐邊談話 Fireside Chats

在旱災發生時不得不承擔的救濟負擔會逐步減輕；但更重要的是，這還意味著受乾旱襲擊的這些地區會對整個國家的繁榮做出更大的貢獻。這將使財產價值和人類價值都得到保持與提升。乾旱地區的人們並不想依賴聯邦政府、州政府或其他任何形式的慈善團體。他們想要給他們自己及其家人爭取一個靠自己的努力平等地分享美國的進步的機會。

在農產品價格和工業品價格之間保持公平的平衡是一直擺在我們面前的目標，就好像哪怕是在糟糕的時代，我們也總要考慮我國的食物供給是否充足一樣。我們的現代文明能夠也應該想出一個更行之有效的方法來將豐年多餘的糧食保存下來，留待荒年使用。

在我旅行期間，那些聯邦、州和地方政府部門的總體效率讓我留下了非常深刻的印象。這些政府部門為應對旱情造成的迫切任務而進駐這些地區。1934 年時，我們誰都沒有準備；我們盲目工作，因缺乏經驗而犯錯誤，事後諸葛向我們展示了這一切。但隨著時間的流逝，我們所犯的錯誤越來越少了。記住：聯邦和各州政府只進行總體的規劃，具體專案的實際工作還要靠當地的社區去做。地方資訊列舉了各種地方的需求，地方的項目只有獲得當地社區那些人的建議和幫助後才能確定下來，這些人最有資格提供建議和幫助。還有件值得一提的事是，在我的整個旅行過程中，雖然數十次提出這個問題，但沒有聽到針對任何一項工程經濟專案性質的任何怨言。

各州的當選上級、他們的州政府官員以及來自農學院和州規劃委員會的專家們配合並贊同這項聯邦政府帶頭的工作。我也要謝謝這些州的男人和婦女們，他們在當地的工作中服從上級。

在乾旱地區，人們用於用新方法應對自然界的變化，並糾正過去的錯誤。如果過度放牧已破壞了山地，他們就樂呵呵地減少放牧。如果哪塊麥

田不得不退耕為草場，他們就高興地予以合作。如果應當植樹以防風固沙，他們就與我們一道工作。如果需要修建梯田、實行夏季休耕或進行輪作，他們就執行。他們心甘情願地去適應自然界的運行規律，而不是去抗拒這種規律。

我們正在並將繼續幫助農民們在地方水土保持委員會和其他合作性的地方、州和聯邦政府部門的協助下做到這些事情。

今晚我沒有時間去談論其他更具體的農業政策了。

由於有了這些出色的援助，我們正在克服當前的緊急問題。我們要保持土壤、保持水源、保持生命的存活。我們要長期抵禦低價和乾旱。我們要制定一項惠及整個美國的農業政策。那是我們未來的希望。

在結束談話前，我要談談再就業問題。這有兩個原因。明天就是勞動節了。數百萬勞工人民戰勝困難，勇往直前面對蕭條的勇敢精神值得尊敬和欽佩。就像乾旱地區農民們戰勝困難的勇氣值得我們尊敬和欽佩一樣。

這是我的第一個理由。第二個理由是，作為國家繁榮昌盛的支柱，健全的就業環境與健康的農業環境同等重要。基於公平薪資的可靠的就業形勢對於城鎮居民的重要性等同於農業收入對於農業發展的重要性。

我們的同胞必須得有購買工人生產的產品和農民出產的農產品的能力。這樣說來，城市居民的薪資與農民購買力就是兩條馱著美國前進的大腿。

工業部門的再就業工作正在迅速推進。政府開支的主要職責是保持工業的運轉，並使之能夠使再就業成為可能。政府訂單就是重工業的後盾；政府薪資就是要成就消費者的購買力，並使社區中的每一位商人能夠撐下來。商人連同他們的商業，不論其大小，都要得到拯救。

這裡的情形無疑與遭遇旱災的農民的情形一樣，政府開支節省了下

爐邊談話 Fireside Chats

來，用於聯邦政府明智地花錢對私人企業進行救助，這些企業開始將工人從政府救濟計畫的名單中刪除。直到本屆政府就職前，我們僅在少數州和城市有自由就業服務。由於沒有一致的就業服務，被迫隨著工業部門的遷移而遷移的工人們經常為了能找到工作而穿梭於美國各地，可是他們好像覺得工作機會的移動速度總比他們的速度快了一點點。他們經常成為就業資訊交換所詐欺行為的受害者。事實上，他們自己和雇主都對就業機會的分配無能為力。

1933 年成立了聯邦就業服務署。[062] 這是一個州與聯邦企業的合作機構。透過這個機構，聯邦政府與各州政府投入資金用於登記工人的工作職務技術類別，並幫助這些已經登記的工人在私人企業中找到工作。聯邦 - 州之間的合作是天衣無縫的。就業服務已經在 32 個州展開了就業服務工作。其他地區則由聯邦政府負責。

我們已經開展了全國性的服務工作，設有 700 個地區辦公室，1,000 個分支辦公室，為工人獲取就業資訊、老闆找到工人提供了管道。

去年春天，我表達了這些願望：雇主們要認知到自己肩負的重大責任，把人們從救濟名單中拿掉並在私人企業中給他們工作機會。後來，許多雇主告訴我，他們獲得的關於救濟名單的工人的技術和經驗方面的資訊無法讓他們滿意。8 月 25 日，我向就業局撥付了數目相對較小的一筆經費，用於獲取現在正積極在工程振興局[063] 工作的那些人的更詳盡準確的資訊（包括他們的技術水準和以前從事的工作），並確保及時進行更新，

---

062 聯邦就業服務署（United States Employment Service），根據《緊急救濟法》等相關法律成立的聯邦機構，在各州郡設有相應的辦公室，旨在進行職務和就業登記等事務，為雇主和求職者搭起資訊平臺。

063 為擺脫長期救濟消磨人的意志的弊端，根據1935年4月8日國會通過的《緊急救濟撥款法案》，5月6日羅斯福發布行政命令，成立工程振興局，興辦大量工程項目，為聯邦救濟名冊上的失業者安排工作。

最大限度地使各工業部門掌握這些資訊。今晚，我宣布追加 250 萬美元撥款，以使合眾國就業局能夠比現在更加廣泛地為已經登記的工人在私人企業中收集就業機會。

今晚，我要求工人們進行合作，並充分利用就業局提供的就業資訊。這並非意味著我們的工程振興局和公共工程管理局和其他工程救濟計畫會鬆懈下來。他們會繼續努力，直到所有工人都有了自己的體面的工作和體面的薪資，我們要對失業者負起責任。我們有充分的證據顯示，只要有必要，在國家、州和地方政府中代表他們的人應該繼續履行這一職責。這是美國民眾的意願。但是，這的確意味著，聯邦政府要利用其資源為那些目前還受僱於政府工程的人們找到自己的工作，並將聯邦政府用於直接就業的開支數目縮減到最低。

今晚，我要求全國的雇主們，不論是大老闆還是小老闆，每當生意好轉，要僱傭更多的工人時，都來利用州和聯邦就業局提供的幫助。

明天是勞動節。在美國，勞動節從來都不是哪個階級的節日。勞動節一直是全國性節日。作為全國性節日，勞動節今天具有的意義比以往任何時候都要重大。在其他國家，勞工關係或多或少地成為一種階級關係，無法跨越。在我們國家，我堅持認為，作為美國生活方式的必要組成部分，勞工關係應當是一種自由人之間的平等關係。我們不認為體力或腦力勞動者與那些靠財產生活的人有何不同，或低人一等。我們堅持認為勞動與財產享有同等的尊嚴。但是，體力和腦力勞動者因為其工作值得受到更多的敬重。他們應用其勞動的機會要切實加以保護。他們勞動是為了過著體面的、生活水準不斷提升的美滿生活，並累積儲蓄金錢來應對生活中難以料想的變化。

如果我們想要避免階級意識社會在我國發展，那麼每個人都必須把握

住這個雙重的機會。

有些人沒有讀懂時代的信號和美國歷史。他們試著拒絕工人的任何集體談判、過著體面的生活和謀求安全的有效權利。恰恰是這些鼠目寸光的人，而不是工人們的階級鬥爭觀念威脅著美國的安全。在其他國家，階級鬥爭已經導致獨裁統治的建立。恐懼和怨恨成為人類生活的主旋律。

所有的美國工人們，不論是腦力勞動者還是體力勞動者，還有我們這些剩下的人 —— 我們的福祉是依賴工人而存在的 —— 都知道，我們需要建立一個有序的經濟民主制度。人人都可從中獲益，人人都可免受那種錯誤的經濟導向的傷害。7 年前，這種錯誤的經濟導向把我們帶到了完全崩潰的邊緣。

白領工人與腦力勞動者之間、藝術家與工匠之間、音樂家與技師之間、律師與會計師、建築師和礦工之間沒有不可逾越的鴻溝。

明天，勞動節是我們所有人的節日。明天，勞動節代表著所有美國人的希望。任何將勞動節稱為階級節日的人都是在與美國民主制度的整個觀念挑戰。

7 月 4 日是對我們的政治自由的紀念。離開了經濟自由，這種政治自由實際上就毫無意義了。勞動節象徵著我們決心要為每一個人爭取經濟自由，進而幫助他們獲得政治自由。

談司法機構的重組
—— 1937 年 3 月 9 日　星期二

　　「新政」從一開始就有反對意見，其中最大的阻力來自聯邦最高法院，它數度裁定「新政」法案違憲，嚴重阻礙了「新政」的推行。於是，羅斯福宣導改組最高法院，此篇談話的中心話題即在於此。羅斯福在談話中批評那些阻礙「新政」實施的保守派法官，同時提出改組司法機構的具體建議。後來，羅斯福的提案雖然受阻，但到他去世前，仍舊以先後任命 8 位大法官而促進了司法機構的改革。

　　上星期四，我詳細描述了我國目前面臨的某些經濟問題。對此，所有人都表示認同。那次談話後，我接到了很多信件，卻不可能一一回覆，只有說聲「謝謝各位」了。

　　今晚，我坐在白宮的辦公桌前，開始我第二個任期的首次廣播報告。

　　我想到了 4 年前的 3 月那個夜晚，當時我頭一次透過電波向大家做匯報。那時我們正處於銀行業大危機之中。

　　之後不久，依據國會的授權，我要求全國人民將私人持有的黃金全部上交美國政府。

　　今天的復興證明那時的政策是何等的明智！

　　但是，在差不多 2 年後，美國最高法院僅以 5 票對 4 票的表決結果維持了該政策的憲法地位。[064] 一票之差就可能將我們這個偉大的國家的各項事業重新推進絕望的深淵。實際上，4 位大法官裁決道，依據私人契約原則，要求做合法但極不合理的事情的權利比建立一個持久的國家的這一憲

064　這裡的「政策」指《緊急銀行法》的「黃金條款」，即禁止黃金囤積和黃金輸出。1935 年 6 月，最高法院以 5 票對 4 票裁定此條款合法。

法主要目標更加神聖而富有尊嚴。

1933 年時，大家和我都知道，我們再也不能讓救濟體制出現完全脫節的現象了。也就是說，我們再也承受不起冒另一次風險的代價了。

我們也確信，避免那種暗無天日的日子重演的唯一途徑是建立一個有權威的政府，讓它去防止並治理權力濫用和不平等現象。這些現象是導致救濟制度出現脫節的罪魁禍首。

然後，我開始了一項治理權力濫用與不平等現象的計畫，使我們的經濟體制保持平衡與穩定，以使之能抵禦造成 1929 年大危機的各種因素的衝擊。

今天，我們只是部分地通過了該計畫。復興進程正快速發展到重現 1929 年危局的臨界點上，雖然或許不是這週或這個月，但也就是一兩年之內的事。

我們需要制定國家法律來完成此計畫。個人的、地方的或更各州的單獨行動在 1937 年已經不能像 10 年前那樣更好地保護我們了。

即使立法通過後，我們也需要時間，而且是大量時間來制定出補救措施。因此，為了及時完成我們的保護計畫，我們必須毫不遲疑地授予我們的聯邦政府執行此計畫的權力。

4 年前，我們等到第 11 個小時才採取行動。[065] 那幾乎已經很遲了。

如果我們從大危機中汲取了某些教訓的話，那就是我們不能允許自己再因為無謂的討論和爭鬥延遲做出決定的時間。

美國人民已經從大危機中汲取了教訓。因為在過去的 3 次全國選舉中，絕大多數人投票同意國會和總統啟動這項提供保護措施的任務 —— 是現在，而不是等到幾年的漫長爭論之後！

065　這裡指 1935 年 3 月 9 日《緊急銀行法》授權總統控制外匯交易和黃金流向，3 月 10 羅斯福發布行政命令，規定銀行從事外匯交易、銀行和非銀行機構支付黃金都必須得到財政部長頒發的許可證。

但是，法院卻對我們的民選國會面我對們當代的社會經濟形勢、保護我們免受重大災難傷害的能力提出了疑問。

我們在繼續那些保護措施的能力方面遇到了危機。這是悄然無聲的危機。在大門緊閉的銀行外沒有存款人的漫長隊伍。但從長遠看，這有可能對美國造成深遠的損害。

我想和大家非常簡略地談談我們在當前中採取行動的必要性。我們需要迎接的是一場無聲的挑戰：整個國家有三分之一的人營養不良、衣衫襤褸、無家可歸！

上星期四，我將美國的政府形式描述為美國人民依據憲法建造的三架馬車，它們各行其道。當然，這三匹馬就是政府的三個部門 —— 國會、行政部門和法院。今天，其中的兩匹馬相處和諧，而第三匹馬就不同了。那些宣稱美利堅合眾國總統正試圖要駕馭這個團隊人們忽略了這樣一個簡單的事實：總統身為最高行政長官，本身三匹馬中的一員。

恰恰是美國人民自己才是掌鞭之人。恰恰是美國人民自己要這架耕犁機動起來。

恰恰是美國人民自己期望著那第三匹馬能夠與另外兩匹馬和諧共處。

我希望大家在過去的這幾週裡已經重新溫習了美利堅合眾國憲法。像讀《聖經》一樣，我們也應該不斷地讀一讀憲法。

如果大家記得，憲法的成因是，美國獨立戰爭結束後，最初的 13 個州試圖依據邦聯條例進行運作；但事實表明，需要一個擁有足夠權力的全國政府來處理全國性問題，那麼，了解憲法就容易了。憲法的導言宣稱，它的目的是為了建立更完善的聯邦，並促進公共福利；而我們可以將為了達成這些目標而賦予的權力恰如其分地了解為：這些權力指的是為了應對每一個全國性問題，而這些問題單靠地方政府的力量無法解決。

爐邊談話 Fireside Chats

　　但是，憲法的創立者們立意更為深遠。記住，接下來的幾代人中，許多作夢也想不到的眾多其他問題將成為全國性問題。憲法條文賦予國會強大而廣泛的權力，「徵稅權⋯⋯提供合眾國共同防務和公共福利。」

　　朋友們，我們誠摯地認為，這就是那些愛國人士的明確的和優先的目標。他們起草了一部聯邦憲法以創立一個擁有國家權力的全國性政府，其目的就像他們所表達的那樣，「為我們自己和我們的後代建立一個更完善的聯盟。」

　　在將近 20 年的時間裡，美國國會和最高法院之間一直和睦相處。然後國會通過了一項法令。1803 年時，最高法院裁定該法令違憲。最高法院宣稱它有權宣布該法令違憲，並且確實是這樣公布的。但之後不久，最高法院自己又承認，它行使的是特別權力，並透過大法官華盛頓先生對此加以這樣的限制：「假如對其合法性予以支持，直到完全證明其違憲，這只是出於對立法機構的智慧、正直和愛國主義精神的巨大的崇敬所致。」

　　但是，自從依法進行的現代社會經濟進步運動興起以來，最高法院就越來越頻繁、越來越大膽地對國會和各州議會通過的各項法律行使其否決權，而完全無視這條最初的限制性條款。

　　過去 4 年間，法律享有受到合乎情理的質疑的所有權益統統被束之高閣。最高法院不是作為一個立法機構而是作為一個決策機構在行動著。

　　當國會採取措施穩定全國的農業、改善勞工環境、保護商業免受不公平競爭之苦、保護我們的國家資源，並以許多其他方式明顯地在為國家的需求殫精竭慮時，最高法院的大多數大法官們卻在行使著透過國會的這些明智的法律的權力，並對寫進法律的公共政策指手畫腳。

　　這不僅僅是我個人的譴責。這也是當前最高法院的大部分傑出的大法官們的共同譴責。我沒有時間將持不同意見的大法官們在許多案例中寫下

的所有判詞一一向大家引述出來。但可以略舉數例，比如在判定《鐵路退休法》違憲[066]的案例中，首席大法官休斯[067]在一份不同意見中寫道，那種大多數意見是「對合理原則的一種背離，」並對「商業條款施加了毫無根據的限制。」而另外三位大法官對此意見表示贊同。

在判定《農業調整法》違憲的案例中，[068]斯通大法官[069]談到多數派的意見時指出，這是對「憲法的曲解性解釋。」另有兩位大法官對他的意見表示同意。

在判定紐約最低薪資法的案例[070]中，斯通大法官說道，多數派實際上用他們自己的「個人經濟偏好」曲解了憲法。他同時認為，如果立法機關無權自由地選擇解決國家中眾多公民的貧困、生計和健康問題的話，那「政府也就形同虛設了。」他的意見也得到了另外兩位大法官的支持。

面對這些不同意見，最高法院某些大法官的主張就站不住腳了。這些人宣稱，憲法中的某些因素迫使他們滿懷歉意地對人民黨意願橫加干涉。

面對這些不同意見，事情已經再清楚不過了。正如首席大法官休斯所說，「我們生活在一部憲法下，但憲法的內容卻是大法官們說了算。」

最高法院除了恰當行使其司法職能外，還不恰當地將自己變成國會的第三院 —— 一個超級立法機構，就像其中一位大法官所說的 —— 無中生

066　1934 年 6 月 27 日羅斯福政府頒布《鐵路員工退休法》，規定了鐵路員工福利保障。1935 年 1 月間，聯邦最高法院裁決《鐵路員工退休法》違憲，理由是政府不經法律程序剝奪公司財產。

067　查爾斯‧E‧休斯（Charles E. Hughes, 1862 ～ 1948），美國政治家，曾任紐約州州長、國務卿和聯邦大法官。羅斯福新政期間擔任聯邦首席大法官（1930 ～ 1941），以幹練的領導才能和靈活的政治手腕而著稱，領導了最高法院與政府的抗爭，因而使羅斯福「打輸了戰役卻打贏了戰爭」。

068　1936 年 1 月 6 日，聯邦最高法院在美國訴巴特勒案中，判定《農業調整法》違憲。

069　斯通（Harlan Stone, ? ～ 1946），1925 ～ 1941 年任聯邦大法官，1941 ～ 1946 年任聯邦首席大法官。

070　1936 年 6 月 1 日，最高法院判定紐約州的婦女與兒童最低薪資法無效，理由是它違反《憲法》第 14 條修正案保證的訂立合約的自由。

有地解讀憲法的詞句並無端地推定憲法的含義。

　　因此，作為一個國家，我們已經走到了必須採取行動以把憲法從最高法院手中挽救出來，並使最高法院自我解救的關鍵時刻。我們一定要找到一個將最高法院起訴到憲法本身的方法。我們需要的最高法院是一個依據憲法伸張正義的機構，而不能凌駕於憲法之上。在我們的各級法院，我們需要的是一個法治而非人治的機構。

　　我想要，全體美國人民也想要一個憲法的制定者們所設想的獨立的司法機構。這意味著最高法院執行憲法的條文，而不會武斷地行使司法權 ── 最高法院的修正案 ── 來修正憲法。這並非就是說，司法機構獨立到可以否認公認的事實之存在。

　　那麼如何來繼續行使賦予我們的權力呢？去年的民主黨綱領中寫道，「如果這些問題不能在憲法的框架下有效地解決，我們就要尋求將能確保這些法律的權力得以實施的修正案，以便有效地規範商業、保護公共衛生與安全、捍衛經濟安全。」也就是說，我們說過，只有其他所有可能的法律途徑都宣告失敗後我們才能對憲法進行修正。

　　當我著手回顧擺在我面前的形勢與問題時，經過慎重考慮，我得出了這樣的結論：在沒有憲法修正案的情況下，明顯符合憲法同時又將能落實其他必要的改革措施的唯一方法是，為所有的法院注入新鮮血液。我們必須得有既有能力又有資格去履行不偏不倚的正義事業的人士。但同時，我們還得有能夠把憲法的時代感帶給各級法院的法官。這些法院的法官將維持法院的司法職能，並放棄目前各級法院所承擔的立法權力。

　　聯邦的 48 個州中有 45 個州的法院法官的任期為數年而非終身制。在許多州，法官在 70 歲時就得退休。所有法院的聯邦法官們如果願意在 70 歲時退休，國會將付給他們全額人壽保險以保障他們衣食無憂。就最高法

院的法官們來說，保險金額為每年 2 萬美元。但所有聯邦法官一經任命，如果他們願意，就可以終身任職，而不論其年齡大小。

我的建議是什麼？簡單地說，是這樣的：每當聯邦法院的法官或大法官到了 70 歲而沒有自覺地領份人壽保險退休回家，在任總統就將根據憲法的要求，在獲得合眾國眾議院的批准後任命一名新法官。

該計畫的主要目的有兩個。第一，我希望持續不斷地為司法系統輸入新鮮而年輕的血液來使整個聯邦司法機構高效率運轉起來，並因此節約一部分開支；第二，使年輕人參與社會經濟問題的決策。這些人與普通人不得不生活其間的當代實際環境有親身經歷與接觸。

被任命的法官數額將完全取決於現在超過 70 歲，或即將達到 70 歲的現任法官的決定。

比方說，如果最高法院 6 位現年超過 70 歲的人法官中沒有人根據計畫的規定退休，那麼就不會有多餘的職位空出來。其結果是，雖然大法官的數量絕對不可能超過 15 個，但可能只有 14 個、13 個或者 12 個名額。而且還有可能只有 9 個名額。

這個想法既不新鮮也不激進。它是要使聯邦機構保持旺盛的活力。1869 年，美國國會眾議院通過了類似的提案以來，許多身居要職的人士都曾經討論並同意該提案。

為什麼要把年齡限定在 70 歲呢？因為許多州的法律、公務員的任職、陸軍和海軍的規定、許多大學的校規和幾乎所有大型私人企業都普遍將退休年齡限定在 70 歲或者更早。

該法令將適用於聯邦系統內的所有法院。下級聯邦法院普遍同意。該計畫僅在合眾國最高法院遇到了阻力。如果這個計畫對下級法院有好處，那當然會對不會受到起訴的最高法院有好處。

爐邊談話 Fireside Chats

　　那些反對該計畫的人聲稱，我要把最高法院「打包」（pack），[071] 這將造成一個不良的先例。這些人企圖藉此引發人們的偏見與恐懼。

　　他們說「將最高法院打包」（packing the Court）是什麼意思呢？

　　我來坦率地回答這個問題。這將使對我的目的性的所有正直的誤解化為烏有。

　　如果有人用「將最高法院打包」這樣的字眼來指責我，認為我希望使最高法院成為惟命是從的傀儡，該機構將無視法律的存在，按我的意願決定每個具體事件，那麼，我對此的回答是：任何稱職的總統都不會任命這樣的人在最高法院任職，任何稱職的令人肅然起敬的參議員也不會認可此類任命。

　　有人透過那個字眼指責我說，我將任命而參議院也會認可合適的人選，將他們安插進最高法院。這些人了解當前的形勢；認為我將任命這樣的大法官，他們是作為大法官而不是立法者來履行職責 —— 如果此類大法官的任命可以被稱作「將最高法院打包」的話，那麼，我的答覆是，我連同和我站在一起的大多數美國人民會支持這樣做的，而且馬上就做！

　　改變大法官的數目對國會來說會成為危險的先例嗎？國會一直有，將來也會擁有那種權力。大法官的數目以前在約翰·亞當斯、[072] 湯瑪斯·傑佛遜、[073] 安德魯·傑克森、亞伯拉罕·林肯和尤利塞斯·格蘭特 [074] 政府時期曾經被多次變動過。其中約翰·亞當斯、和湯瑪斯·傑佛遜還是獨立宣言的簽字人。

　　我建議依據與明確限定的年齡相關的明確原則將另外的大法官送進最

071　這裡的 pack 也譯作「囊括」。這是前總統胡佛對羅斯福司法改革的形容。
072　約翰·亞當斯（John Adams, 1735 ～ 1826），美國第 2 任總統。
073　湯瑪斯·傑佛遜（Thomas Jefferson, 1743 ～ 1826），美國第 3 任總統。
074　尤利塞斯·S·格蘭特（Ulysses Simpson Grant, 1822 ～ 1885），美國第 18 任總統。

高法院。大體來說，如果將來美國不再信任它選舉出來用以防止濫用我們的憲法條文現象的國會，那麼民主制度的失敗程度也就遠遠超出了任何先例對司法體制造成的破壞。

我們認為，為了大眾的利益，保持司法體系的活力很重要，因此，我們鼓勵年老的法官退休，並付給他們全額人壽保險。那麼，我們為何應當靠偶然性來達成此項公共政策，或者使此政策的實施依賴於任何個別大法官的意願或偏見呢？

我們這項公共政策的明確目的是不斷為司法系統提供新鮮和年輕的血液。通常，每位總統都會任命一大批地區和巡迴法院法官，以及少數幾個最高法院大法官。實際上，到我的第一個任期屆滿時，美利堅合眾國的每位總統至少都任命了 1 位最高法院大法官。塔夫特總統[075] 任命了 5 名成員和 1 位首席大法官；威爾遜總統仜命了 3 位；哈定總統[076] 任命了 4 位，包括 1 位首席大法官；柯立芝總統[077] 任命了 1 位；胡佛總統任命了 3 位，包括 1 位首席大法官。

這一連串任命本來應該使最高法院在年齡方面取得良好的平衡。但是，偶然性因素以及個人不願離開最高法院等原因給我們留下了這樣的最高法院：5 位大法官明年 6 月分前將年過 75 歲，還有 1 位超過了 70 歲。這樣，一項合理的公共政策流產了。

我現在建議，依法建立一項保障措施，防止將來在最高法院出現類似的年齡不平衡現象。我建議從今以後，法官到了 70 歲，一位新的年輕法官將自動增補進法院。[078] 我建議透過這樣的方式依法落實一項合理的公共

075　指威廉・H・塔夫特（William Howard Taft, 1857 ～ 1930），美國第 27 任總統。
076　指華倫・G・哈定（Warren Gamaliel Harding, 1865 ～ 1923），美國第 29 任總統。
077　指 J・喀爾文・柯立芝（John Calvin Coolidge, 1872 ～ 1933），美國第 30 任總統。
078　羅斯福建議的完整意思是：聯邦最高法院大法官凡服務至少已經 10 年而且年滿 70 歲，6 個月

政策，而不是將我們的聯邦法院包括最高領袖在內的人員構成置於偶然因素或者個人的私人決策之下。

如果認為我所建議的這項法律建立了一個新的先例，難道這不是一條最令人期盼的先例嗎？

像所有律師和所有美國人一樣，我為這次爭論的必要性感到遺憾。但是，合眾國的福利，事實上也是憲法本身的福利，都是我們首先不需要考慮的問題。我們今天在法院遇到的難題不是法院作為一個機構的結果，而是法院之內的人造成的。但是，我們不能將我們的憲法的命運交給少數幾個人的自我判斷。這些人對未來充滿恐懼，將會否認我們採取這些方法應對當前形勢的必要性。

我的這項計畫並不是對最高法院的攻擊，而是要努力保持法院在我們的憲政體制中應有的歷史地位，並使之擔負起將憲法建設成為「活著的法律體系」這一崇高的任務。法院本身是解除其困境的靈丹妙藥。

這樣，我已經向大家解釋了我們要在憲法的範圍內保證立法結果的原因。我希望憲法修正案的艱難歷程能因此變得容易些。但是，讓我們來考察一下這個過程。

人們提議的修正案種類繁多。每個修正案與另一個都針鋒相對。國會內部或者國會之外沒有哪個集團在任何一個修正案上意見一致。

就修正案的種類和文字達成一致要幾個月或幾年時間。此後還要花幾個月或者幾年時間在參議院和眾議院都取得三分之二議員對該修正案的支持。

然後，接下來的就是取得所有州中四分之三州批准的慢慢征程。任何有權勢的經濟利益集團或任何有權勢的政黨領袖有理由反對的任何修正案

後尚未辭職或退休，總統有權任命 1 名新法官。

都不曾獲得批准。只擁有 5% 投票人口的 13 個州就能夠阻撓批准進程，即便占投票人口 95% 的那 35 個州都支持修正案也無濟於事。

相當數量的報紙發行商、商會、律師協會、製造商協會都在努力為人們留下他們確實需要一項憲法修正案的印象，但修正案一經提出，他們第一個會跳出來大呼小叫，「哎呀！我是贊同一項憲法修正案，但你們提出的這個修正案不是我想要的那種啊！因此，我要花時間、精力和金錢去阻止該修正案的通過。不過我非常樂意幫助其他某種修正案獲得批准。」

兩個集團反對我們的計畫，其理由是，他們支持一項憲法修正案。第一個集團包括那些基本上反對根據當前形勢進行的社會經濟立法行動。去年秋天試圖阻止人民的意願得以達成的也是這幫人。

現在，他們現在要進行最後一搏，其策略是建議啟動費時的修正案議程，以便靠拖延戰術來扼殺人們的立法要求。

我對他們說，我認為你們不可能長久地用你們的目的蒙蔽美國人民。

另一個集團由那些真誠地相信修正案議程是最佳途徑，如果能同意某一個修正案的話，他們會樂意支持它的批准。

我對他們說，我們不能將修正案當成是權宜之計，或僅僅是為了解決當前的困難。等到了採取行動的時候，你們會發現許多假裝支持你的人千方百計地阻撓所提出的任何具有建設性的修正案。看看你們這些奇怪的臨時夥伴們吧！在你們為了進步事業而奮鬥時，你們什麼時間發現他們還站在你們中間支持著你們？

大家還要記住另外一件事。即使修正案獲得通過，並在接下來的幾年中得到批准，它的含義也要依賴於最高法院那些大法官們的解釋。一項修正案，如同憲法的其他條款一樣，大法官說什麼它就是什麼，而不是其制定者們或者你們大家所希望看到的情形。

我的這項提案對美國人所珍愛的公民或宗教自由不會造成任何傷害。

我身為州長和總統的紀錄表明我願意為達成這些自由奉獻一切。了解我的人不必擔心，我絕不會容忍政府的任何部門對我們的自由傳統的任何部分造成破壞。

現在，有些反對進步事業的人企圖利用人們害怕會危及個人自由的心理，這使我想到，這個反對派曾經用同樣拙劣和殘忍的伎倆，在反對社會保障法的薪資袋宣傳運動中恐嚇美國工人。當時，工人們沒有被那類宣傳所欺騙。現在，美國人民也不會被這種宣傳所愚弄。

我支持透過立法採取如下行動：

因為我相信該法案能夠在本屆國會獲得通過。

因為該法案將建立一個使人重新振作起來的、思想自由的司法系統，以便完成更快捷、更合算的，惠及所有人的正義事業。

因為該法案將建立一系列樂於根據憲法的條文來實施憲法的聯邦法院，而厭惡透過將他們自己的政治和經濟政策寫入憲法來顯示其立法權的做法。

在過去的半個世紀裡，聯邦政府三大機構之間的權力平衡已經被法院打破了，這與憲法制定者們的最高目標是背道而馳的。我的目的是恢復這種平衡。大家了解我，你們會接受偉大莊嚴承諾：在民主制度受到攻擊的世界，我要使美國的民主制度獲得成功。你們和我都將會各盡其責！

給國會特別會議的立法建議
—— 1937 年 10 月 12 日　星期二

　　在最高法院先後裁定「新政」的相關法案違憲後，政府亟須推出新的法案，繼續推動「新政」，應對 1937 年 8 月開始的突然衰退。此次談話的議題，正是建議國會召開特別會議審議相關法案（主要是《新農業調整法》和《工業工時法》），這些法案一如既往調整的是就業、薪資和購買力，它們的前身曾經卓有成效。當然，羅斯福也談到了世界形勢，因為此時東亞和歐洲已經籠罩著戰爭的陰雲。

　　今天下午，我發布了一份公告，要求於 1937 年 11 月 15 日（星期一）召開國會特別會議。

　　我這樣做是為了給國會一個在明年 1 月召開正常會議前審議重要立法的機會，並使國會能夠避免明年漫長的、拖延至夏天的會議。

　　我知道，許多民主制的敵人會說，召開特別會議 —— 哪怕是在正常會議召開六個星期前 —— 都是有害於國家安全的。他們認為召開國會會議是對美國政治事務的侵犯，是不幸事件。我對此種觀點實在難以苟同。那些不喜歡民主制的人們要把立法者們留在家裡。但是，國會是民主政府的必要組成部分；而民主政府絕對不能「被看成是對民主國家事務的侵犯。」

　　我將要求本此特別會議立即審議某些重要的立法。我最近進行的全國旅行讓我們感到這些立法都是美國人民迫切需要的。這並非表示我今晚沒有提到的其他立法對我們的國家福祉不重要。但是其他立法可以在正常會議上從容地進行討論。

　　任何人想要對國家政策進行建議或評判都應該掌握整個國家的基本狀況。

爐邊談話 Fireside Chats

這就是我今年再次到全國各地走一走，看一看的原因。去年春天，我考察了西南部地區。今年夏天，我到東部去了幾次。現在，我剛剛從橫跨大陸的旅行中回來。今年秋天晚些時候，我希望繼續我的年度旅行，到東南部走走。

總統尤其要從全國的角度考慮問題。這是他的職責所在。

他必須不僅要考慮今年的事情，還要將來幾年的事情，那時當總統的是別的什麼人了。

他必須思考國家普通公民的幸福和福祉的長遠利益，因為普通人很容易掩蓋貧困和不穩定的危險點。

他必須使這個國家不被單純的暫時繁榮所迷惑。這種繁榮靠的是浪費地開採資源來達成的。而這是不能持久的。

他必須考慮不但讓我們今天遠離戰爭，而且將來要不受戰爭之苦。

我們所要的這種繁榮是合理的和持久的繁榮。這種繁榮不是建立在暫時犧牲任何地區或集團的利益基礎之上的。我們所要的這種和平是合理的持久的和平，它建立在要求和平的全國人民共同追求和平的基礎上。

有一天，有人請我談談最近這次旅行的主要印象。我說，對我來說此次旅行了解普通公民對我所提出的範圍廣泛的目標和政策好機會。

5 年的激烈辯論，透過收音機和動畫節目傳達了 5 年的資訊，這已經為整個美國上了一堂商業課。即使那些對我們的目標進行最激烈的攻擊的人所提出的批評意見恰恰鼓勵我們的公民去思考和了解所涉及的問題。

在這個過程中，我們學會了作為一個國家來進行思考。也正是在這個過程中，我們學會了如何從國家的角度感受自身。在美國歷史上，以前還從來沒有美國的每個地區對另一個地區說，「你們的人也是我們的人。」

對美國的多數人來說，今年是個好年頭。人們生活更加富足，事業也

更加欣欣向榮。在我到過的每個地方，我發現人們對商業的前景都很樂觀。多年來，人們希望農民有穩定的消費能力，因為占有最大份額的農業收入。

但是，我們還沒有盡我們所能來達成持續的繁榮。合眾國的人民在防止將來大量的農業剩餘產品繼續增加，而農產品價格必然隨之下跌的情形出現方面面臨著考驗。他們要努力確保合理的最低薪資、最短工時，並禁止童工。因為受到檢驗，美國許多地方的許多團體的購買力和生活水準還低於國家總體要求的長期目標。

美國民眾認知到了這些事實。這就是為什麼他們要求政府不要僅僅因為我們已經恢復繁榮局面很長時間了就止步不前。

他們沒有把政府當成自己事務的干預者。相反，他們認為政府是進行有組織自助的最有效形式。

有時候，我對聽某些人不厭其煩地談論那些政府不應該做的事情感到厭倦。1933 年政府將金融機構和鐵路部門拯救過來的那些日子裡，這幫人已經從政府得到了他們想要的全部。到全國各地走一走，去品味一下未雨綢繆的大智慧是件很令人神往的事情。

他們要求財務預算達成平衡。但他們也需要人類預算的平衡。他們想要建立一個政府的資助盡可能少的自我平衡的國家經濟，因為他們意識到，無休止的資助最終將使政府破產。

他們更關注的是前進方向的正確性，而不是每個細節的絕對正確。他們知道，只要我們沿著正確的道路前進，那麼，偶爾碰到些挫折也無傷大體。

我國公民中的絕大多數人靠農業為生。政府要在農作物生產方面怎樣幫助他們，他們已經想得非常清楚了。他們要求政府透過兩種方式幫助：

一是控制剩餘農產品的數量；二是合理使用土地。

有一天，有位記者告訴我，他怎麼也不能了解為什麼政府一方面要努力減少農產品的產量，同時還要開墾新的灌溉土地。

這位記者將兩個完全不同的目標混淆了。

農作物過剩控制與全國所有耕地上 —— 不論地塊好壞 —— 所種植的主要農作物的總量有關。這種控制是靠農作物種植主的配合，並在政府的幫助下達成的。而土地使用問題則是一項政策，指的是政府把品質最佳，土地類型最優的土地提供給每一農民，或者讓他們能夠獲得這些田地，以進行自己的那部分農作物生產。廢棄那些貧瘠的、從現在經濟角度看不適合耕種的土地，抵消了為種植不同的農作物而增加的那部分新的優質土地。

農產品的總量很大程度上決定了其價格，因此也就決定了農民們的生活狀況。

如果我們愚蠢到讓所有的製鞋廠每天 24 小時，每週 7 天地運轉，我們很快就會生產出比全國人民可能購買的還要多的鞋子，那過剩的這些鞋子要不是毀掉、或是派送掉、再就是以低於生產成本的價格賣掉。這個簡單的供需平衡法則影響著我們的主要農產品的價格。

大家和我都曾經聽說，大製造商將農民進行的產量控制說成是無可辯駁的「稀缺經濟」（economy of scarcity）。而恰恰是這些製造商們關閉他們自己巨大的工廠、裁減工人、削減整個社區的購買力時，只要他們認為必須使自己的產量與過量的商品供應狀況相適應，無論何時，從來都沒有猶豫過。如果患麻疹的是他們的孩子，他們拒絕稱之為「稀缺經濟」，而叫做「合理的商業判斷」（sound business judgement）。

當然，認真地講，大家和我想要的是這樣一種政府遊戲規則：工人和

工農業各部門要創造出沒有浪費的平衡性豐裕局面。

今年冬天，我們要找到一種方法來防止 3.5 美分的棉花、9 美分的玉米和 30 美分的小麥再次出現。這樣的價格對我們所有人來說都是災難性的。為此，農民自己要進行合作，以建立一個全天候農業計畫。這樣，從長遠看，價格會更加穩定。他們相信這點可以做到，而政府也可以擺脫赤字的困擾了。

當我們發現了那種使農民的農產品價格免受穀物過剩與不足交互影響的方法時，也就找到了使我們國家的食品供應免受同樣的產量波動影響的辦法。我們應當在消費大眾所能承受的價格範圍內保有足夠的糧食。對美國的城市消費者來說，我們必須想出辦法幫助農民在豐收之年將糧食儲備起來，以避免糧食匱乏的年分陷入困境。

我們的土地使用政策則是另一碼事。我剛剛就美國政府的工作進行了考察。美國政府正在遏制土地浸蝕、保護我們的森林、防止水災、生產用於更廣泛目的的電力、並透過對數千英畝土地進行灌溉，給農民從貧瘠的土地遷往肥沃良田的機會。這些土地只要有水就能為農民帶來過著美好日子的機會。

我看到了光禿禿的，被燒焦的山坡。幾年前，那裡還是鬱鬱蔥蔥，綠樹成蔭。這裡正被種上小樹。其目的不但是要遏制水土流失，也是為了將來的木材供應著想。

我看到民間資源保護隊的年輕人和工程振興局的工人們在建造防洪大壩、小型池塘和梯田以提升水位，並使現在身處那些地方的農業和村莊的安全有可能得到保障。我看到了狂躁的密蘇里河裡挾著許多州的表層土順流而下，泥濘不堪。我還看到許多駁船滿載著來自全國各地的貨物穿梭在新開鑿的航道上。

爐邊談話 Fireside Chats

　　我舉兩個例子來說明，為什麼政府從事的這類項目對整個國家來說有著全國性意義。

　　在愛達荷州博伊西河領域，我看到一個區。該區最近才被灌溉成一大片肥田沃土。這樣，一個家庭從該地塊得到 40 英畝土地就可以豐衣足食了。許多現在已經在這個流域過著富足的好日子的家庭都是從 1,000 英里外的地方搬到這裡來的。他們來自風沙帶。這條風沙帶從加拿大邊境橫跨美國中部直到墨西哥。該風沙帶包括 10 個州的廣大地區。博伊西河流域位於愛達荷州西部，成為樂意前往的農民們的第二個選擇，因而也就具有了全國性重要性。而且，我們建議逐年增加更多的流域以接納其他數千個同樣需要在新牧場獲得新生的家庭。

　　另一個例子是位於華盛頓州的大古力大壩（Grand Coulee Dam）。負責此專案的工程師告訴我，該大壩全部開支的近一半都用來採購密西西比河東部生產的原料。這使得美國東部三分之一地區的數千名產業工人獲得了工作和薪資。

　　所有這些工作都需要有比今天更加商業化的規劃制度和更長遠的眼光。

　　這就是我建議本屆國會的最後一次會議建立 7 個規劃區域的原因。在這些規劃區，當地人要就其特殊地區所做的這類工作提出建議和意見。當然，國會將在預算範圍內確定選定的項目。

　　為了執行 20 世紀的每項計畫，我們必須聯合政府的行政部門，用以工作的 20 世紀的機制。我認知到，民主進程必然比專制進程慢一點。但我不認為，民主進程需要緩慢進行才能確保安全。

　　多年來，我們都知道，聯邦政府的行政和管理部門職責紊亂，權力交錯重疊，混亂不堪。去年冬天我建議國會對這個龐大的政府體制進行重

組。這與民主進程的原則並不衝突，如同某些人所說的那樣。這種重組只能使這一進程的運轉更加高效率。

在我最近的旅行中，許多人和我談到了數百萬男人、婦女和兒童依然薪資微薄、工時過長的問題。

美國工業已經到國外發掘市場，但是它在家門口就能創造出其有史以來最大、最長久的市場。它需要消除貿易壁壘以改善國外市場，但不應該忽略了消除國內貿易壁壘的可能性，而且要立即行動，不要等什麼協議。每週增加幾美元薪資，每天少工作幾個小時將馬上將我們的數百萬收入最低的工人們變成數十億美元的工農業產品的實際買主。銷售量的增加應當會大大緩解其他生產性支出，以至於大量增加的勞動力支出也可以得到吸收，而不必將高價強加於消費者。

我堅信，所有的勞動者都應得到豐厚的薪資。但此刻，我最為擔心的是增加收入最低的工人的薪資。這些人是我們最龐大的消費族群。但是今天，他們的收入太低，根本無法維持像樣的生活水準，或者購買食物、衣服和其他物品。而這是使我們的工廠和農場滿載運轉所必須的。

有遠見的商人們已經了解並同意了此項政策。他們也認為，美國的哪個地區都不可能靠保持遠低於美國其他地區的薪資和工時標準永遠地使自身獲益，或者惠及美國的其他地區。

大多數商人 —— 不論大小 —— 都懂得，他們的政府既不想把他們趕出商業圈，也不想阻止他們賺取合理的利潤。儘管有些企圖重新掌控美國生活的少數人提出了警告，但是多數商人，不論是大老闆還是小老闆，都知道，他們的政府透過給每一個家庭一個真正的在美國擁有財產的機會以使他們的財產比以前任何時候都更安全。

不論眾人的財產和利潤可能存在什麼樣的風險，如果此種風險存在的

爐邊談話 Fireside Chats

話，它也不是來自政府對於商業的態度，而是來自私人壟斷者和金融寡頭目前強加給商業活動的限制。普通商人都知道，高額的生活費用是對商業活動的巨大威脅，而商業的繁榮更依賴於低價政策。此政策可以最大限度地鼓勵消費活動。正如美國一位傑出的經濟學家最近說的，「商業活動在合眾國的持續復興更多地依賴於商業政策、商業價格政策，而不是華盛頓或許做了什麼，或者不會做什麼。」

我們的競爭體制總體來說不是競爭性的。任何購買了大宗製成品的人，不管買主是政府還是個人，都知道這點。我們確實有反托拉斯法，但這些法律還不足以對眾多壟斷組織進行核查。姑且不論他們最初是否足夠有力，法院的解釋和法律程序的困難與拖延現在確實已經限制了這些法律的有效性。

我們已經在研究如何強化我們的反托拉斯法以終結壟斷 —— 不是要傷害合法的商業活動，而是要使之獲得解放。

我已經簡略地談到了這些重要的課題。這些課題合起來就是我們的未來計畫。為了獲得該計畫，立法就必不可少了。

今天，當我們為將合眾國人民的生活水準提升到前所未有的程度而布局謀篇時，我們也知道，我們的計畫可能會受到美國之外的世界其他事件的嚴重影響。

透過確定一系列貿易協定，我們一直致力於重建世界貿易。這在我們的國內方面扮演著非常重要的角色。但是我們知道，一旦美國之外的世界捲入戰爭的漩渦，那麼，世界貿易將被徹底瓦解。

我們也不能漠視全世界的文明價值遭受破壞。我們不只為我們這代人，更要為我們的孩子追求和平。

我們為他們尋求世界文明的延續，以便他們的美國文明可以繼續受到

世界其他地方文明的男女們所取得的成就的鼓舞。

我想要我們偉大的民主制度非常明智地認知到，對戰爭的無知並不能推動我們超然於戰爭之外。在一個互相猜疑的世界，我們必須堅定地達成和平。不能僅僅停留在希望上。也不能僅僅停留在等待上。

現在我們知道我們願意參加那次達成了 1922 年九國公約[079] —— 也就是華盛頓條約 —— 的會議。我們不是最初的簽署國之一。此次會議的目的是要透過協定找到解決中國當前問題的辦法。為了找到這樣的辦法，我們的目標是與包括中國和日本在內的其他條約簽署進行合作。

在我們尋求達成全世界和平的途徑時，這種合作將成為可資遵循的某種可能途徑的範例。

文明和人類幸福發展的基礎是在相互關係上接受某種基本尊重的原則。世界和平的發展同樣也依靠各國在相互關係上接受某種基本尊重的原則。

最後，我希望各國都將接受這個事實：違反了這些交往原則是對所有國家的幸福的損害。

同時，也請記住，在 1913 ～ 1921 年間，我本人對世界事務相當關注。[080] 在那期間，我學會了該做什麼，也學會了不該做什麼。

美利堅的常識和聰明才智同意我的主張：「美利堅討厭戰爭。美利堅希望和平。因此，美利堅積極地參與尋求和平的事業中。」

079　九國公約（The Nine Power Treaty），第一次世界大戰後的華盛頓會議（1921 年 11 月 12 日～ 1922 年 2 月 6 日）達成的公約，九國為美、英、法、意、日、葡、比、荷、中。此次會議達成了三個公約 ——《四國公約》、《五國公約》、《九國公約》，內容主要是調整列強海上霸權、共同掠奪中國。

080　1913 ～ 1921 年期間，羅斯福主要擔任助理海軍部長職務，其間曾赴歐洲考察。

談失業人口普查
—— 1937 年 11 月 14 日　星期日

　　這次談話的主題十分單純，但卻事關全民。為了盡可能掌握全國失業人口的準確數字，政府擬在當年進行全國人口普查。為配合此次普查，羅斯福做了此次談話，敦促國人積極配合。由於話題單一，所以談得十分具體，但身為領袖，羅斯福始終沒有忘記小事的昇華 ——「從中我們將再次感受到象徵美國人民力量與榮耀的全國大團結！」

　　今晚，我請美國人民幫忙來維持一項對他們和政府來說都很重要的任務。

　　為那些並非由於自己的過錯賦閒在家的願意工作的工人們找到工作，為那些沒有充分就業的人們找到更多的工作，調查一下工人和工業部門的需求，看看我們是否能夠發現比我們現有的長期再就業計畫更好的計畫條件。

　　在一個健全和崇尚自由機會的國度一方面要求強制休息，另一方面還要吸收大量人員參加工作，這是挑戰我們的獨創性的一把雙刃劍。失業問題是現在折磨著人類的苦不堪言的問題之一。某種意義上說，它自工業化時代以來一直伴隨著我們。商業和工業的複雜化增加了失業人口，而大危機則是此問題變得更加尖銳。必須花費數十億美元進行救濟和創建公共工程；國家預算的平衡被拖延，還增加了我國人民的稅務負擔。除了國家政府面臨的問題外，州和地方政府也被迫要應對失業導致的日益沉重的負擔。

　　這是所有文明國家的通病，並非我們自己所獨有。有些國家靠龐大的軍備計畫解決了這個問題，但美國不願步其後塵。

　　但是，作為一個國家，我們接受這樣的政策：不允許任何失業的男女因缺乏幫助而去乞討。這依然是我們的政策。但我們面臨的形勢要求我們找到一個長久策略，而非權宜之計。

　　當然，失業救濟並非長久之策。在工農業部門為那些願意工作的工人們找到理想的工作才是長久之策。這需要採取協調行動並進行規劃才能使私人企業中閒置的人力資源得到利用。這種規畫需要事實，而我們現在並不掌握這些事實。

　　這項規畫對工人和工業主都適用，因為它要消除我們所說的就業和失業人口出現的波峰和波谷現象。在工業界的幫助下來制定規畫，防止出現每年生產出超過我們能夠或者將來能夠消費掉的商品，而來年又大肆削減產量，解僱成千上萬名工人的現象。

　　找到解決辦法是個老問題。未來幾年我們得花費很多心思以找到正確的解決之道。但同時，我們需要更多的事實。

　　多年來，我們已經就失業程度進行了各種各樣的預測。儘管有些預測很有價值，就失業程度為我們提供了基本準確的資料，但是，這些預測提供給我們的事實資料還不足以成為一項綜合的再就業計畫的基礎。下週我們就要著手收集這些資料了。我們要進行一次全國範圍的失業人口、半失業人口普查。我們要誠摯地用民主的美國方式做這件事。

　　這是一次完全資源的普查。我們要進行自我檢查，並努力收集真實地反映我們當前的失業狀況的資訊，而且還要獲取有助於我們進行未來的建設性規畫的事實。

　　人民對自己的個人利益非常關注，並意識到他們負有的公民職責，自願性計畫只有在這樣的國家才能獲得成功。我相信，偉大的美國人民一定能完成這項任務。我們採取了各種措施來幫助所有美國人了解和認清此項

認為的重大意義。我相信，你們一定會全力提供幫助的，就像大家在為達成國家進步而付出的努力那樣。透過此事，你們展現了你們的自治能力。

下週四，也就是 11 月 16 日，郵政部將透過其發布廣泛且高效率的機構向合眾國的每個住所發放一份包含 14 個簡單問題的商業報告卡。

該報告卡將由郵差在週四時放到你們的家門口。這是一張雙面的郵政卡，比普通的卡略大些。這些卡尤其要發送給那些失業或半失業的，以及能夠工作並在找工作的人們。這張卡上有我寫給大家的一封信，信中保證：如果大家把所有事實都告訴我，這些事實將幫助我們在規劃中考慮到那些需要、想要但現在還沒有得到工作的人們的利益。這封信號召美國的失業者以及其他所有人都來幫忙，使這次人口普查獲得完整、誠實和準確的結果。

如果所有失業和半失業的人，能夠工作和正在找工作的人都能憑良心填好這些卡片，原封不動地在 11 月 20 日午夜之前寄出來（貼不貼郵票，裝不裝信封都可以），那麼，我們國家就將擁有據此建立合理的再就業規畫的真實資訊。

這張報告卡既不是救濟申請，也不是工作登記。每個失業者了解這點很重要。這純粹只是一次收集資訊的人口普查。你們收到該卡片時就會注意到，這14個問題的目的都是要使美國獲得關於失業形勢的前所未有的、更廣泛的基礎知識。

如果我們的失業和半失業的人們都全心全意地就這 14 個問題提供資訊，那我們不但了解了失業和半失業的程度，而且還會了解到各州和社區的失業地理區域。這樣，我們就能夠說出來哪個年齡段的人受到的影響最嚴重。但最重要的是，我們將了解到失業人口的就業資格；我們會了解到這些人適合到那個行業工作，因此，我們就能夠確定將來我們的產業朝哪

個方向發展才最能夠吸納這些無所事事的工人們。

　　我認為有必要強調指出，只有那些失業或半失業、有能力工作和正在找工作的人應當填寫這些卡。其他所有人則可以置之不理。

　　但是，我請求今天就業的所有人都成為你們社區中失業者和準確迅速地填寫這些卡片過程中可能需要幫助的人們的好鄰居。他們可能需要大家的合作，使他們認知到國家努力幫助他們的重要意義。

　　我想，鄰居們的合作將對消除所有失業者的恐懼心理大有裨益。他們擔心此次人口普查中獲得的資訊會被用於其他不良目的。我再重複一次對失業者做出的保證：大家在這些報告卡中提供給我們的資訊不會被用來對付大家，而是在我的權力所及的範圍內用於為大家謀利益，為國家謀福祉。

　　我們一旦探知了失業情況的所有事實，就會將這項自願和互助性的措施延伸為為解決這一迫在眉睫的問題尋找辦法的工作。此問題重要性表明我們有理由採取全國性措施，摒棄偏見和黨派差別，並確保商業部門、工人、農業部門和政府能夠竭誠合作。

　　我相信，我們的國家具備重整旗鼓的天才智慧，也擁有使每個人，不論你年老也好，年輕也罷，都能享有工作和賺錢的機會的物質資源。讓三分之一的人過著不能滿足現代生活需要的、體面的日子既不符合邏輯，也不存在必然性。

　　我們國家的購買力是土地，這是全部繁榮的來源。如果想要消費掉我們的工農業部門生產的產品，那麼就必須向我們的數百萬工人發放穩定的薪資。

　　我們的深謀遠慮的產業領導人們現在認知到，大家賺到的錢有很大一部分以薪資形式支付掉，否則這些企業賴以生存的土地很快就會變得貧瘠

不堪。我們的農民們也認知到，他們的最大的顧客是領取薪資的工人們，如果沒有了廣泛的購買力，他們的農業市場就難以維持。

因此，這個失業問題是與每個個人和每個全體的切身利益直接相關的問題。對這個問題的討論必須拋開歧視的態度，而採用邏輯的態度。只有我們具備並掌握了這些事實，接受了我們的責任，才能找到解決之道。

與生俱來的工作權利是每個自由人的基本特權之一。任何想要工作和需要工作的人如果依然不能獲取這項權利和特權，就將對我們的文明和安全提出挑戰。我們擁有豐富的物質資源，並在使這些資源和機遇為所有人所分享這一崇高目標的鼓舞下，我們已經快要解決這個問題，真正有希望找到比我們現在所採取更有效的方法。

作為一項具有建設性的重建計畫其明智的第一步措施，失業人口普查應當是一次更加成功的全國性共同作戰，從中我們將再次感受到象徵美國人民力量與榮耀的全國大團結！

談經濟形勢
—— 1938 年 4 月 14 日　星期四

　　這次談經濟形勢的「爐邊談話」，主題內容複述了羅斯福已經向國會提交的一份「寓意深遠的咨文」。談話首先回顧成績和存在的問題，然後提出三組措施。三組措施都涉及加大財政投入的問題，所以談話的後半部分歸結到了政府支出，即以加大財政支出促成就業、薪資和購買力的良好狀態，因而促使經濟出現好轉。羅斯福相信這可以促成一個良性循環：隨著國民收入的增加，聯邦政府的開支就會減少，稅收將會增加。羅斯福深知自己的責任所在，因此「絕不能讓全體人民的利益僅僅因為此刻或許是個人解脫的最佳時刻而付諸東流」。

　　我上次和全國人民討論了我國的形勢，至今已經有五個月了。我原本希望能夠將這次談話延遲到下週，因為大家知道，這週是聖週[081]。但是，美國同胞們，我想和大家說的事情非常迫切，與人類生活和防止人類遭受折磨的關係極其密切，我認為再也不能拖延下去了。透過今晚的談話，我們的心靈將更加安寧，復活節的希望在全國各地的火爐旁邊將會更加真切。而且我們有那麼多人都在想著和平的王子[082]的時候，鼓勵和平並非不合時宜。

　　5 年前，我們面臨著嚴重的經濟和社會復興問題。復興工作 4 年半時間裡迅速推動。只是在過去的七個月中，這項工作遇到了挫折。[083]

　　也恰恰就是在這過去的兩個月內，事情已經變得非常清楚：政府本身

081　聖週（Holy Week），天主教和基督教的重要節日。指復活節前的一個星期，從棕枝全日（Palm Sunday, 基督受難的紀念日）開始，至復活節。

082　和平的王子（Price of Peace），基督教徒對耶穌的讚頌稱號之一。

083　這裡的挫折指 1937 年 8 月開始的經濟衰退，工商業指數下跌，失業猛增，商品滯銷，飢餓復歸，新聞界曾將其比之於胡佛時的情形，稱作「羅斯福蕭條」。下文的「這次衰退」即指此。

必須採取強而有力的措施以應對之。期間我們曾經耐心地等待著，看看商業自身的力量是否能夠抵禦這種挫折。

這次衰退還沒有使我們退回到 1933 年開始的那種災難和不幸中。你們在銀行的錢是安全的；農民不再那麼貧窮，而且有了更大的購買力；證券投機的危險已經降到了最低程度；國民收入比 1932 年增加了將近 50%；政府已經建立並承擔起了經濟的責任。

但是，我知道，你們中有許多人丟掉了工作，或者看到你們的朋友與家庭成員沒了工作；我不想建議政府對這些事情視若無睹。我知道，我們當前的困難的影響很大；有些族群和地方受到的影響非常嚴重，但其他人或地方卻幾乎沒有受到什麼影響。但我認為，政府的首要責任是保護所有地區、所有族群中人民的經濟利益。我在國會最後一次會議開幕式發言中說過，如果私人企業在今年春天不能提供工作機會，那麼政府就將採取有力措施 —— 我不會讓人民倒下來的。我們都曾吸取了這樣的教訓：政府無法承受徒勞地等待，直至失去了採取行動的力量。

因此，我已經向國會提交了一份寓意深遠的咨文。今晚，我想把此咨文中的某些段落讀給大家聽，並和大家一起進行討論。

在這項咨文中，我用這些話分析了 1929 年大崩潰的原因，「在人們使用的每件物品和器具上進行過度投機和過度生產……數百萬人被送去工作，但他們的雙手製造的產品已經超出了他們的錢包的購買力……依據無情的供求關係規律，供給過分大於需求，需求行為將被迫終止。結果出現失業和工廠關門現象。1929 ～ 1933 年的悲劇因此發生了。」

我向國會指出，國民收入 —— 不是政府收入，而是合眾國所有個人和家庭，包括每個農民、每個工人、每個銀行家、每個專業人員和所有靠投資獲得的收入謀生者的收入 —— 的總和在 1929 年達到了 810 億美元。

到了 1932 年，這個數字已經減少到 380 億美元。幾個月前已經從低谷逐漸增加到 680 億美元。

然後我對國會說道：

但是，恰恰是耐用品和消費者商品的復興活力使 1937 年呈現出某種特別不如人意的景象，這是導致始於去年最後幾個月的經濟下滑的主因。生產再次超過了購買能力。

造成這次生產過剩的原因很多。其中之一是恐懼—對海外戰爭的恐懼，對通貨膨脹的恐懼，對我國大罷工的恐懼。哪種恐懼都是空穴來風。

⋯⋯許多重要商品生產線的產能都超過了大眾的購買力。例如，1936 年冬季到 1937 年春季，數百個棉花廠都是三班制地進行生產，使得工廠中、中間商和零售商手中都囤積了大量的棉織品。再比如，汽車製造商們不僅使成品車數量達成了正常增加，而且促使這種常態增加演變為反常增加，並動用所有方法推動汽車銷售。當然，這意味著美國的鋼鐵廠要 24 小時運轉，而疲憊不堪的公司和棉花工廠們也快速跟進，以順應反常刺激性需求。國家的購買力滯後了。

這樣，到了 1937 年秋天，消費大眾已經買不起我國生產的產品了，因為消費大眾的購買力沒有跟上生產能力。

同期，許多關鍵商品的價格快速攀升⋯⋯某些日用品的消費價格已經超過了 1929 年通貨膨脹時的高價。許多商品和原料的價格非常之高，以至於買家和建築商停止購買或建設。

⋯⋯購買原料、將這些原料投入到生產和成品加工中、將成品賣給零售商、賣給消費者，最後用所得收入達成完全的收支平衡。

⋯⋯去年秋天，工人們突然被解僱，此種情形以前所未有的速度持續著。我們所有人，包括政府、銀行業、商業和工人們，以及面臨此種形勢的人們都認知到必須採取行動了。

爐邊談話 Fireside Chats

這些都是我今天在國會講的話，今晚，我又把這些話向你們，偉大同胞們重複了一遍。

我接著向國會參眾兩院的議員們指出，政府和商業部門必須傾盡全力增加國民收入，讓更多的人擁有自己的工作，讓各個階層的人們獲得安全保障，並擁有安全感。

我一直掛念著所有的人，不論是失業者或者就業的人，惦念著他們的衣食住行、教育和健康狀況，以及老年人的處境等人類問題。大家和我都同意，安全是我們最大的需求；而工作機會、在我們的商業環境中獲得合理利潤的機會只是小事一樁。我們還有件較大的事情 —— 是否有可能將我們的農產品賣掉，賺得足夠的錢讓我們的家庭過著體面的日子。我知道這些事情決定著所有人的幸福。

因此，我決心盡我所能幫助大家獲得這種安全。我知道，如果離開了商業的公平交易，如果不能讓所有人都可完全分享之，那麼這類繁榮絕不能持久，人們自己對此深信不疑。因此，我今天再次向國會重複道，國會和聯邦政府都承擔不起「削弱或者破壞這次過去 5 年來代表美國人民所進行的偉大改革行動的後果。在使我們的銀行機構和農業恢復元氣的過程中，在我們為所有商業活動提供充足而廉價的貸款的過程中，在我們承認國家對失業救濟負有責任的過程中，在我們強化州和地方政府的信用的過程中，在我們鼓勵住宅建設，清除貧民窟和住宅私有化的過程中，在我們對證券交易、公共事業控股公司和新發行的有價證券進行監管的過程中，在我們提供社會保障的過程中，美利堅的選民們都不想要採取任何退步的措施。

我們已經認知到工人有自由結社和集體談判的權利；處理勞資關係的機制目前已經建立。原則也已經確立了，儘管我們都會接受這樣的觀點：

隨著時間的推移，管理與實踐活動能夠得到改善。勞工領導人和雇主誠摯的了解與協助將會使此類改善以最快速、最平靜的方式得以達成。

人類社會生生不息的演進過程無疑會帶來新的問題，需要新的調整措施。我們當前的目標是鞏固並保持已經取得的成果。

在這種形勢下，所有美國人在任何場合都沒有理由因為懷疑或半信半疑而使自己有絲毫的恐懼，或者使自己的精神和信心有絲毫的懈怠。

我的結論是，當前的問題需要聯邦政府和人民共同採取行動，我們的主要問題是缺乏購買力導致消費者的需求不足。我們有責任使經濟出現好轉。

「政府能夠並應該怎樣從哪裡下手來幫助開啟經濟好轉的進程呢？」

我接著提出了三組措施。我將簡要說說這些建議。

第一，我要求國會撥款，以保持聯邦政府在下一個財政年度用於工作救濟和類似目的支出比率與當前比率相同。這些支出包括為工程振興局、農場保障局、[084] 全國青年管理處[085] 撥付更多經費，並向民間資源保護隊追加資金，以確保它能夠保持住目前運作當中的營地數量。

這些因失業增加變得必不可少的撥款將比我 1 月 3 日向國會提交的估計數目多出約 12.5 億美元。

其次，我告知國會，政府建議增加銀行儲備，以滿足國家的貸款需求。目前財政部的約 14 億美元將用於支付這些額外的政府支出。並透過減少聯邦準備理事會現在所要求的儲備量來使銀行獲得另外 7.5 億美元用於信貸。

084　農業保障局是根據 1937 年 7 月 22 日羅斯福簽署的《班克黑德－瓊斯農場租佃法》成立的政府機構，負責關於農業的各項工程和該法案的土地所有權計畫。該局支持了一系列解決貧困問題的專案，效果顯著。

085　全國青年管理處是工程振興局下設的一個部門，由 1935 年 6 月 26 日羅斯福發布的行政命令建立，宗旨是支助青年就業或繼續上學。

根據我們的判斷，這兩項考慮到救濟的需求並追加銀行貸款的措施本身還不足以使美國開始持續向前發展。

因此，我提到了聯邦政府採取的第三類我認為至關重要的行動。我對國會說道：

需要三輪彈藥時，大家和我都承擔不起將我們自己用兩輪彈藥武裝起來的後果。如果我們停止救濟和貸款，我們可能會發現自己在敵人進攻前已經彈盡糧絕。如果我們在第三輪時能夠全副武裝，我們就能贏得抵禦災禍的戰鬥。

第三項建議是透過提供新的工作來明顯增加國家的購買力。

➤ 一是使合眾國住宅管理署能夠立即開始約 3 億美元的清理貧民窟補充建設項目。

➤ 二是盡快在各州、郡、市啟動耗資約 10 億美元的公共工程改善專案，以更新公共工程計畫。

➤ 三是在我 1 月建議的用於聯邦資助的高速公路建設的估算經費之上追加 1 億美元。

➤ 四是在先前估計的 6,300 萬美元基礎上追加 3,700 萬美元用於防洪和開墾工作。

➤ 五是追加 2,500 萬美元用於聯邦政府在全國各地的建設。

在提議此計畫時，我不但考慮到了美國人民的當前需求，而且考慮到了他們的個人自由這一所有美國人都最為寶貴的財富。我想到了我們的民主制度，以及世界其他地方背離民主理想的最新發展趨勢。

民主制度在某些其他偉大的國家已經消失了，不是因為這些國家的人民不喜歡民主制度，而是因為他們已經厭倦了失業和不安全感，不願看著

自己的孩子忍飢挨餓，同時卻要面對因缺乏領導而導政府混亂與脆弱的情形無計可施。最後，他們無可奈何地選擇犧牲掉自由來盼望著換些吃的。在美國，我們知道我們的民主制度能夠保持下來並正常運轉。但是，為了能夠保持住這些民主制度，我們必須同仇敵愾，勇敢地面對這些問題，並表明：民主政府的有效運轉與足以擔當保護人民安全的任務。

我們未來的經濟穩定和民主制度的穩固都依賴於我們的政府給予無所事事的人就業機會的決心。美國人民一致同意要不惜一切代價捍衛他們的自由，而這場保衛戰的第一條戰線就是保護經濟安全。你們的聯邦政府要保護民主制度，必須證明它比商業衰退的力量更加強大。

歷史證明，強大而成功的政府不會發展出專制政體，而那些軟弱無力的政府才會如此。如果靠民主方法人們可以得到一個足夠強大的政府來保障他們不受恐懼和飢餓的威脅，他們的民主制度就是成功的；但如果做不到這些，他們就會不耐煩了。因此，持久自由的唯一安全閥就是政府很強大，可以保護人們的利益；人民很強大，且具有遠見卓識，能夠保持其對政府的完全控制權。

我們是一個富足的國家；在討價還價中我們不必犧牲我們的自由就能夠保障我們的安全與繁榮。

在我們的共和國的頭一個世紀裡，我們缺乏資金和工人，工業生產不夠充足。但我們土地、森林和礦產資源都很豐富。聯邦政府正確地擔負起推動商業發展和緩解危機的責任，向土地和其他資源發放補貼。

這樣，從一開始我們就已經形成了向我們的私人企業提供真正的政府援助的傳統。但是，今天政府再也沒有大片的肥田沃土用於分發了。我們還發現，我們必須花費巨額資金來防止水土進一步遭到侵蝕，防止我們的森林遭到進一步砍伐。目前的形勢也與以前不同，因為我們現在資金充

足，銀行和保險公司擁有大量閒置資金；有龐大的工業生產能力和數百萬渴望工作的工人。如果聯邦政府努力使閒置資金和賦閒的人們發揮作用，努力增加我們的公共財富，努力使人民更加健康並充滿活力，並努力使我們的私人企業制度發揮效用，那麼就是遵循傳統，並順應現實的需求。

走出衰退要花費些東西，但從中獲得的利益將會多於這些開銷數倍。虛度工作時間就是丟掉金錢。每一天，每個工人的失業，或者每一臺機器的停用，或者每一個商業機構的倒閉，對國家來說都是損失。由於這些閒來無事的人和閒置機器的存在，我國在 1929～1933 年間損失了 1,000 億美元。今年，你們大家，美國的同胞們，又比去年少創造了約 120 億美元。

如果大家回顧一下美國政府的早期實踐就會記得人們對政府開支日益攀升的疑慮和恐懼。但是，讓這些懷疑論者感到意外的是，隨著我們繼續推動包括公共工程和工作救濟在內的各項計畫，我們的國家變得國家富足而不是國家貧窮了。

值得記住的是，1937 年的國民收入比 1932 年增加了 300 億美元。國債增加了 600 億美元雖然是事實，但請記住，在增加部分一定要把數十億美元的寶貴資產包括在內，這些資產最終將使債務減少；價值數十億美元的永久性公共改造專案──學校、公路、橋梁、航道、公共建築、公園和一大批其他項目──遍及合眾國所有 3,100 個郡。

毫無疑問，有人會告訴你說，聯邦政府過去 5 年的開支項目並沒有增加我們的國民收入。他們會告訴大家，商業的復甦是私人投資的結果。這有一部分是實情，因為聯邦政府僅花費了總額的一小部分。但是，聯邦政府的支出發揮了推動私人企業重現生機的作用。這就是私人企業對國家生產和收入的貢獻遠大於政府本身的原因所在。

依據這樣的想法，我今天對國會說：「我想表明的是，我們不相信僅

僅靠投資、出借或花費公共資金就能夠大幅增加國民收入。在我們的經濟中有必要讓私人資本發揮作用。而且我們所有人都認知到，這些資金必將獲得公平的利潤。」

隨著國民收入的增加，「我們不要忘記，聯邦政府的開支就會減少，而其稅收將會增加。」

聯邦政府以前贈予商業的土地是屬於全國人民的。而我們今天用於商業的資金最終都是全國人民勞動的結果。因此，只要有健全的道德力量和合理地分配購買力的需求存在，那麼，由於使用了全國人民的錢而達成了繁榮，其利益應該在所有人之間進行分配，而不論地位高低。因而，我再次表達了我的願望：國會在本次會議上應頒布一項薪資工時法，確定最低產業薪資，並對勞動時間加以限制，以確保更好地分配我們的繁榮成果，更好地分配可獲得的工作機會，並更加合理地分配購買力。

大家對這項新計畫的總投資，或者對淨增加的國債總量的印象或許千差萬別。

這是一項龐大的計畫。去年秋天，在努力達成聯邦政府的收支基本平衡的過程中，我做出的預算要求大規模縮減聯邦政府的開支。

就當前的形勢來看，那些財政收支概算過低。新的計畫追加了 20.62 億美元用於財政部直接支出，另追加 9.5 億美元用於聯邦政府貸款。後一筆資金用於是貸款，這筆錢將來會歸還給財政部。

聯邦政府債務的淨效應是：從現在到 1939 年 7 月 —— 還有 15 個月時間 —— 財政部必須至少再追加 15 億美元資金。

各位公民不必對合眾國的債務增加情況表示擔憂，因為這筆錢會數倍返還給美國人民，因為購買力增加了，而公民收入的增加會大幅增加聯邦政府的稅收。

爐邊談話 Fireside Chats

在咨文的結束部分我對國會說的話重複如下：

讓我們大家都一致認可這樣的事實：聯邦政府的債務，不論是 250 億也好，400 億也罷，都只有國家使公民的收入大幅增加了才能償還。我再重複一遍：如果公民的收入能增加到每年 800 億美元，那麼聯邦政府以及絕大多數州和地方政府都將『告別赤字。』國民收入越高，那麼我們就能更快地縮減聯邦政府、各州和地方的債務。從各方面觀察，今天的購買力 —— 今天的公民收入 —— 都不足以推動經濟制度高速發展。聯邦政府的職責此刻要求我們填補這一正常過程的不足，並藉此確保足夠的追加資金。我們必須再次持續不斷地增加國民收入。

……在這個過程中，我認為我們已經有了良好的開端，讓我們避免過去的缺陷，如生產過剩、過度投機；實際上還包括 1929 年我們無法成功防止的所有極端行為。在這整個過程中，聯邦政府不能，也不應該孤軍奮戰。商業部門必須幫忙。我相信商業部門一定會出手相助。

我們需要的不只是物質的復興。我們需要全國團結一致的意志。

全國人民都要看到，任何集團的需求都不會得到滿足，不論這些需求多麼正當，除非該集團準備好一起去尋找產生收入的方法。這是該集團或其他所有集團獲得報償的源泉……你們身為國會，我身為總統一定要恪盡職守地透過保持所有集團和所有地區間的平衡來為國家謀利益。

我們可以支配國家資源、資金、腦力勞動和體力勞動者來提升我們的經濟水準 —— 我們的公民收入。團結就是力量，需要的就是這種意志。

已經到了全力以赴將這種意志轉化為行動的時候了。我決心從我們做起。

似乎對我來說，某些積極的要求就伴隨著這種意志 —— 如果我們擁有此種意志的話。

　　我們每個人都有責任進行自制……這是民主的紀律。每一位愛國的公民都要對他或她自己說，不當言論、訴諸偏見、殘酷鬥爭都不是對個人或所有個體的侵犯，而是對合眾國全體人民的侵犯。

　　自制意味著要受到明確表達的民意的制約，訓練自己區分真偽，並使自己相信，在公共事務中，殘酷無情從來都不是一個行之有效的方法。如果沒有了憎恨導致的分裂，美國就不會有個人或集團的專制。這種分裂絕不會存在。

　　最後，我想和大家說一些關於我個人的想法。

　　我絕不會忘記，我生活在一所全體美國人民擁有的房子裡。他們把信賴給予了我。

　　我總是努力記住，他們的深重的問題是人的問題。我經常和那些找我來闡述他們自己的觀點的人交談；和那些掌管著美國大型企業和金融機構的人士聊天；和那些代表著工人和農民利益的人談話；並經常和那些來到這所房子的沒有顯赫地位的普通公民說說話。我經常努力超越白宮的大門，超越國會山莊的官場，去仔細觀察他們家裡的男人和婦女們的希望與恐懼。我已經數次周遊全國。我的朋友們、我的敵人們，還有我每天接到的郵件都將大家的所思所想告訴了我。我要確定的是，政治博弈和繁忙的公務都不能阻止我去了解美國人民想要的生活方式的私密資訊，以及他們把我放到現在這個位置的單純目的。

　　在政府的這些重大問題之中，我努力不要忘記：最根本最重要的問題是，樂意工作的男人和婦女們都能有份體面的工作以照顧好他們自己、他們的家庭和他們的孩子；農民、工廠的工人、店主、加油站的工人、製造商和商人（不論大小）、以其給予社區建設的援助為榮的銀行家，確保所有這些人都能有份合情合理的利潤，並確保他們所賺得的儲蓄的安

全 —— 並不是今天或明天能安然無恙，而是要確保在他們所能見到的未來都是安全的。

我能聽到大家埋在心底的疑慮，關於我們在這個多災多難的世界何去何從的疑慮。我不能指望所有人都能了解所有人的問題；但試著了解這些問題卻是我的工作。

我總是努力記住，和諧性差異不能使每個人完全滿意。因為我沒有期盼很多，我也就不會失望。但是我們知道我絕不能放棄。我絕不能讓全體人民的利益僅僅因為此刻或許是個人解脫的最佳時刻而付之東流。

我相信，我們已經繪製出了正確的藍圖。要放棄建設一個更加偉大、更加穩定、更加寬容的美利堅這一目標，就好比是錯過了潮流，並可能錯失了避風港。我建議繼續前行。我明確地感到，你們的希望與幫助與我同在。因為為了抵達避風港，我們必須航行 —— 航行而不是拋錨 —— 航行，而不是漂流。

談各黨派的初選問題
── 1938 年 6 月 24 日　星期五

　　這篇談話談了三個方面的問題。首先是總結了本屆國會的主要工作，其中特別強調關於聯邦法院的改革和對自由主義事業的維護。接著介紹一些關於經濟形勢的資訊。最後順著前面的思路「就即將到來的政治初選說幾句話」，強調民主和辯論，反對偏見和攻擊，當然也表達了自己為本黨在國會爭取更多席位的意願。

　　很幸運，我們的政府是民主政府。作為民主過程的一部分，你們的總統再次利用這次機會向這個國家的真正統治者 ── 有選舉權的大眾匯報國家事務的進展情況。1936 年 11 月在完全自由的基礎上選出的第 75 屆國會已經休會。除非發生了不可預見的事件，將於 11 月選出的新國會直到明年 1 月才會召開會議。在此期間將不會有會議召開。

　　另一方面，第 75 屆國會留下了許多未完成的事情。

　　比如，這屆國會拒絕提供更多的有效機制用於政府行政部門的運轉。國會也沒有聽取我們的建議：國會應採取影響深遠的必要措施將美國的鐵路置於其控制之下。

　　但是在另一方面，這屆國會努力實施國會大部分議員賴以當選的綱領，它為美國的未來贏得的福利比第一次世界大戰結束到 1933 年春天期間的各屆國會都要多。

　　今晚，我只說說這些成就中比較重要的那部分。

➤ 進一步改進了我們的農業法律，[086] 使農民在國民收入中獲得了更公平的份額；使我們的土地得到保護；建立了全天候的穀倉；幫助農場承租人走向獨立；為農產品找到了新的用途；開始了作物保險。

➤ 經過我的多次要求，國會通過了《公平勞工標準法》，[087] 通常稱作《薪資工時法》。該法也適用與州際貿易產品，它結束了童工，對薪資的下限和工時的上限做了規定。

　　除了《社會保障法》之外，該法可能是影響最為深遠的為工人謀利益的法律。此後，該法被其他國家所接受。該法無疑使我們朝著提升人們的生活水準邁進，並增加人們的購買力以購買工農業產品。

　　那些叫喊著前途不妙的經營主管人員們每天的收入達到 1,000 美元。為了保住公司沒發放的儲備金，他們把其雇員推給了聯邦政府救濟部門。他們用股東們的錢到處散播其個人的看法。他們告訴大家說，每週 11 美元的薪資會對美國的工業造成災難性影響。不要聽這些胡言亂語。對整個商業界和美國幸運的是，這類經營主管人員只是一小部分人，大多數商業管理人員發自內心不同意他們的說法。

➤ 國會成立了一個資訊委員會，以便在關於何為明智的商業活動這一問題的錯綜複雜的理論叢林中找到一條出路。該委員會的職責是就所有關於壟斷、物價制定、以及大中小之間的關係問題的立法蒐集必要的事實依據。與世界其他大部分地區不同的是，在美國，我們堅持我們在私人企業和謀利動機方面的信念；但是我們也認知到，我們必須堅

086　這裡的「農業法律」指 1938 年的新《農業調整法》。由於 1933 年《農業調整法》被最高法院裁定違憲，政府提出新法案，國會通過後羅斯福於 1938 年 2 月 16 日簽署。該法主要內容為授權農業部長利用「常平倉」方式 —— 豐買歉賣調整農產品價格。

087　《公平勞工標準法》（The Fair Labor Standards Act）於 1938 年 6 月 14 日國會通過，6 月 25 日羅斯福簽署。該法案主要規定薪資與工時標準，故亦稱《薪資工時法》（The Wages and Hours Bill）。該法基本取締了血汗工廠，消滅了童工剝削，受保護的工人達上千萬。

持不懈地尋求改進實踐活動的方法以確保我們一直能夠獲得合理的利潤、科技的進步、個體的主動性、人才輩出的機會、公平的價格，體面的薪資和持續的就業。

➤ 國會新成立了民用航空管理局，對商業飛行和航空郵政業務進行了調整；在我國歷史上首次將所有郵局女局長置於公務員行列。

➤ 國會建立了美國住宅管理局，幫助大規模清理貧民窟行動籌措資金，並為城市中的低收入族群提供有租金補貼的租房。透過修訂《國家住宅法》，國會使得私人資本更容易地進行適用房和廉租房建設。

➤ 國會適當減少了小企業的稅務負擔，並使得復興金融公司更容易地向所有企業貸款。我想我國的銀行家們能夠公平地參與貸款事務。聯邦政府透過復興金融公司承擔了公平的風險份額。

➤ 國會已經向工程振興局、公共工程局、農村電氣化管理局、民間資源保護隊和其他機構撥付了更多的資金，以照顧那些我們所希望的暫時增加的失業人員，並鼓勵私人企業進行各類生產活動。

➤ 我把這一切統稱為經濟制度國防計畫。這是一個平衡行動計畫，動員各條戰線人士的力量：我國每個族群、每個地區的全部經濟問題都是一個不可分割的整體。

➤ 用於其他國家軍備的增加和與我們每個人休戚相關的國際形勢的變化，國會已經決定增加軍費，以武力保衛我們的領土和人民。

在另一個重大問題上，國會抗爭的結果對美國人來說是場重要勝利 —— 一次贏得了戰爭的戰鬥。

大家會記得，在 1937 年 1 月 5 日那天，我向國會遞交了一份關於聯邦法院改革的若干必要性的咨文。無論如何，在本屆國會期間，咨文的真正目的實際上已經達到了。

爐邊談話 Fireside Chats

最高法院對於憲法問題的態度發生了徹底的變化。其最近的判決雄辯地表明了它與政府其他兩個部門合作已是民主制度開始運轉的意願。聯邦政府被授權在涉及聯邦法律的憲政性問題是保護其當事人的訴訟利益，並可直接將所有涉及聯邦法律憲政性的案件上訴到最高法院；任何法官也不再有權僅靠自己關於聯邦法律憲政性的判斷就可以拖延該法律的實施。最高法院的大法官們現在可以任職 10 年後在 70 歲時退休；釐清了候任法官的真實數目以加快案件的審理速度；聯邦司法體系已經靠允許將法官分派給人口眾多的地區而大大地增加了靈活性。

本屆國會的另一個間接成就是其對美國人民致力於健全和諧的自由主義事業的反應。國會已經認知到，在當代環境下，政府一直有責任去應對不斷出現的問題；聯邦政府不能因為個別人面對我們所生活的這個當代世界不可避免的前進步伐而感到倦怠或恐懼，就可以休假一年、一個月，甚或是一天。

我的某些對手和同事都認為，我對美國人民達成目標的堅忍不拔精神和整體智力水準的判斷上犯了感性錯誤。

我依舊認為，自從 1932 年以來，繼續在私人企業和聯邦政府與私人企業的關係這兩個關鍵問題上堅持自己的看法。首先，在監管其他人的金錢的使用問題上，在根據支付能力分配和繳納個人和公司的所得稅問題上做到了完全和絕對的誠實。其次，對底層人民的就業需求 —— 透過工作真正公平地分享生活的美好和生存與發展的機遇 —— 表現了誠摯的尊重。

1936 年大選後，越來越多的賢明而精於世故的人告訴我們和國會，我應該順流而下，輕鬆地度過 4 年的總統任期，不要過於認真看待民主黨政綱。他們告訴我，人們對經由政治措施進行的改革已經厭煩了，將不再反對少數派一直渴望重新控制美利堅合眾國的願望，雖然 1929 年時他們自

己領導行為造成了慘重損失。

在我們的有生之年還沒有看到第 75 屆國會遇到的情形。協調一致的失敗主義運動鋪天蓋地地向美國總統、國會的參議員、眾議員們席捲而來。我們從來沒有遇到這麼多銅斑蛇。[088] 大家一定還會記得，在南北戰爭期間，正是這些銅斑蛇使盡渾身解數使得林肯和他的國會放棄了戰鬥，使我們的國家仍舊一分為二重歸和平 —— 以任何代價換來的和平。

從人民的角度來說，本屆國會已經結束了。我對美國人民的信心以及他們對自己的信心已經得到證明。我對國會盡其出色領導表示祝賀！我為美國人民的忍耐力表示祝賀！

下面是一條關於我們的經濟形勢的資訊。大家稱之為衰退或蕭條對我來說沒有區別。1932 年，美國的國民收入總量已經到了當年的低谷 —— 380 億美元。這‧數字逐年增加。去年，也就是 1937 年，儘管在這年的最後四個月，商業和農業價格明顯下降，國民收入總量還是增加到了 700 億美元。今年，即 1938 年，雖然做出估算還言之過早，但我希望國民收入不會低於 600 億美元。我們也還記得，銀行業、商業和農業並沒有像在 1932 ～ 1933 年那個恐怖的冬天表現的那樣，一損俱損。

去年，私人企業掌門人、勞工領袖和聯邦政府領導，所有這三方都犯了錯誤。

去年，私人企業的掌門人要求立即縮減公共支出，並說他們將如法炮製。但是，他們犯了生產速度過快，許多商品的定價過高的錯誤。

一些勞工領袖在工人數十年壓迫的驅使下，犯了個走得過遠的錯誤。他們很不明智地使用了些使許多善良的人感到害怕的方法。他們要求雇主

088　銅斑蛇（copperheads），一種身上有銅色斑紋的毒蛇。在美國歷史上，特別指南北戰爭期間同情南方奴隸主的北方人。

不但要與其談判，同時還得忍受司法辯論。

聯邦政府也犯了樂觀主義錯誤，認為工業和勞工自己不會犯錯誤。聯邦政府犯了個時機錯誤，去年沒有通過農業法或薪資工時法。

我們汲取了這些錯誤的教訓，希望私人企業 —— 包括資本家和勞工都能更聰明地共同進行努力，並與他們自己的聯邦政府進行比過去更加有效的合作。我對雙方的此類合作均表示歡迎。當然，現階段雙方應該有一個團結一致的立場，以反對有可能進一步減低購買力的減少薪資的做法。

今天，有一家大型鋼鐵公司宣布降價，以期刺激商業復甦。我也欣慰地得知，這次降價不會削減薪資。我們應當全力以赴鼓勵那些接受高薪資的企業。

如果做到這點的話，聯邦政府將減少大量支出。由於不能進行合作，聯邦政府今年必須縮減支出。

1933 年 3 月 4 日以來，反對派每週都喊叫著「做點事，說些話，恢復信心。」美國有一個能夠很清晰地表達自己意願的族群，他們具有讓大眾關注其觀點的出色能力。這些人一直拒絕與人民大眾進行合作，而不論事情是朝向好的還是壞的方向發展。在承認有了他們所謂的「信心」前，他們要求對其觀點做出更多的妥協。

銀行停業和重新開業時，這些人都在要求「恢復信心。」

飢餓的人們湧入大街小巷時，飢餓的人們可以吃飽並投入到工作中去時，這些人同樣都在要求「恢復信心。」

旱情襲擊美國之時，我們的田地生產過剩之時，這些人同樣都在要求「恢復信心。」

去年，汽車工業實行三班制，製造出來的汽車超過了美國所能購買的數量之時，這些要求「恢復信心。」而今年，汽車工業試著擺脫生產過

剩，結果關閉它們的工廠時，這些再次要求「恢復信心。」

我相信，這些一直大喊著「要信心」的人今天正開始認知到，自己的表演過火了，他們現在反倒樂意談談合作的事情。我相信，美國人們大眾對自己的確有信心，相信他們在聯邦政府的幫助下有能力解決自己的問題。

正是因為在最終解決我們的商業、農業和社會問題所取得的進步方面，大家不滿意，我也不滿意，我才相信，你們絕大多數人都想要你們自己的聯邦政府繼續嘗試解決這些問題。坦率而老實地說，我需要我能夠得到的所有幫助；而且我從許多拚命反對進步事業的人們那裡看到了將來獲取更多幫助的信號。

現在，順著這個思路，我想就即將到來的政治初選說幾句話。

50 年前一般在人會上進行政黨提名活動。在人眾的想像中，這種制度的特點是一小群人坐在一間煙霧彌漫的房間裡填寫提名名單。

發明直接初選制是為了使提名過程更加民主 —— 給黨派選民自己一個挑選其黨派候選人的機會。

今晚我要和大家說的事情與任何一個特定的政黨無關，而是關於各黨派的原則問題，包括民主黨、共和黨、農民黨、工人黨、進步黨、社會黨或任何其他黨派。大家要清楚地認知這點。

我的願望是，與任何黨派交往的任何人都將在初選會議上投票。每個這種選民都將認真考慮他的政黨賴以建立的基本原則。這有益於在 11 月大選那天在對立的黨派候選人之間做出明智的選擇。

如果一國之內擁有兩個或更多的全國性政黨，而這些政黨的原則和目標如同豆莢裡的豌豆一樣彼此相似，只是名字不同，那麼一次選舉不會為國家帶來堅定的方向感。

爐邊談話 Fireside Chats

　　在各黨派即將召開的初選會議上，兩個思想流派 —— 通常分為自由派和保守派 —— 之間的衝突一定不少。大體上說，自由派思想認知到，全世界的新形勢要求進行新的變革。

　　在美國，我們這些忠實於此種思想流派的人堅持認為，如果我們將政府當作合作的工具以推行這些改革，那麼，這些新的改革措施能夠在我們目前的政府形式下被接受並被成功地保持下去。我們相信，經過不懈的努力，我們靠民主程序而不是法西斯主義或共產主義的方法能夠解決我們的問題。在改革的問題上，我們反對任何形式的拖延。實際上，改革就是對自己的反作用。

　　雖然人們都對此有了清晰的了解，但是，當我使用「自由的」這個詞時，我指的是信奉民主的代議制政府的進步主義原則的人，而不是那些極端分子。事實上，這些極端分子傾向於共產主義，這與法西斯主義同樣危險。

　　這股思潮的反對派或曰保守派的基本主張是，不承認聯邦政府本身需要插足其中，並採取許多解決這些新的問題。該流派認為，個人動機和商人的慈善活動將解決這些問題。就是說，我們應當廢止我們所做的許多事情並退回來，比如使用舊的黃金價格，或停止所有關於養老金和失業保險的事務，或者廢除證券交易法，或者讓壟斷者為所欲為。實際上，就是要退回到我們在 20 年代時的那類政府方向去。

　　考慮到所有候選人的智力水準，似乎對我們來說，初選選民必須要問的一個問題是，「這位候選人屬於這些思想流派中的哪一派？」

　　這位合眾國的總統，我不想要求全國的選民明年 11 月都來投民主黨的票，而反對共和黨人或任何其他黨派的成員。身為總統，我也不會參加民主黨初選會議。

　　但是，身為民主黨的領袖，我有責任明確地執行 1936 年民主黨政綱中提出的自由主義原則宣言。我感到，我完全有權在這些事情上發表意見。在民主黨提名候選人涉及到這些原則，或明顯誤用了我自己的名字時會出現明顯的分歧。

　　不要誤解我。我當然不需要在某個州的初選會議上獲得優先權，只是因為某個表面上屬於自由派的候選人在所有問題上都與我意見相左的緣故。我非常關注的是某個候選人對於當前問題的總體態度，和他自己以某種實用的方式專心地獲取實際需求的內在願望。我們都知道，信口開河的反動分子有可能阻撓進步事業。而有些人雖然「同意」進步主義目標，但卻總是找理由反對達成該目標的任何具體建議。這些人也可能使進步事業受阻。我把這類候選人稱為「好的，可是」（yes, but）一族。

　　我還關注某個候選人或者其支持者們關於美國公民權利的態度。這些權利指和平集會的權利和在重大社會、經濟問題上公開表達其見解和主張的權利。任何政體的任何憲政民主制度都不會否認，每個人都有言論和信仰自由。美國人民不會受到任何企圖藉愛國主義的幌子壓制個人自由者的欺騙。

　　這是一個自由的國度，人們有言論自由，特別是新聞自由。從現在到大選日期間將會出現許多卑鄙的攻擊行為。我用「攻擊行為」指的是造謠中傷、進行個人攻擊和煽動偏見。當然，如果各地的競選活動都能用辯論而非攻擊的方式進行，就更好了。

　　我希望自由派候選人會約束自己，去辯論而不是訴諸毆鬥。10 名演說家或作家當中有 9 名為了追求對大眾產生影響，從心平氣和的辯論轉向不公平的攻擊，這對他自己的傷害大於對其對手的傷害。

　　我知道，不論是在夏季的初選會議上還是在 11 月的大選中，美國選民們都會發現那個將自己的主張說出來的候選人。

談歐洲戰爭
—— 1939 年 9 月 3 日　星期日

第二次世界大戰的代表性事件 —— 納粹入侵波蘭發生兩天後，羅斯福發表了此次談話。談話並未太多涉及歐洲戰爭本身，而是集中申明了美國的立場，即保持中立，置身戰爭之外。但他也不否認戰爭影響了美國的家庭，必須開始行動保持國家的安全。

美國同胞們，朋友們：

今天晚上，我的唯一職責是向全國人民發表講話。

直到今天凌晨 4 點半，我還抱有一線希望，盼望某種奇蹟，不讓歐洲發生毀滅性戰爭，並結束德國對波蘭的入侵。[089]

在長達 4 年的漫長歲月裡，接二連三的戰爭和此起彼伏的危機已經使整個世界搖晃起來，並有可能在各方面造成激烈衝突。不幸的是，如今，這已是事實了。

我應當提醒大家的是 —— 我這樣做是正確的 —— 在這些危機中，你們的政府採取了協調一致的、有時候是非常成功的措施，在和平的事業中美利堅合眾國付出了全部努力。儘管戰爭在蔓延，但是我認為我們有充分的權利和充足的理由將維護基本道德規範、宗教教義和為維護和平進行不懈的努力繼續作為我們的國策 —— 因為總有一天，我們能對瀕臨崩潰的人類做出更大的貢獻，雖然這一天還很遙遠。

我也理應指出，最近這些年發生的不幸事件毫無疑問都是建立在使用武力或威脅使用武力的基礎之上的。即使在這次大戰爆發之初，我似乎就

089　1939 年 9 月 1 日，德國入侵波蘭，象徵著第二次世界大戰爆發。

清醒地認知到，美國在追求人類和平的過程中應發揮持續不斷的影響力，這將盡最大可能消除國家間不斷使用的武力威脅。

當然，預測未來是不可能的。我從美國的議員們和全世界的其他管道不斷地獲得資訊。你們大家，美國的同胞們，每天每時都透過廣播和報紙接收新聞。

我相信，此刻大家是全世界最文明、消息最靈通的人了。你們不受制於新聞審查的制約，而且我還要指出，你們的聯邦政府不會封鎖任何資訊，及任何封鎖大家的資訊的想法。

同時，就像我在週五的記者會上所說的，新聞和廣播萬分小心謹慎地一方面辨別真正經過核實的事實，而另一方面還要區分純粹的流言。這項工作至關重要。

我還要進一步指出，我相信美國民眾也能非常小心地分辨新聞與流言。不要不分青紅皂白就相信你們所聽到的或所看到事情。首先要審查一番。

在當代國際關係領域，大家一開始必須掌握一個簡單卻恆久不變的事實。任何地方的和平遭到破壞，世界各地所有國家的和平就會處於危險之中。

大家和我都可以很輕鬆地聳聳我們的肩膀說，距離合眾國所在的大陸數千英里之外的地方，實際上是舉例整個美洲半球數千英里之外的地方發生的衝突不會對美洲產生重大影響，因此合眾國所有公民盡可以對此置之不理，我行我素。儘管我們熱切地盼望著超然事外，但是我們不得不認知到電波傳來的每條資訊。航行在大海上的每條船舶、進行的每次戰鬥都會對美國的未來產生影響。

希望所有男人和婦女都能深思熟慮地或者正確地討論美國出兵歐洲戰場的問題。此時，美國中立宣言正在醞釀之中。即便沒有現成的中立法

令，[090] 我們也會這麼做，因為此種中立符合國際法，並與美國的政策相一致。

接著，依據現行中立法要求的中立地位。我相信，將來我國的中立可以成為真正的中立。

最重要的是，美國人民是世界上消息最靈通的民族，他們要仔細考慮一下這些事情。美國和平的最危險的敵人是這樣一些人：他們對整個問題的過去、現在和將來的知識知之甚少，卻裝模作樣地以權威的身分指手畫腳，講起話來閃爍其詞，向美國做出的保證或預言對現在或將來毫無價值可言。

我自己不能也不會預報發生在海外的事件，其原因是我對發生在世界各地的所有事情不能做到瞭若指掌，所以我不敢進行預言。而另一個原因是，我想我得誠實地等待合眾國的人民。

我不能預知這次新的戰爭對我國的直接經濟影響，但是我確實要說，任何美國人在道德上都沒有權利以他們的同胞或者在歐洲戰爭中活著的或死去的男人、婦女和兒童為代價，坐收漁利。

有些事情我們的確知道。我們合眾國的多數人都相信精神價值。我們中的大部分人不論信奉哪個教派，都信奉《新約》的精神 —— 一種偉大的教導：反對自己使用暴力、武裝力量、遠征軍和投彈。我們絕大多數人都追求和平 —— 國內的和平，以及不會危及我們國內和平的其他國家的和平。

090　為與歐洲戰爭隔絕，美國採取中立政策，於 1935 年推出《中立法》，1936 年推出修改後的《中立法》，其內容包括武器禁運、禁止貸款給交戰國等。西班牙內戰後，美國推出《永久中立法》，不僅禁止戰時（包括國際戰爭和一國內戰）輸出武器和信貸，對非軍事物資也規定「現金購貨，運輸自理」。1939 年初，羅斯福開始公開批評《中立法》，並推動新的立法。1939 年 11 月 2 日，眾議院最後通過了廢除武器禁運條款的新《中立法》，雖然「現購自運」條款仍舊保留，但解除禁運，對英國等國支持較大。

　　我們擁有國家安全的明確信念和理想，今天我們必須開始行動去保持這種安全，並使我們的孩子在未來的歲月裡享有安全。

　　這種安全現在是，將來也會與西半球以及與之相鄰的海洋的安全緊密連繫在一起。我們透過使戰爭遠離美洲來努力使我們的家園免受戰爭之苦。我們可以把這一歷史先例追溯到喬治‧華盛頓總統政府時期。[091] 對合眾國每個州的每個家庭來說，生活在一個被其他大陸的戰爭撕扯得支離破碎的世界是件非常嚴重、非常悲慘的事情。今天，這些戰爭影響到了所有美國家庭。全力以赴地使美洲遠離戰爭是我們國家的責任。

　　此刻，我請求大家結束黨派偏見和自私自利；我們首要考慮的應是國家的大團結。

　　美國依然將是一個中立國家，但我們不能要求每個美國人在思想上保持中立。即使中立的人也有權考慮事實。即使一個中立的人也不能要求關閉其心靈或良知。

　　我說過不只一次，而是很多次，我已經見過戰爭，我討厭戰爭。我一遍又一遍地說著這樣的話。

　　我希望合眾國將能夠置身於戰爭之外。我相信美國能夠做到。我向大家保證並請大家放心，美國政府定會盡其所能達成這一目標。

　　只要我力所能及，合眾國的和平就將持續下去！

091　1793 年，歐洲發生戰亂，法英兩國交手，奧地利、普魯士、撒丁與荷蘭捲入其中。但華盛頓堅守中立，在 1793 年 4 月 22 日發表中立宣言，聲明稱「美國的職責和利益要求他們應該真誠地、善意地採取並力求對所有參戰國都持友好而公正的態度」。

談國防
── 1940 年 5 月 26 日　星期日

進入 1940 年，國防已經取代經濟成為頭號話題。這次與上次談話的簡略不同，談得十分具體，羅列了許多數字。顯然，羅斯福已經意識到戰爭並不遙遠，因此要「把國防建設成為滿足將來任何可能需要的國防」。此時的經濟發展已經指向了國防，即「應對將來的緊急需求」。

朋友們：

在全世界大部分地方都沉浸在悲痛中的時刻，我要和大家聊聊許多直接影響到合眾國未來的問題。當我們了解到此刻正發生在挪威、荷蘭、瑞士、盧森堡和法國平民身上的親身經歷時，我們感到震驚。

在這個安息日的夜晚，我應該代表需要幫助的婦女兒童和老年人說句話。我想這樣做是正確的。這些迫切需要幫助以應對當前的困境。這種援助來自大洋此岸的我們，來自我們這些依然能夠自由地給予援助人們。

今晚，在瑞士和法國曾經祥和的公路上，數百萬人正奔忙著逃離他們的家園，以躲避炮彈。彈片、炮火和機關槍的掃射，沒有避難所，而且幾乎沒有任何食物。他們突然發現，他們不知道路的盡頭在哪裡。我和大家談到這些人，是因為你們每一個今晚聽我講話的人都可以幫助他們。代表我們每個人的美國紅十字會正將食物、衣服和藥品緊急送往這些貧窮的數百萬平民手中。請大家，我懇求各位依照你們的方式向離你們最近的紅十字分會伸出援手，越慷慨越好！我以全人類的名義向大家提出請求。

你們和我，咱們大家再次坐在一起考慮一下我們自己所面臨的迫切問題吧。

我們中間有許多人過去對國外發生的事情視而不見，因為他們對他們的某些美國同胞告訴他們的話信服得五體投地 —— 發生在歐洲的事情和我們沒有任何關係；不論那裡發生了什麼事情，合眾國都能夠一如既往地在世界上從事其和平的、獨一無二的事業。

由於沒有利害關係或無知，我們中間有許多人閉上了眼睛。他們誠摯地認為，蔓延數百英里的海水使美洲半球遠離歐洲，因此北美洲、中美洲和南美洲的人們盡可以靠其豐富的資源繼續生活下去，而不必到世界的其他大陸，或受到這些大陸的威脅。

我們中間還有一些人接受了少數族群的勸告，認為我們能夠透過退隱在我們的大陸邊界之內來保持我們的地理安全 —— 東面是大西洋，西面是太平洋，北面是加拿大，南面是墨西哥。在上週提交給國會的咨文中，我詳細說明了這種觀點的無益性與不可能性。顯然，建立在這種觀點基礎之上的防禦政策無異於為將來的進攻敞開大門。

最後，我們之中還有一小撮人故意並有意把他們的眼睛閉上了，因為決心要對抗他們的政府、政府的外交政策和其他所有政策。這些黨派觀念明顯，認為政府做的任何事情都是完全錯誤的。

有些人由於這眾多原因之一而閉上了他們的眼睛，而有些人不承認暴風雨有可能在一步步向我們逼近，對所有這些人來說，過去的兩週意味著他們的許多幻想在一個個破滅。

他們已經失掉了這樣的幻想：認為我們離得很遠，可以隔離開來並因此可以抵禦其他國家都不能倖免的危險。

在某些地方，因幻想突然破滅而猛然醒悟之後，接踵而來的是恐懼和驚慌失措。有人說，我們毫無防備。一些人到處散布說，我們只有放棄我們的自由、理想和生活方式，才能建立健全的防衛體系，並對抗侵略者的威脅。

爐邊談話 Fireside Chats

我不同意這些幻想。我對這些恐懼也不能苟同。

今天，我們變得更加現實了。但我們大家不要說喪氣話，也不要對我們的能力妄自菲薄。讓我們大家都把恐懼和幻想放在腦後吧！在這個安息日的夜晚，讓我們坐在美國家庭自己的家裡，平心靜氣地想想我們都做了什麼，我們必須要做些什麼吧！

在過去的這兩、三週時間裡，美國大眾收到了各種關於我們缺乏準備的謊言。甚至有人已經提出指控，認為我們過去數年裡花在海陸軍的錢都浪費了。我認為大家聽聽這些事實對國家才是公平的。

我們在國防方面花費了大筆資金。花這些錢已經使我國今天的陸軍和海軍成為美國有史以來和平時期規模最大、裝備最為精良、最訓練有素的武裝力量。

過去幾年，我們完成了很多事情。下面我挑幾件事和大家說說。

我不想探究每個細節。但是，有件事是人所共知的：本屆政府 1933年就任之時，合眾國的海軍已經落後於世界其他國家的海軍，艦船的作戰能力與效率都相對處於低谷。海軍的相對戰鬥力由於沒有更換那些早已過時的艦隻和武器裝備而被大大削弱。

但是在 1933 年到 1940 年這 7 個財年，你們的政府用於海軍的經費比 1933 年之前的 7 年多出 10.487 億美元。

花這筆錢我們得到的是什麼呢？

海軍的作戰人員從 79,000 增加到 145,000 人。

在此期間有 215 艘戰艦開始建造或投入現役，是過去 7 年的 7 倍。

在這 215 艘軍艦中，我們已經列裝了 12 艘巡洋艦、63 艘驅逐艦、26 艘潛艇、3 艘航空母艦、2 艘炮艇、7 艘補給艦和許多小型艦隻。這其中還有包括新戰艦在內的許多艦隻建造經費也已經撥付，正在建造當中。

　　建造船隻花掉了數百萬美元，美國在這方面在世界上首屈一指。但還有一個實際情況是，沒有艦船，我們就不可能對美國的所有水域進行有效防禦。這些艦船包括水面、水下和空中的各種艦船。談到與海軍共同作戰的空軍，1933 年時我們的有效戰機 1,127 架，今天我們擁有的已經和準備交貨的戰機 2,892 架。1933 年的飛機由於陳舊或老化也被新的戰機所替代。

　　在美國漫長的歷史上，海軍目前是和平年代最為強大的時期。就攻擊力和作戰效率而言，我甚至可以保證，今天的海軍比第一次世界大戰時還要強大。

　　1933 年是，合眾國的陸軍在職人員為 122,000 人。現在，也就是 1940 年，這個數字已經翻了一番。1919 年以來，1933 年時的陸軍獲得的新戰鬥裝備非常少，被迫將第一次世界大戰時遺留下來的儲備投入使用。

　　所有這一切的結果是，與歐洲和遠東的陸軍相比，其相對戰鬥力到 1933 年時急劇衰落了。

　　那就是我發現的情況。但是，從那以後已經發生了巨大的變化。

　　1933 到 1940 年這 7 個財政年度間，你們的聯邦政府用於陸軍的經費比 1933 年之前的 7 年多了 12.92 億美元。

　　花這些錢我們的收穫是些什麼呢？

　　如同我已經說過的，陸軍總數已經增加了近一倍。到今年年底，目前在編的所有正規軍的各個部隊都將裝備完全滿足其要求的現代武器。國民警衛隊的所屬個部隊也將裝備同樣的武器。

　　下面是從大量事例中選取的代表性例子：

　　1933 年以來，我們實際採購了 5,640 架飛機，包括最先進的遠端轟炸機和戰鬥機。當然，這些飛機中有許多在 4、5、6 或 7 年前就已經交付使用，現在已經過去陳舊，被廢棄掉了。

這些飛機花費不菲。例如，一架先進的四發動機遠端轟炸機耗資 35 萬美元；一架先進的攔截戰鬥機耗資 13.3 萬美元；一架中程轟炸機耗資 16 萬美元。

1933 年時我們只有 355 門防空火炮。我們現在擁有已交貨或準備交貨的各型先進的防空火炮 1,700 多門。大家應該知道，一門三英寸的防空火炮耗資就是 4 萬美元，這還不包括與之配套的射擊控制裝置。

1933 年是全陸軍只有 24 個現代化的步兵團。現在我們已擁有的和在建的步兵團超過 1,600 個。

1933 年時，我們僅有 48 輛先進戰車和裝甲車；今天我們擁有的已經交付使用和準備交付使用的先進戰車和裝甲車 1,700 輛。我們的每一輛重型戰車都耗資 46,000 美元。

1933 年來，我們還在許多其他方面進步神速，而且大部分都配備了先進的裝備。

1933 年，我們的陸軍飛行員總數為 1,263 人。今天我們僅陸軍就有 3,000 多名全世界最優秀的戰機飛行員，他們在去年的戰鬥訓練中飛行了 100 多萬小時。此數字還不包括國民警衛隊和後備役中的數百名傑出的飛行員。

去年一年內，航空工業生產軍用飛機的生產能力急劇增加。去年，這種生產能力雖然增加了一倍還多，但依然不夠滿足需求。但是，聯邦政府與航空工業竭誠合作，決心增加其產能以滿足我們的需求。我們要充分發揮這些航空製造商的設備的效率，使聯邦政府每年生產 5,000 架飛機的計畫得以達成。

關於飛機還有一則消息我們已經看到很多次了。近來的戰爭，包括歐洲目前的戰爭已經無可爭議地表明，戰鬥效率依賴的是統一指揮、統一控制。

在海上共同作戰中，飛機和潛艇、驅逐艦及其他戰艦一樣都是聯合作戰的重要組成部分；而在陸地戰鬥中，飛機和坦克群、工兵、炮兵或步兵的地位同等重要，都是武裝軍事行動的重要部件。因此，空軍應該繼續成為陸海軍的一部分。

根據我的要求，國會本週就會對和平時期陸軍或海軍提出的最大撥款提案進行投票。加上陸海軍用於裝備和訓練的經費，我們用於陸海軍的經費總額將比我給大家提供的數字還要多。

世界形勢瞬息萬變，我們有必要對我們的計畫隨時進行重新評價。在這方面，我相信，美國國會和總統能夠作為一個團隊和諧共處，就像他們今天正在做的那樣。

一旦需要，我任何時候都將毫不猶豫地提出新的撥款要求。

在這個快速的機械化戰爭時代，我們都要記住，今天的先進的、最新式的，有效而實用的武器裝備明天就會落伍、陳舊不堪。

即使在生產線上製造飛機的同時，新型飛機也正在工作臺上進行著設計。

即使一艘巡洋艦沿下水滑道滑行之時，關於在下一個型號中如何改進，如何提升其效率的計畫正在設計師的規劃藍圖上現出端倪。

每天發生在歐洲大陸、海上和空中的戰鬥都展現出戰爭方法的萬般變化。我們正在不斷地改進和重新設計，試驗新式武器，從當前的戰爭中汲取經驗教訓，並努力發揮人們的聰明才智製造出最先進的武器裝備。

我們號召集合合眾國各種戰略物資製造商的資源、效率和創造性來生產飛機、坦克、槍枝、船舶以及數百種其他戰略物資。合眾國政府本身只能生產很少一部分作戰物資。私人企業就繼續成為軍品的最大製造商。私人企業必須開足馬力進行生產，以滿足當前的需求。

爐邊談話 Fireside Chats

　　我知道，我們不能指望私人企業馬上籌集到用於擴建工廠、招募人員所需的全部資金以滿足該計畫的需求。讓工業公司或它們的投資家們這麼做是不公平的，因為國際關係有可能發生變化，一、兩年後的訂貨會停止或減少。

　　因此，合眾國政府已經準備好預付這筆必不可少的資金，以幫助擴建工廠，建立新的車間，僱傭數千名工人，為數百種原料的供應開發新的來源，並發展快捷的大宗運輸業。華盛頓正在夜以繼日地工作，以制定所有這些計畫的細節。

　　我們現在號召從事私營事業的人們幫助我們達成這個計畫。在接下來的幾天裡你們會聽到更多的細節。

　　這並非意味著我們所號召的人將從事實際的戰略物資的生產。這將在全國各地的車間和工廠中進行。私人企業將有責任盡其所能提供最出色、最有效、最快速的大生產設備。我們號召其提供援助的這些商人的職能是在這個計畫中進行配合 —— 確保所有車間繼續以最高速度和效率進行運轉。

　　精明強幹、富有愛國心的美國人從各個領域齊集華盛頓，用他們的訓練有素、豐富經歷和出色能力助聯邦政府一臂之力。

　　我們的目標不僅是要加快生產速度，而且要增加全國的產能，以應對將來的緊急需求。

　　但是在該計畫穩定推動時，有些問題我們要繼續加以關注和防範。這些問題與鞏固的國防和實際的武器裝備本身同等重要。我們的海軍、飛機、大炮和軍艦是我們的第一道防線，但還有件事是很明顯的：一個自由民族的精神和士氣是從最底層支撐著它們，給它們以力量、生機和動力的東西。

出於這樣的原因，我們在所做的一切事情上一定要保證，不能讓我們在過去這些年所取得的任何重大社會進步半途而廢或乾脆取消。我們已經在廣泛的戰線開展了反對社會與經濟不平等和權力濫用的現象。這些現象使我們的社會變得弱不禁風。這種進攻態勢現在不應因某些人發動的鉗形攻勢而中斷。這些人利用當前的軍事防禦的物質需要進行兩面夾擊，企圖進行破壞。

在我們目前所處的非常時刻，沒有哪件事能證明讓我國的工人們辛勤工作的時間比現在法律限定的時間更長是正當的。隨著訂單逐漸增多，要做的工作越來越多，成千上萬名現在還失業的人將會獲得工作機會。

在我們目前所處的非常時刻，沒有哪件事能證明降低就業標準是正當的。最低薪資不應被減少。的確，我希望隨著生產的逐步加快，許多現在還付給工人低於最低薪資標準的薪資的企業會提升其薪資水準。

在我們目前所處的非常時刻，沒有哪件事能證明停止支付養老保險和失業保險的做法是正當的。我更希望看到的是，將這一制度擴展到其他目前還無緣享受此專案的族群中去。

在我們目前所處的非常時刻，沒有哪件事能證明從我們的任何一個社會目標 ── 從自然資源保護、扶持農業、住宅到幫助貧困的人 ── 中退卻是正當的。

然而，恰恰相反，我堅信，負責任的領導人都不會容許某些代表某個工廠或車間全體雇員中一小撮人的特殊族群來中斷大多數雇員的就業進程。我們大家要記住，集體談判的政策和法律依然有效。我能夠向大家保證，在完成這項防務計畫的過程中，華盛頓會充分考慮工人們的利益。

還有，我們目前的緊急形勢和莊嚴的共識都要求我們必須做到：在美國不能因海外戰爭而形成新的戰爭百萬富翁集團。美國人民不贊成任何美

國公民在人類遭受血腥殺戮和磨難的危急時刻大發橫財。

最後一點，這種非常時刻要求保護美國的消費者以使我們的基本生活消費保持在合理的水準上。我們應當避免第一次世界大戰時的螺旋式發展進程，當時所有物品的價格節節攀升。對我國每一個老闆來說最合理的政策是幫助向數百萬失業的人提供有效的就業機會。透過提升這數百萬人的購買力，全國的繁榮才能提升到新水準。

我們的國家安全今天所面臨的威脅不僅僅是軍用武器裝備的問題。我們了解到了一些新式的攻擊方法。

特洛伊木馬。有第五縱隊 [092] —— 對背信棄義毫無防備的國家進行破壞。

間諜、破壞分子和叛國者都是這次新悲劇中的主要角色。對此，我們現在必須，而且將來也要全力加以應對。

還有一種伎倆用來從根本上削弱一個國家，瓦解一個民族生活的整個生活模式。我們了解這一點非常重要。

這種伎倆很簡單。首先是播撒不和諧的種子。一個不必很大的集團 —— 這個集團可能是地區性的、種族性的或政治性的 —— 透過虛假宣傳和情感誘惑等方法鼓動偏見的蔓延。那些心懷叵測地慫恿這些集團的人們的目標是製造混亂，使大眾優柔寡斷、政治癱瘓，並最終使國家陷入恐慌狀態。

人們用一種新的、缺乏理性的懷疑論觀點，不是透過誠實而自由的人們的有益的政治辯論，而是透過外國代理人的陰謀詭計來審視合情合理的國家政策。

092　第五縱隊（Fifth Column）為西班牙內戰期間在共和國後方活動的叛徒、間諜和破壞分子的總稱。後來，第五縱隊成為帝國主義在別國進行顛覆活動的間諜特務的通稱。

使用這些新手法的結果是，軍備計畫有可能被危險地拖延。國家目標的單純性可能遭到破壞。人們互相沒有信心，並因此喪失對他們自己所採取聯合行動的功效信心。信念與勇氣讓位於懷疑和恐懼。國家的團結變得支離破碎，其力量也遭到破壞。

所有這一切都不是癡人說夢。這在過去 2 年裡已經在一個接一個國家多次發生過了。幸運的是，美國的男人和婦女們並不那麼容易受到愚弄。族群仇恨和階級鬥爭在我們中間從來都沒有取得多少進展，現在也沒有什麼進展可言。但是，新的力量正得以釋放出來。像其他國家以前曾經被削弱那樣，精心編制的虛假宣傳使我們面臨被分裂和削弱的危險。

這些分裂力量是純粹的毒藥。它們已經在舊世界[093]散步開來。必須阻止這些毒藥在新世界傳播。我們的士氣和我們的精神防線一定要過度戒備，以防止那些人投擲煙霧彈來干擾我們的視線。

我們的防衛計畫的發展使我們每一個人，不論男女，都必須感受到，我們對於我們的國家安全做出了自己的貢獻。

此刻，當這個世界 —— 包括我們自己的美洲半球 —— 受到破壞力量的威脅時，我和大家都有決心把我們的國防力量建設得更加強大。

我們要把國防建設成為滿足將來可能的任何需求的國防。

隨著戰爭方法不斷變化，我們一定要不斷重建我們的國防。

三個多世紀以來，我們美國人在這塊大陸上始終在建設著一個自由的社會，在這裡，人類精神的承諾或許會得到踐行。全世界追求這個承諾的所有民族的鮮血和智慧匯集於此。

我們已經做得很出色了。我們正繼續使生活在美國的所有家庭享有一個自由社會，一個自由而高效率的經濟制度的佑護。這就是美國的諾言。

093　這裡的舊世界指相對新世界（美洲）的歐洲。

　　這也就是我們一定得繼續建設的承諾，也就是我們一定要繼續捍衛的承諾。

　　這是我們這代人的使命、你們的和我的。不過，我們不僅僅是為我們這代人來建設和捍衛我們的承諾。我們捍衛的是我們的先父們所奠定的基礎。我們為未來幾代人開創一種生活方式。我們捍衛和建設的生活方式不只為了美國自己，而是為了全人類。我們的職責無尚崇高！我們的任務無尚光榮！

　　我日夜祈禱我們的這個瘋狂世界恢復和平。我身為美國總統沒有必要要求美國人民為了這樣的事業進行祈禱，因為我知道你們正在和我一起祈禱著。

　　我相信，這塊土地上的每一位男人、婦女和兒童在醒的每一分鐘都在發自內心地向全能的上帝發出懇求。我們所有人都祈求結束不幸與飢餓，結束死亡與破壞 —— 全世界重新恢復和平。為了全人類的博愛，你們的祈禱和我的祈禱同在 —— 上帝將撫平人類肉體和精神的創傷！

談國家安全
—— 1940 年 12 月 29 日　星期日

誠如羅斯福所說，此篇所談是國家的安全保障。軸心國結盟之後，美國國家安全形勢已發生變化，危險迫在眉睫，此時保障的措施已經不是「中立」、「隔絕」，而是更加積極，即以裝備和物質支持歐洲那些反法西斯主義國家，使美國成為「民主制度的巨大兵工廠」。羅斯福指出，他的方針「從目前看，風險最小；從長遠來看，會給世界和平帶來最大的希望」。

朋友們：

這不是一次關於戰爭的「爐邊談話」。我要談的內容是有關國家安全保障的。因為你們的總統的核心目的，就是想讓你們、你們將來的孩子以及你們的子孫後代，不需要再透過拚死抵抗來捍衛美國的獨立以及美國獨立所賦予你、我和我們大家的一切。

今晚，面對世界性危機，我思緒萬千，回憶起 8 年前國內危機時期的一個晚上。當時，美國工業之輪戛然而止，全國銀行系統不再運行。

我還清楚地記得，當我坐在白宮書房裡準備向美國人民講話時，浮現在我眼前的是所有正聽我講話的美國人的樣子。我看到製造廠、礦井和工廠裡的工人，櫃檯後面的女招待，小店主，正在春耕的農民；我還看到為自己畢生的積蓄而擔驚受怕的寡婦和老人。

我試圖向美國大眾解釋，銀行危機對他們的日常生活來說意味著什麼。

今晚，我要和我的人民做出同樣的事，以應對美國面臨的這場新危機。

我們以果敢的精神和現實的態度應對了 1933 年的危機。

爐邊談話 Fireside Chats

現在，我們要以同樣的勇氣和現實主義態度面對新的危機 —— 面對我國安全受到的新威脅。

自從美利堅文明在詹姆士城和普利茅斯巨礫[094]上扎根以來，我們從未遇到過眼前這樣嚴峻的危險。

因為 1940 年即今年 9 月 27 日，三個強國 —— 兩個是歐洲強國，一個是亞洲強國，在柏林簽署了協定。[095] 它們勾結起來恫嚇美國，如果美國干預或者制止這三個國家的擴張計畫 —— 它們企圖控制全球的計畫，它們將孤注一擲，聯合起來，將矛頭直指美國。

納粹德國的主子們的用心昭然若揭，他們不僅要控制本國人民的生活和思想，還要置整個歐洲於其鐵蹄之下，然後利用歐洲的資源征服全世界。

僅在三個星期前，他們的元首[096]聲稱：「世界上存在著兩個勢不兩立的陣營。」接著此人用挑釁的口吻回答他的對手：「要是有人說，我們在這個世界上永遠不會安分守己，那他們就說對了，我能夠擊敗世界上任何一個強大對手。」

換言之，軸心國不僅僅承認，而且公開聲明，他們的政治觀點與我們的政治觀點最終沒有可調和的餘地。

就這不可否認的威脅而言，我們可以毫無疑問地明確斷言，只要這些侵略國不明確表示願意放棄統治和征服全世界的念頭，美國就沒有權利、也沒有理由去鼓勵與他們進行和談。

此刻，那些與生活在自由之中的人民為敵的軍事同盟國的武裝力量，

094　這裡的兩處都是地名。詹姆士城（Jamestown）在維吉尼亞州，是英格蘭人在北美的第一個定居地（1607），也是新大陸第一次立法會議舉行（1619）的地點。普利茅斯巨礫（Plymouth Rock）在麻薩諸塞州，是 1620 年英國清教徒登陸北美的地點，也是新英格蘭地區的第一個定居地。

095　這個協議即《德日意三國同盟條約》，通稱《三國軸心協定》。

096　這裡的元首指納粹德國元首希特勒。

被阻止在遠離我國海岸的地方。德國人和義大利人在大西洋的另一端，受到英國人和希臘人以及大批逃離被占領國的陸海軍官兵的阻遏。在亞洲，日本人遇上了中華民族的頑強反擊。而太平洋上有我們的艦隊。

我們有些人一廂情願地認為，戰爭發生在歐洲和亞洲，與自己無關。但是，這是一個與我們有著生死存亡關係的問題，即不能讓歐洲和亞洲的戰爭製造者們控制通向我們這個半球的海域。

117 年前，門羅主義[097]被我國政府定為護國之本。當時歐洲大陸聯合起來，使我們這個半球面臨威脅。後來，我們以不列顛為鄰，守衛著大西洋，沒有什麼條約，也沒什麼「不成文協定」。

但是，有一種觀點，一種被歷史證明為正確的觀點，即我們作為睦鄰，可以用和平的方式來解決任何爭端。事實上，在一段漫長的歲月裡，西半球始終得以免遭來自歐洲和亞洲的侵略。

是否有人深信，當一個自由的不列顛依然是我們大西洋上一個強而有力的海上鄰國時，我們就不必擔心美洲任何地方會遭受襲擊了嗎？反之，如果軸心國與我們為鄰，我們也可以高枕無憂了嗎？

一旦不列顛淪陷，軸心國就會控制歐洲、亞洲和非洲大陸、澳大拉西亞[098]和公海 —— 它們就占據了有利位置，就能調動大量陸軍和海軍對我們這半球發動進攻。到那時，我們全美洲，不僅在經濟上，而且在軍事上，都會直接面臨槍口的威脅 —— 一支彈已上膛的槍，這並非是危言聳聽。

那時，我們就會進入一個即陌生又可怕的時代。整個世界，包括我們

09/　門羅主義（Monroe Doctrine）指 1933 年 12 月 2 日時任總統門羅致國會咨文中提出的外交方針，旨在藉反對歐洲列強干涉美洲之名，確保美國奪取和獨占對中南美洲國家的控制權。其口號是「美洲是美洲人的美洲」，實質是「美洲是美國人的美洲」。

098　澳大拉西亞（Australasia），泛指澳洲、紐西蘭及西南太平洋諸島。

爐邊談話 Fireside Chats

這個半球，都會被野蠻勢力的威脅所籠罩。而要想在這個世界上生存下去，我們將不得不根據戰爭經濟的需求，永遠變成一個窮兵黷武的國家。

我們有些人一廂情願地認為，即使不列顛淪陷，我們照樣安然無恙，因為浩瀚的大西洋和太平洋將是一道屏障。

但帆船時代已經一去不復返了。遼闊的海域已經失去了昔日的作用。從非洲某地到達巴西某地，其距離比從華盛頓到科羅拉多州丹佛市還要近。最新式轟炸機只需 5 小時即可飛完全程。在太平洋北端，美洲和亞洲幾乎毗鄰接壤。

甚至就在今天，我們的飛機也能從不列顛群島起飛到新英格蘭，再返航回來，途中不用加油。這讓我們清楚地意識到，現代化轟炸機的攻擊範圍還在不斷擴大。

在過去的一個星期裡，我國各行各業的大多數人民已向我表達出他們想讓我在今晚說些什麼。即他們都以極大的勇氣想了解現在戰事重心的實際情況。但我也接到這樣一封電報，上面的觀點代表著一小撮不敢正視罪惡、不願聽見罪惡的人們的想法，即使他們心知肚明罪惡的存在。發來電報的人乞求我不要強調有一天我們西半球安逸的美國城市也能遭到敵對勢力的轟炸。電報的主旨是：「求求您，總統先生，我們不想被現實嚇到。」

直言不諱地說，危險迫在眉睫，我們必須準備應付這種危險。毫無疑問，我們不能爬上床，用被子蒙住頭，以這種辦法逃避危險，或者擺脫恐懼心理。

歐洲有些國家與德國締結了煞有介事的互不干涉協定，另外的國家則得到了德國永不入侵的保證。不管是否有互不干涉協定，事實是他們仍然遭到了進攻和踐踏，陷入了現代形式的奴役。他們事前一個小時才得到宣戰警告，甚至毫無警告。幾天前這類國家的一位流亡領導人對我說：「這

種警告不如沒有。德國軍隊從成百個地點入侵我國，兩個小時後我的政府才接到警告。」

這些國家的命運告訴我們，生活在納粹的槍口下意味著什麼。

納粹對這種行為用各類道貌岸然的謊言加以辯解。這類謊言編織了兩個藉口，一個是，占領一個國家是為了「恢復秩序」；另一個藉口則是，占領或控制一國是為了「保護它」免遭別人的侵略。

比如，占領比利時，德國人就說他們是為了從英國人手中解救比利時人。由此推斷，他們難道會遲疑對任何南美國家說「我們占領你們是為了保護你們免遭美國的侵略」嗎？

今天，比利時正被德國用作對殊死抗爭的英國人入侵的基地。任何一個南美國家落入納粹之手，也都會成為德國進攻西半球任何其他共和國的跳板。

如果納粹勝利了，其他兩個距離德國更近的地方會是怎樣的命運，大家不妨來分析一下。愛爾蘭能夠倖免嗎？愛爾蘭的自由會在一個沒有自由的世界裡成為奇特的例外嗎？飄揚著葡萄牙旗幟的亞速群島又會怎樣呢？你們和我都認為夏威夷是太平洋上的前哨基地。可是，亞速群島距離我們大西洋海岸比另一邊的夏威夷美國本土還要更近。

有那麼一些人，他們說軸心國永遠都不會有進攻西半球的打算。毀壞眾多被征服民族抵抗力的，正是這種如出一轍的癡心妄想。事實再清楚不過了，納粹一再宣稱，所有其他種族都比他們低劣，因而應當聽命於他們。而且最重要的是，美洲這個半球的豐富資源和財富正是世界上最令人垂涎的戰利品。

壓垮、破壞、腐蝕許多其他民族的邪惡勢力已經進入我們的大門，這是不容否認的現實，我們不能視而不見！你們的政府對他們的情況了解甚

多，因為每天都會查獲他們的行徑。

　　他們的間諜在我國的鄰國都很活躍。他們企圖煽起懷疑與不和來製造內亂。他們竭力煽動資方和勞方互相對立。他們竭力挑唆本不該有而且早已平息的種族和宗教之間的敵意。他們利用我們對戰爭的天然反感來達到自己的目的。這些造謠生事的人只有一個目標，那就是把我們的人民分裂成敵對集團，破壞我們的團結，摧毀我們保衛自己的意志。

　　還有一些美國公民，其中許多人還身居高位，雖然多數情況下並非出於故意，實際上卻是在協助這些特務的工作。我並不是在指責這些美國公民充當外國特務，不過我卻要指責他們做了那種獨裁者們想在合眾國做的事情。

　　這些人不但相信我們不用看其他國家命運如何就可以平安躲過戰爭，而且其中有些人走得更遠。他們說我們可以而且應該成為軸心國的朋友乃至夥伴，甚至還建議我們效仿那些獨裁國家。美國人永遠不能那樣做，也絕不願意那樣做。

　　過去 2 年來的經驗已經清楚證明，任何國家都不能對納粹姑息縱容。沒有誰可以靠撫摸把老虎馴成小貓。殘忍的行為不能姑息。對燃燒彈講不得道理的。我們知道，一個國家只有徹底投降才能與納粹共用和平。

　　義大利人民已經被迫成為納粹的同夥；但是，目前他們還不知道自己多快就會在盟友的擁抱中死去。

　　喜歡姑息縱容的美國人對奧地利、捷克斯洛伐克、波蘭、挪威、比利時、荷蘭、丹麥和法國這些國家的命運給予的警示置之不理。他們對你們說，軸心國肯定能贏得這場戰爭，世界原本可以避免眼前所有的流血犧牲；合眾國倒不如為促進強制和平而施加自己的影響，因而爭取到我們的最好結果。

　　他們把這叫作「談判和平」。簡直是一派胡言！如果一幫不法分子包

圍了你們的社區，強迫你們交出錢財以求免於一死，難道這也算得上談判和平？

強制的和平絕不是什麼和平。那只不過是另一次停戰，其結果將會帶來有史以來耗資最龐大的軍備競賽和破壞性最嚴重的貿易戰爭。而在軸心國的對抗中，只有南北美洲才真正能夠與之抗衡。

不論他們如何吹噓自己的作用，如何誇耀戰爭目標的神聖，他們的背後卻是集中營和帶著鐐銬的上帝信徒。

近些年來的歷史證明，對現代獨裁國家來說，槍殺、鐐銬、集中營並不只是暫時使用的工具，而恰恰是他們的祭壇。他們口頭上談論世界「新秩序」，他們腦子裡想的卻是復辟最古老和最惡劣的專制暴政。在那種專制暴政下，根本不存在自由、宗教和希望。

所謂「新秩序」，與歐洲合眾國或亞洲合眾國的理念根本對立。它不是一種為被統治者認可的統治形式。它不是自尊的普通男女為了保障自己和自己的自由、尊嚴免於受到壓制而組成的聯邦。它是一種建立在權利和贓物基礎上的支配與奴役人類的非神聖同盟。

今天，英國人民及其盟友正在對這個非神聖同盟進行著一場積極的戰爭。這場戰爭的結局在相當程度上決定著我們未來的安全。我們「置身於戰爭之外」的能力將受到這個結局的影響。

思考今天，展望未來，我直言不諱地告訴你們：合眾國要想盡可能不捲入這場戰爭，現在就要不遺餘力地支持那些正在保衛自己並抗擊軸心國的國家，不能對它們的失敗袖手旁觀，也不能屈服於軸心國的勝利，等待它下一輪對我們進攻。

不言而喻，我們必須承認，我們採取任何方針都要承擔風險。但是我堅信，我國絕大多數人都會同意我所提議的方針：從目前來看，風險最

小；從長遠來看，會給世界和平帶來最大的希望。

歐洲人民正在保衛自己，他們沒有要求我們替他們作戰。他們請我們提供戰鬥的工具，提供飛機、坦克、槍枝和貨船，使他們能為自己的自由、因而也為我們的安全而戰。重要的是我們必須為他們提供這些武器，而且盡可能多、盡可能快地提供給他們。這樣，我們和我們的孩子們就可以免受別人正在忍受的戰爭和磨難。

不要讓失敗主義者對我們說已經太晚。永遠也不可能更早了。明天則會比今天更晚。

某些事實無需多說就已了然。

從軍事意義上講，不列顛和英國現在是抵抗世界性征服的先鋒。他們進行的戰鬥必將在人類英勇事蹟的史冊上萬古流芳。

並沒有人要求我們派遣遠征軍出國。你們政府裡也沒有人打算派遣這樣一支軍隊。因此，關於派軍隊去歐洲的任何說法，你們都可以將其作為蓄意的造謠而以戳穿。

我們的國策並不是致力於戰爭。我們國策的唯一目標是使我們的國家和人民免於戰爭。

民主制度反抗世界征服的抗爭在很大程度上得益於合眾國的幫助 —— 得益於我們對他們軍事力量的重新裝備，以及我們盡可能多地把武器和物資運往他們的前線 —— 而且他們必將在更大程度上得益於我們的幫助。瑞典、俄國和其他靠近德國的國家，每天都在把鋼材、礦石、汽油和其他戰爭物資運進德國，我們這樣做也並非更為不守中立。

我們正以最緊迫的方式計劃我們自己的防禦；在其巨大的規模上，我們必須整合英國和其他抵抗侵略的自由國家的戰爭需求。

這並非感情問題或者有爭議的個人意見問題。這是此時此刻實實在在

的軍事政策問題。這項政策是根據我國密切跟蹤當前戰爭形勢的軍事專家的意見制定的。這些陸海軍專家、國會議員以及政府，只有一個單純的目標 —— 保衛合眾國。

我國正在以巨大的努力來生產當前狀況緊急需要的一切 —— 而且要以盡快的速度。巨大的努力需要付出巨大的犧牲。

如果民主制度不能保障每一個國民免於匱乏和恐怖，我就不會要求任何人去保衛它。我國的國力不能因為政府未能保障公民的經濟利益而有所削弱。

如果我們的生產能力受到了機器的限制，我們千萬要牢記：機器是靠工人的技巧和體力來操縱的。既然政府決心保衛工人的權利，國家也就有權要求掌握機器的人盡到自己的全部職責，努力生產當前防務急需的東西。

工人同樣具有做人的尊嚴，應該與工程師、管理者和雇主同樣享受工作崗位的保障。因為，工人們提供了生產驅逐艦、飛機和坦克的人力。

國家要求我們的防務工廠持續開工，而不是被罷工或關廠所打斷。國家要求並且堅持資方和勞工透過自願及合法的方法調解他們之間的分歧，以繼續生產我們迫切需要的物資。

在我們龐大防務規畫的經濟方面，正如你們所了解到的，我們正在盡一切努力維持物價和生活費用的穩定。

9 天以前，我曾宣布成立一個更為有效的機構，以便指導我們大量增加軍事裝備和物資的生產。撥出巨額款項，對我們的努力進行行政指導，這些都還遠遠不夠。槍炮、飛機、艦艇和許多其他東西，都需要在美國的工廠和兵工廠裡製造。它們都要由工人以及經理和工程師來整合生產，還要有機器的幫助，而機器又要由全國各地的千百萬人來製造。

爐邊談話 Fireside Chats

　　在這項偉大的工作裡，政府、企業和勞工的合作一直十分友好；我對此深懷感激。

　　美國工業界的天才解決生產問題的能力舉世無雙，他們已被喚起，將以其聰明才智在戰鬥中一展風采。手錶廠、農具廠、活字鑄造廠、收銀機廠、縫紉機廠、割草機廠和機車製造廠等等，現在紛紛轉而生產導火線、炸藥箱、望遠鏡底座、炮彈、手槍和坦克。

　　但是我們目前的一切努力還不夠，我們必須有更多的船隻、更多的槍炮、更多的飛機 —— 更多的一切物品。我們只有摒棄「照常辦事」的概念，才能達到上述目標。僅僅依靠現有的生產設備，附加一些國防的需求是無法達成這一目標的。

　　我們的防衛努力，絕不能受到那些擔心將來工廠生產能力過剩的人的阻礙，我們目前的防衛努力可能失敗的後果更令人擔憂。

　　在我們的當前防務需求成為過去之後，所有生產能力都將為新的生產能力而成為我國和平時期的需求 —— 假如不是更多的話。

　　關於美國未來的任何悲觀政策都不能拖延工業的擴充，因為它對我們的防務必不可少，我們需要這些工業。

　　我想表明，我國的目的就是在當下盡快讓我們所有的機器、所有的兵工廠和我們所要求的任何一家工廠，製造出我們所需要的防衛物資。我們有人、有技術和財富，最重要的是，我們有決心。

　　我由衷地相信，如果或者一旦軍需物資迫切需要某些工廠裡生產消費品或奢侈品的機器和原料，那麼這些工廠一定會服從而且是欣然服從我們第一位的、迫切的目標。

　　我呼籲全體工廠主、經理、工人和政府雇員，為盡快生產出軍需品而毫不吝惜地貢獻出一切力量。與此同時，我向你們保證，全體政府官員也

一定會全心全意地投身於擺在我們面前的偉大使命。

我國必須成為民主制度的巨大兵工廠。對我們來說，其迫切性不亞於投身戰場。我們必須像親臨戰爭一樣，以同樣的決心、同樣的迫切感、同樣的愛國主義精神和獻身精神來投身於我們的工作。

我們已為英國提供了大量的物質幫助，在未來我們還將提供更多。[099]

我們對援助大不列顛的決心不存在「瓶頸」。沒有一個獨裁者，或是幾個勾結起來的獨裁者，能夠透過他們將如何如何的威脅來削弱我們的這種決心。

英國人得到了來自英勇的希臘軍團和所有流亡政府[100]軍事力量的寶貴支持。他們的力量還在增加。這是珍惜自由更勝於珍惜自己生命的人們的力量。

我們沒有理由談論失敗主義。我們有足夠的理由充滿希望 —— 對和平的希望，當然，還有保衛我們文明的希望和在未來建設更加美好文明的希望。

我深信，美國人民現在正堅定不移地以前所未有的努力，來增加各種防衛物資的生產，迎擊我們民主信仰所受到的威脅。

身為合眾國總統，我號召全國人民做出這種努力，我以祖國的名義發出這一號召，因為我們熱愛她、尊敬她，我們以能為她服務而感到自豪和榮幸。我堅信，我們的共同事業必將取得巨大的成功，我向我們的人民發出這一號召。

099　羅斯福政府在大戰爆發前保持中立，非軍事物資也須「現購自運」。1939 年 12 月，邱吉爾致信羅斯福，表明英國非常需要美國的裝備與物資，但無力購買。此時羅斯福欣然考慮用租借的名義給英國提供援助，因而使美國成為「民主制度的兵工廠」。

100　二戰初期，大多數歐洲國家淪陷，許多國家的政府人士紛紛流亡英國，建立抵抗政府，共商反法西斯大計，整合武裝力量支援英國和在本國進行游擊戰爭。

爐邊談話 Fireside Chats

宣布全國進入無限期緊急狀態
—— 1941 年 5 月 27 日　星期二

　　這是最長一次「爐邊談話」。篇中，羅斯福揭露了以希特勒為代表的
法西斯建立所謂「新世界」的醜惡行徑，暗示美國應拋棄那種能倖免於這
場世界性大戰的幼稚想法。在這次最長的談話中，羅斯福不厭其煩地展示
了法西斯侵略之下的種種現實和可能景象，極盡耐心地號召並敦促美國各
界人士放棄孤立主義的傳統做法。在結束談話之時，羅斯福宣布全國進入
無限期的緊急狀態，使武裝力量處於戰備狀態。

　　我的美國同胞、我的朋友：

　　今晚我在白宮發表講話，在座的有泛美聯盟[101]理事會理事、加拿大
公使及他們的家人。該委員會的成員有駐華盛頓的美國各加盟共和國的
大使及部長們。我在此時發表講話是十分恰當的，因為美國各共和國的
統一對我們每一個人及全世界的自由事業從沒有像現在這樣重要。我們
的未來 —— 我們未來的獨立，都與我們的姐妹共和國的獨立有著密切的
關聯。

　　我們面臨的迫在眉睫的問題是軍事問題，尤其是海軍問題。在那些充
滿渴望的思想家或感傷主義者看來，這些問題我們無法解決。我們所面臨
的是冰冷的、嚴峻的現實。

　　第一個事實是已經開始的歐洲戰爭已經升級為統治世界的戰爭，這也
正是納粹一直以來所想達到的目的。

101　泛美聯盟（Pan-American Union）是美洲國家的國際組織，現稱「美洲國家組織」。1890 年 4 月
　　14 日，美國與拉美 17 個國家在華盛頓舉行第一次美洲國家會議，決定建立美洲共和國國際聯
　　盟，1910 年易名為「泛美聯盟」，1948 年改為今名。該組織的機構有大會、常設理事會等，總
　　部設在華盛頓。

　　阿道夫‧希特勒（Adolf Hitler）從未把征服歐洲作為自己的終極目標，征服歐洲只是朝征服所有其他大陸的終極目標邁出的第一步。只有用強而有力的方法制止希特勒主義[102]的推進，否則西半球將處於納粹毀滅性武器的打擊之下，這一點是顯而易見的。

　　為了自身的防禦，我們也相應地採取了某些明顯必要的措施：

　　首先，我們已與其他的共和國締結了一系列條約，這將進一步鞏固我們這半球來應對共同的危險。其次，一年前，我們開始並成功實施有史以來最大規模的軍隊建設計畫。

　　我們對海軍的投入大大增加了。我們已經聚集了人力來建設一支新的軍隊。這只軍隊早已具有了光榮傳統。

　　我們建立了支持民主的援助政策 —— 援助那些為了人類自由的延續而抗爭的國家。

　　這項政策始於戰爭爆發的第一個月，當時我敦促國會廢除了中立法中的武器禁運條款。在 1939 年 9 月的咨文中我談到，「我真想能具備這樣的能力給人們希望，讓籠罩在地球上空的陰影快速逝去。但我沒有這樣的能力。現實迫使我必須如實的做出聲明：黑暗即將來臨。

　　在這之後的幾個月中，陰影越來越黑暗，越來越延展。黑夜籠罩著波蘭、丹麥、挪威、荷蘭、盧森堡以及法國。

　　1940 年 6 月分，英國在獨自與已征服了它的同盟國的恐怖戰爭機器抗衡，我國政府緊急運送武器以滿足英國戰爭需求。1940 年 9 月分，我們與英國達成一項協議，出售給英國 50 艘驅逐艦以保衛重要的近海基地。

102　希特勒主義（Hitlerism），希特勒主張的調整全球版圖、建立「新世界」的一系列專制恐懼思想、政策，略同於納粹主義。羅斯福在「爐邊談話」中除使用納粹主義、法西斯主義外，也多次使用希特勒主義這一概念。

爐邊談話 Fireside Chats

1941 年 3 月，國會通過了《租借法案》，[103] 並批准 70 億美元以實施該法案。該法案規定，只要總統認為對美國的防禦是至關重要的，將給予任何國家和政府以物質上的援助。

為捍衛民主的整個援助計畫，基於對我們自身安全考慮以及對我們賴以生存的文明世界的安全考慮。我們援助的每一美元的物資都將發揮一份作用，將獨裁者阻擋在我們的半球之外。每拖延一天都將使我們有更多的時間生產製造更多的槍枝、坦克飛機和戰艦。

我們的援助是出於我們自身的利益考慮，這一點我們絲毫沒有掩飾。英國了解這一點，納粹德國也不例外。

如今，一年過去了，英國仍在英勇的戰鬥，戰線拉得極長，到處硝煙密布。 我們日復一日的加大生產力度。戰略物資的供應是為了我們自己，也為了英國和中國 —— 最終是為了所有的民主國家。

戰略物資的供應不會減少，只能增加。隨著援助的不斷加大，美國以及其他共和國在今天的局面下起草聲明了他們的路線方針。

你們的政府應該知道如果希特勒獲勝將會強加給你們什麼樣的條件。這只能是一些這樣的條款，基於這些條款該政府接受一種所謂的「談判換來的」（negotiated）和平。

根據這些條件，德國將重新劃分世界 —— 在廣闊的領土上升起納粹萬字旗，按自己的意願建立傀儡政府，這些傀儡政府將完全服從於納粹征服者的意志以及政策。

勝利後的希特勒會對美國人民說：「我完全心滿意足了。這是我將尋求的最後的領土再調整」。這和希特勒在慕尼黑及占領了奧地利和捷克斯

103　《租借法案》（The Lend-Lease Bill）是美國援助英國及其他反法西斯國家裝備和物資的法律，1941 年 3 月羅斯福簽署。該法案准許總統對他認為的「其防務對美國國防至關重要的任何國家」，「出賣、轉讓、交換、租借或用其他方式處置」防務用品。

洛伐克之後所說的完全一致。當然了，他還會補充說：「我們所追求的一切是和平和友誼，以及在新世界中與你們互利的貿易往來。」

如果美洲人真的如此頭腦簡單和健忘並聽信這些甜言蜜語的話，將會發生什麼呢？

那些想在「新世界」中尋求利益的人們會堅持認為獨裁者所渴望的是「和平」。他們會反對為建立一支更強大的美軍付出艱苦的勞動及繳納高額的稅。而在這同時，獨裁者們會強迫被征服地區的「舊世界」的人們接受他們所建立制度 —— 獨裁者會建立強大的海軍和空間，目的在於控制大西洋以及太平洋。

獨裁者將會進一步加強對我們若干國家的經濟束縛。他們會尋找吉斯林[104]之流，以顛覆我們各共和國的政府。納粹必要時也會以入侵支持他們的第五縱隊。

對這一切我並非憑空想像。我只是在重複納粹已經對世界的政府計畫。納粹計畫像對待巴爾幹半島的國家一樣對待拉丁美洲的國家。他們計畫然後征服美國和加拿大。

美國的勞動者將不得不與世界其他地方的奴隸勞工競爭。最低薪資加上最長的工作時間？謬也：薪資和工作時間將由希特勒來定。人的尊嚴和力量以及美國人的生活水準將一去不復返。工會將成為歷史，工會與雇主間的談判將成為笑話。

農場收入？沒有了國際貿易農場的利潤會怎樣？美國農民用自己的產品所換到的將恰恰是希特勒想給予的（希特勒會這樣做的）。美國的農民將會面臨災難及徹底的統治。

104　吉斯林（V. A. L. Quisling, 1887 ～ 1945），第二次世界大戰期間挪威傀儡政府首腦。1940 年協助納粹德國侵占挪威，1942 年充當傀儡政府首腦。1945 年以叛國罪被處決。後來，吉斯林成為傀儡和內奸的代名詞。

爐邊談話 Fireside Chats

　　關稅壁壘——中國式的閉關鎖國——將會是徒勞的。自由貿易對我們的經濟生活是至關重要的。我們生產的糧食吃不完；我們開採的石油用不完；我們生產的商品消費不完。美國將不會有關稅壁壘將納粹的商品阻擋在國門之外，而納粹卻會有關稅壁壘來阻止我們的產品。

　　在這樣一種制度下，我們所熟知的整個生活結構——商業和加工製造業，礦業和農業——所有的一切都將遭受破壞，受到嚴重的影響。要想維持我們的獨立將需要永久性的動用我們的人力資源；這將大幅減少我們用於教育、住宅、公共事業、洪水防治以及健康保健的資金。取而代之，我們將永久性的將資源用於軍隊的建設。我們將年復一年，日日夜夜的警惕對我們城市的破壞。

　　是的，甚至是禮拜的權利也將受到威脅。納粹將除了希特勒不承認任何上帝。因為納粹將和共產主義分子一樣不承認上帝的存在。在這樣一個道德標準用背信棄義、行賄受賄以及是否是第五縱隊隊員來衡量的世界上，什麼地方會存在這樣的宗教去宣講人類的尊嚴以及人的靈魂的尊嚴？我們的後代不會也茫然地踏著鵝步 [105] 去尋求新的上帝嗎？

　　我們不會接受也不會允許納粹所設想的一切降臨到我們的頭上。如果我們能用勇氣和智慧去面對目前的危機，納粹的一切將不會強加於我們。正式憑藉這些勇氣和智慧是我們的國家在所有過去的危機中立於不敗之地。

　　今天，納粹已經用武力占領了歐洲絕大多數地區。在非洲他們已經占領了的黎波里和利比亞，並且正在威脅埃及、蘇伊士運河以及近東。但納粹的擴張計畫不會到此為止，因為印度洋是進入遠東的門戶。

105　鵝步（goose-steeping），正步走。源自德國前身普魯士陸軍。後來納粹德國把這種鵝步發揮到了極致。在西方社會，鵝步往往與納粹、法西斯、極權連繫在一起。

納粹的鐵騎將會在任何時候占領西班牙和葡萄牙，不僅會威脅到法國、北非和地中海的西海岸，還會威脅到大西洋的要塞達卡、以及我們新大陸的前哨 —— 亞速群島和維德角群島。

是的，只用 7 個小時轟炸機和運輸機就會從維德角群島到巴西。維德角群島是進出南大西洋的要衝。

戰火即將燒到西半球的邊緣。即將燒到我們的家門口。

納粹部隊占領並控制大西洋的任何島嶼都將危及北美及南美的安全，危及到美國對這些島嶼的所有權，進而最終危及美國本土的安全。

要不是有下列兩個因素，希特勒征服世界的計畫即將得逞。一個因素是英國的英勇抵抗，包括英的殖民地，英聯邦的自治領土。這些抵抗不僅保護了英國本土，也保住了近東和非洲。另一個因素是中國對法西斯的抗擊。我有理由相信中國抗擊法西斯的力量將不斷強大。上訴的兩個因素結合起來阻止了軸心國對海洋的控制。

軸心國將永遠無法達成控制世界的目標，除非他們先控制了海洋。這是他們今天的終極目的。為了達成這個目的，軸心國必須占領英國。

然後軸心國將騰出手來征服西半球。任何欺騙性的理由、任何煽情以及任何虛假承諾都無法欺騙美國人們相信希特勒及其他軸心國在征服英國之後不會無情地進攻我們的西半球。

但是如果軸心國無法控制海洋，他們將注定失敗。他們統治世界的夢想也必將落空。發起這場戰爭的戰爭罪犯的頭領們也必將面臨最終的審判。

他們和他們的人民懂得這一點，他們及他們的人民也害怕這一點。這也就是為什麼他們會不惜一切、代價孤注一擲地要奪取對海洋的控制權。一旦被拖入曠日持久的地面戰爭，納粹的鐵蹄將無法踐踏歐洲大陸成千上

萬無辜的受壓迫的人們。最後整個納粹組織將會瓦解。請記住，納粹在陸地上戰線拉得越長，他們也將面臨的危險就越大。

我們不應忘記那些受壓制的沉默的民族。那些沒有被納粹殺掉並逃到自由國度的德國的主人們，他們便是那些沉默的民族，他們的後代也將是奴隸。但是這些民族在精神上並未被征服：奧地利人、捷克人、波蘭人、挪威人、荷蘭人、比利時人、法國人，希臘人、南斯拉夫人—— 是的，甚至是那些被奴役的義大利人和德國人，都是強大的力量將最終使納粹統治崩潰瓦解。

自由意味著生存，並不意味著要征服其他民族。所有的自由都將取決於海洋的自由。整個美國歷史—— 無論是北方，中部還是南方的歷史—— 都必然和這些話聯繫在一起：海洋的自由（freedom of the seas）。

自 1799 年也就是 142 年前，當我們年輕的海軍保護西印度群島、加勒比海以及墨西哥灣使之成為美國船隻航行的安全海域，自 1804、1805 年當我們的海軍保護所有的商船免受巴巴里[106] 海盜的劫掠；自 1812 年戰爭以來，每次戰爭也是為了捍衛水手的權利；自 1867 年以來，我們海軍的強大，足以使墨西哥人將拿破崙[107] 得到法國軍隊驅逐出國門成為可能，我們就一直在努力捍衛海洋的自由—— 我們海上運輸的自由、我們姊妹共和國之間貿易的自由、捍衛所有的國家利用海上高速公路貿易的自由—— 也為了我們自身的安全。

第一次世界大戰期間，我們能夠利用死凹形的驅逐艦、炮艇和驅逐艦為商船護航。這種模式，也叫護航，對付潛艇也非常有效。在這次二戰中，問題要大得多。這次不同的是納粹的攻擊對海洋自由貿易的威脅是以

106　巴巴里（Barbary），過去對埃及以西的北非地區的稱謂。
107　路易・拿破崙（Napoléon III，1808～1873），又稱拿破崙・波拿巴，即拿破崙三世。在位時曾先後發動包括墨西哥的掠奪性戰爭。

往的 4 倍。首先潛艇的威脅增大了。其次，他們大量使用了裝備精良的驅逐艦和戰列艦。第三是來自轟炸機的威脅。這些轟炸機能夠摧毀距基地 700 或 800 英里之外的商船。第四，轟炸機能摧毀停泊在世界各地港口的商船。

大西洋上的戰火已經從冰封水域的北極地區蔓延到冰天雪地的南極洲。在這廣闊的區域內被納粹的艦艇和潛艇擊沉的商船數量驚人。甚至有相當數量的掛中立國旗幟的商船被擊沉。這些區域包括南大西洋、西非沿海和維德角群島、亞速群島、美洲海岸以及格陵蘭和冰島。被擊沉商船有相當數量發生在西半球水域。

一個不爭的事實是：我披露這些因為我十分了解英國政府。納粹擊沉商船的速度是英國造船廠彌補這些損失船隻的速度的 3 倍，比如今英美兩國商船建造數量的 2 倍還要多。

我們可以同時採用兩種措施來應對這種危害。加快造船速度並增加我們的造船計畫。其次，減少海洋上商船的損失。

對沿海商船的攻擊實際上是對美國本土構成了軍事威脅。而美國本土是我們決心要捍衛的。具備強大攻擊力的納粹戰艦出現在西半球水域也使這種危險更加突顯出來。

眾所周知，英國的絕大多數供給都是走北方線路，靠近格陵蘭島和冰島。德國攻擊的重點也在這條線路。納粹占領格陵蘭島或在冰島擁有基地將把戰火燒到我們的海岸。因為這些地方是到紐芬蘭和新斯科細亞[108]的跳板。是的，也是到達美國的跳板，包括我們的工業中心以及美國北部、西部和中西部。

108　這裡的拉布拉多、紐芬蘭、新斯科細亞都是加拿大半島或島嶼，位於北美洲的東部，是從海上進入北美東部的門戶。

175

爐邊談話 Fireside Chats

同樣，如果德國占領並控制亞速群島和維德角群島將會直接威脅到大西洋航行的自由以及美國本土的安全。這些島嶼一旦落入德國人手中將會成為潛艇、軍艦以及空軍基地。這些潛艇，軍艦及戰機將會直接襲擊我們沿海的水域並攻擊南大西洋上的運輸船隻。這些基地將為德軍攻擊巴西提供跳板，威脅巴西的領土完整與獨立，也將威脅到巴西的鄰國。

我已經多次談到美國正在調動人力、物力，其目的是為了自身的防禦，擊退敵人的進攻。在這裡我重申我說過的話。說到「進攻」，我們一定要面對現實，一定要把它與現代戰爭的閃電速度聯繫在一起。

有些人可能會認為直到炸彈落在了紐約、舊金山、紐奧良或芝加哥的街頭我們才是受到的攻擊。我們必須從被納粹占領的每一個國家的命運中得到教訓，一定不能對這些教訓視而不見。

對捷克斯洛伐克的攻擊始於對奧地利的征服。對挪威的攻擊始於對丹麥的占領。對希臘的攻擊始於對阿爾巴尼亞和保加利亞的占領。對蘇伊士運河的攻擊始於入侵巴爾幹和北非。對美國的攻擊可能會始於對這些基地的控制，這將威脅到美國的安全，無論是北方還是南方。

沒有人能夠在今天晚上預言，獨裁者對西半球和我國本身發起攻擊的進攻會在何時發動。但是我們清晰地認知到，等候敵人將戰火燒到我們的家門口無疑於坐以待斃。

當敵人的坦克和轟炸機出現在你的家門口，知道你看清敵人的面孔還不採取任何行動，你將永遠也弄不清楚是什麼在攻擊你。我們明天的邦克山[109]可能是距波士頓和麻薩諸塞州數千英里之外的地方。任何對美國的版圖有所了解的人，任何對現代戰爭突然爆發的驚人破壞力略知一二的人都

109　邦克山（Bunker Hill）是波士頓北郊的一座小山，美國獨立戰爭的第一次戰鬥在此進行（1755年6月17日），英軍在戰鬥中獲勝。

應該知道，讓潛在的敵人獲得立足點再來攻擊我們是多麼的愚蠢。常識要求我們要運用戰略首先阻止敵人獲得這樣的立足點。

因此，我們已經擴大了在北大西洋及南大西洋水域的巡邏。派往該地區巡邏的船隻和飛機在不斷增加。眾所周知，大西洋艦隊的軍力在過去的一年中大大增強，並且還在不斷增強。

這些戰艦和戰機向來犯的敵人發出了警告，無論是海面上的、水下的還是空中的。如果敵人所處的方位我們一清二楚，來自敵人襲擊的威脅就會大大降低。這樣我們可以得到預警。我們會警惕納粹在靠近我們的半球建立軍事基地。

殘酷的戰爭現實迫使所有的國家為了自我防禦做出抉擇。有人會說：「我堅信要捍衛所有的西半球國家，」過後可能又會說：「直到敵人在我們的海灘登陸我才會為包圍祖國而戰。」這樣說是沒道理的。如果我們堅信所有美洲國家的獨立與領土完整，我們應主動為之而戰，去捍衛它們就如同捍衛我們自己的家。

我們必須認知到我們自己在美國家園的安全，哪怕是處於美國的中心，也與加拿大的新斯科細亞、千里達以及巴西的安全緊密相連。

因而，今日的美國國策如下：

首先，我們將積極地調動一切力量來抵制納粹征服西半球，威脅西半球的一切企圖。我們將積極抵禦納粹控制海洋的一切企圖。我們堅持阻止希特勒在世界的任何地方建立針對美國的軍事基地。這一點十分重要。

其次，在海軍以及其他軍事方面我們將給予英國以一切可能的援助，也將給予那些武裝抗擊希特勒及其軸心國國家的國家一切可能的援助。我們的巡邏將有助於確保這些軍需物資運抵英國。我們將會採取一切其他的措施來提供這些物資。我們還將採取進一步的措施及一些綜合性措施。軍

爐邊談話 Fireside Chats

事技術專家將和我一道拿出這些措施並在必要時付諸實施。

我想說，給英國軍需物資是絕對比要的。我想說的是：這一點我們能做到，必須做到，也將會做到。

對其他美洲國家 —— 20 個加盟共和國以及加拿大，[110] 我想說的是：美國不僅僅是提出這樣一些打算，而且正積極地將這些想法付諸實施。

我還要作進一步的補充：你們完全可以對那一小撮美國人的所作所為置之不理。他們一直在爭論不休，說什麼美國尚未統一，無法採取行動。

我們當中不乏膽怯之人。這些人認為我們應不惜一切代價保持和平，以免永遠失去自由。對這些人我要說：在歷史的長河中沒有任何一個國度用抗爭成功地捍衛了民主卻失去了民主。我們不能因為威脅而不戰自敗，而我們正在為抵禦這些威脅做準備。我們的自由表明我們已經具備打贏這次戰爭的能力，而投降只能使自由不復存在。我們唯一恐懼的事情是恐懼本身。

的確，我們當中存在那麼一少部分真誠的愛國人士，他們對和平的熱愛使他們對國際上醜惡的強盜行徑視而不見，也是他們沒有意識到不惜一切抗擊納粹的必要性。我確信他們是因為正在接受敵人的支持而感到為難。這些民主的敵人包括：同盟分子、[111] 法西斯主義者、共產主義者以及那些醉心於種族及宗教偏執排斥行為的團體。這些民主的敵人提出的這些論據絕非巧合 —— 他們的一切企圖是混擾亂我們的意識並瓦解我們的人民並最終摧毀大眾對政府的信心 —— 所有的失敗主義者的預言：英國和民主制度將被打敗 —— 所有自私者的允諾：我們能夠和希特勒做貿易 —— 所有這一切說法都來自納粹宣傳機構。相同的說法也曾出現在其

110　當時的泛美聯盟包括美國及其他 20 個拉丁美洲國家，加拿大還不是該組織成員。現在的美洲國家組織成員包括美國、加拿大和 35 個拉美國家。

111　同盟分子（Bundists），指 1930 年代親納粹的美籍日爾曼人組織 Bund 的成員。

他國家 —— 目的是恐嚇他們、瓦解他們並削弱他們抵抗的意志。無論在哪裡，這樣的說法便是軍事進攻的序曲。

你們的政府有權希望你們的公民參與到共同防禦的事務中來 —— 也有權在這一刻退縮。

我已經籌建了全民抗戰的機制。這種機制將在每一寸國土中迅速建立起來，這將取決於每一位公民的齊心協力。所有的公民都將有機會、有責任履行自已的義務。

今天的防務遠非戰鬥那麼簡單。它意味著正規軍、士氣還有全民抗戰；他意味著利用一切可以利用的資源；它意味著擴建每一個能為抗戰所用的工廠；它意味著美國人應該用常識對一切謠言和歪曲的說法置之不理。它意味著我們應認知到那些謊話連篇的納粹分子以及第五縱隊分子要把戰火在這一刻燒到我們的祖國。

眾所周知，近些年來我們已經取得了長足的進步。我們想保持並加快這種進步。然而，就像今天這樣，當我們的國家面臨外敵入侵的威脅，國防物資的生產和運輸就不應當被這樣的爭論所打斷：投入多少資金及如何使用資金和勞動力。我們的企業的未來，包括資金和勞動力都已經處於危險中了。

如今已沒有時間讓資本去創造剩餘價值，也不容許我們這樣做。全國所有的工業企業都必須毫無爭議地轉入戰備物資的生產中來。

調節工業糾紛的全國性機構已經開始建立。這個機構必須馬上開始運轉，必須馬不停蹄地工作。集體性的協商談判將會保留，但美國人期望政府在調節工業糾紛的服務中能隨後拿出資金和勞動力方面的公正的建議。

絕大多數美國公民期望政府確保戰備物資的生產。為了確保資方和勞動力雙方的民主權利，政府決心調動一切力量來展現人民的意願並阻止一

切對戰備物資生產的干預。這些戰備物資對美國的國家安全是至關重要的。

今天，整個世界已經兩極分化：一是奴隸制，他們代表的是異教徒的凶殘；另一種則是崇尚人的自由，展現基督教的理想。

我們會選擇人類的自由，它展現基督教的理想。我們當中沒有人會在勇氣或信仰方面有一絲一毫的動搖。

我們不會接受由希特勒主宰的世界。我們也不會接受這樣一個世界，就像 1920 年代第一次大戰之後的世界，希特勒的納粹主義死灰復燃並四處蔓延。我們只會接受這樣一個世界：人們能夠暢所欲言 —— 每個人都自由地用自己的方式崇敬上帝 —— 沒有貧困，也沒有恐怖主義。

難道這樣的世界真的無法實現嗎？

《大憲章》、《獨立宣言》、《合眾國憲法》、《解放宣言》以及人類歷史上每一個里程碑 —— 所有這一切理想似乎都難以企及 —— 然而他們最終都得以達成了。

當剛剛獨立的時候，我們的軍事力量還相當薄弱，但我們卻成功地擺脫了專制君主制度。當時他們也是十分強大，但如今已化作歷史的塵埃。

當時，我們成功的希望十分渺茫。難道在今天，我們已經具有了一切潛在力量，卻還要猶豫是否採取必要的措施來維護美國的民主嗎？我們的人民和政府會毫不猶豫地迎接挑戰。

身為團結一致、意志堅定的一國國民的總統，我鄭重宣布：

我們重申我們亙古不變的原則：海洋的自由。

我們重申我們 21 個加盟共和國以及包括加拿大在內的患難與共，共同維護西半球的獨立與完整。我們保證給予世界上其他民主國家以物資上的支援，並且一定會履行我們的諾言。

我們美洲人會自己做出判斷，美洲的利益及安全是否會受到威脅，何

時何地會受到威脅。我們將毫不猶豫地使我們的武裝力量處於戰備狀態。我們將毫不猶豫地用武力驅逐外敵的入侵。我們重申不變的信念：堅信依據憲法的共和制國家的生機與活力。這樣的國家將自由永存，寬容常在，永遠聽從上帝的旨意。

因而，意識到我對我的同胞，對國家的事業我所肩負的責任，今晚我發表聲明：全國進入無限期的緊急狀態，傾舉國之力壯大我們的國防力量。

國家期望每一位公民及每一個團體要傾全力參與其中，履行自己應盡的義務，並堅信民主一定會取得最終的勝利。

在這裡，我引用《獨立宣言》簽署者們的話：為數不多的愛國者，很久以前與強敵交戰，力量對比懸殊。但正如今天我們可以確定的是：我們是最終的勝利者。我們彼此用生命，財富以及我們的人格發誓，堅決捍衛神聖上帝。

談維護海洋的自由
—— 1941 年 9 月 11 日　星期四

　　1941 年 9 月 11 日，美國驅逐艦遭到德國潛艇的攻擊。就在當天晚上，羅斯福再次來到白宮的壁爐前，用他那堅定的聲音向美國民眾發表了此次談話。他憤慨地說：「當響尾蛇擺開架勢要咬你的時候，你不能等牠咬了你才把牠踩死。」他指出，德國人「攻擊懸掛美國旗幟的船隻時，也就威脅到了我們最為寶貴的權利」。美國從徹底走出了孤立主義，有限地參與反法西斯戰爭。

　　合眾國海軍部向我報告，9 月 4 日上午，合眾國驅逐艦「格瑞爾號」（Greer）駛往冰島途中抵達格陵蘭島的西南部。她裝載的是寄往冰島的郵品。船上懸掛美國國旗。她作為美國船隻不存在識別錯誤的可能。

　　「格瑞爾號」在當時當地受到了潛艇的襲擊。德國承認那是一艘德國潛艇。這艘潛艇對「格瑞爾號」發射了魚雷，隨後又進行了第二次魚雷攻擊。無論德國的宣傳機構如何辯解，也不管美國的阻撓美國參戰者組織是如何看待這次事件，我要告訴你們這樣一個事實，德國潛艇在事先沒有發出任何警告的情況下攻擊了美國的驅逐艦，並蓄意擊沉她。

　　當時，我們的驅逐艦正處在合眾國政府宣布的自衛水域 —— 大西洋環繞保護美國的前哨水域之內。

　　在北大西洋，我們已經在冰島、格陵蘭以及紐芬蘭建立了軍事基地。懸掛多國旗幟的船隻都要駛經這片海域。這些船隻裝載的是用於百姓生活用品。它們也裝載軍需物資。經國會批准，美國在這些軍需物資上花費了數十億美元，這對我們本土的防禦是絕對必要的。

　　在執行合法任務的途中，美國的驅逐艦卻受到了攻擊。

潛艇發射魚雷時，如果看清了這是驅逐艦，那麼這種攻擊就是針對美國艦隻的一種蓄意的行為。另一方面，如果潛艇當時是在水下航行，借助聲納裝置，沒有經過身分識別就美國驅逐艦聲音傳來的方向發射魚雷 —— 這也正是事後德國官方公報所辯解的，那麼這種行徑就是更加不可饒恕的。因為這表明了一種針對海上航行船隻不分青紅皂白的暴力政策，無論你是交戰方還是非交戰方。

這是赤裸裸的海上掠奪，無論在法律上還是在道義上。這不是第一次也不會是最後一次德國針對美國船隻犯下海上掠奪行徑。因為這樣的攻擊一次接著一次。

幾個月前，懸掛美國國旗的「羅賓·摩爾號」（Robin Moor）商船被納粹潛艇在南大西洋中部擊沉。這種行徑違背了國際法，違背了人類的基本準則。乘客及船員被迫在距陸地數百英里的海面上搭乘救生艇，這直接違背了國際協議。幾乎所有的國家包括德國在內都在這份協議上簽了字。納粹政府沒有道歉，沒有辯解更沒有賠償。

1941 年 7 月，一艘美國軍艦在北美海域上被一艘德國潛艇跟蹤，並在很長時間內設法進入攻擊狀態。潛艇上的潛望鏡清晰可見。當時在事發地點數百英里之內沒有美國及英國的潛艇，所以這是一艘德國潛艇無疑。

5 天前，正在巡邏的美國軍艦搭救了「塞薩號」（S. S. Sessa）的 3 名倖存者。當時這艘船懸掛的是我們的加盟共和國巴拿馬國旗。8 月 17 日，在事先沒有得到任何警告的情況下遭到魚雷襲擊，然後是炮擊。船上裝載的是運往冰島的民用物資。令人感到恐懼的是船上的其他成員已溺水身亡。鑑於德國潛艇時常出沒於該地區，不難猜出誰是襲擊者。

5 天前，另一艘美國商船「斯蒂爾·斯法爾號」（Still Seafarer）在蘇伊士的南部 220 英里的紅海上被德國飛機炸沉。這艘商船是駛往埃及港口的。

爐邊談話 Fireside Chats

　　4 艘被擊沉或遭到攻擊的船隻都是懸掛美國旗幟，可以清晰識別。有 2 艘是美國海軍船隻。在第 5 起襲擊事件中，被擊沉的船隻非常明顯地懸掛著我們的姊妹共和國巴拿馬的旗幟。

　　面對這一切，我們美國人仍然保持著克制的態度。我們的文明已使我們超越了這樣的想法，僅僅是因為某一個國家對我們的船隻的一次襲擊就必須與之開戰。今晚我的想法和我所說的一切與任何一次孤立的事件沒有直接關係。

　　相反地，我們美國人正從長遠的角度來審視某種基本原則以及一系列發生在陸地上和海洋上的事件。必須從整體上看待這些事件，把這些事件看作是世界格局的一部分。

　　肆意地誇大某一孤立事件，或僅僅因為某一次暴力行為就義憤填膺與一個大國的身分不相匹配。但對某些事件採取漠視的態度是愚蠢的，也是不可原諒的，特別是有證據表明這樣的事件不是孤立的而是一項整體計畫的一部分。

　　一個重要的事實是，這些肆意踐踏國際法的行徑清晰地表明這是蓄謀已久的針對美國的圖謀。它是納粹的圖謀，企圖破壞海洋的自由，由他們獨自完全控制並主宰海洋。

　　因為控制了海洋，就為他們進一步用武力控制美國及整個西半球鋪平了道路。納粹控制了海洋，美國以及其他加盟共和國的商船便失去了從事自由貿易的權利，除非屈尊於納粹政權，聽憑納粹的擺布。大西洋，我們自由、友好的海上貿易之路，將可能對美國的商業貿易、對美國海岸，甚至對美國的內陸城市都構成致命的威脅。

　　希特勒當局無視海洋法，無視所有其他國家公認的權利，擅自宣布大片的海洋，甚至包括西半球廣闊的海域都屬於禁區，任何船隻不得以任何

目的進入，除非冒著被擊沉的危險。實際上，在禁區之內以及禁區之外的廣闊海域上，納粹正任意地，不加任何警告地擊沉船隻。

納粹要控制海洋的企圖就如同納粹正在整個西半球實施的計畫，目的是一致的。因為希特勒的先遣人員 —— 不僅是他的特工，還有我們當中希特勒的走狗 —— 都在試圖為他在我們西半球「新世界」準備立足點，建立橋頭堡。一旦希特勒控制了海洋，這些立足點和橋頭堡馬上會投入使用。

我們十分清楚希特勒針對西半球新世界的圖謀。他的陰謀一個接著一個。

例如，去年顛覆烏拉圭征服的陰謀被該國政府採取的及時行動所瓦解。烏拉圭的鄰國予以全力支持。類似的陰謀發生在阿根廷，該國政府經過周密的部署阻止它。最近有發生一起企圖顛覆玻利維亞政府的圖謀。在過去的幾週裡我們發現在哥倫比亞有祕密的空軍基地，飛機起飛後很容易就飛抵巴拿馬運河。這樣的例子不勝枚舉。

為了達到最終主宰世界的目的，希特勒知道他必須要控制海洋。他必須要首先摧毀我們在大西洋上的海上運輸線。憑藉這條運輸線，這場戰爭我們就能夠繼續打下去，並最終消滅希特勒。要到達控制海洋的目的就要首先清除我們在海上以及空中的巡邏，就必須消滅英國海軍。

我想我有必要反覆對一些人進行解釋，他們總是認為美國海軍是戰無不勝的。而我要說前提是英國海軍得以倖存。我的朋友們，這只是簡單的算數題。

因為，如果除了美國整個世界都落入軸心國的統治之下，那麼軸心國在歐洲、英國以及遠東地區所擁有的造船設施將遠遠多於並超出美國的造船設施及造船的潛能。不僅僅是超出，而是超出兩至三倍，足夠讓軸心國贏得這場戰爭。即使美國在這種情況下動用所有的資源，試圖將海軍的艦

隻翻一番甚至是再翻一番，在控制了世界其他地區之後，軸心國將擁有人力和資源生產出多於我們幾倍的艦隻。

該是所有的美國人從浪漫的幻想中醒來的時候了，不要再幻想在納粹統治的世界裡美國人可以繼續幸福和平的生活。

一代人又一代人，美國為海洋的自由這一政策而抗爭。這一政策十分簡單但卻是一項基本政策。這項政策意味著任何國家將沒有權利遠離地面戰爭，浩瀚的海洋變成其他國家貿易的危險之地。

這始終是我們的政策，美國的歷史一次又一次地證明了這一點。

我們從早期的加盟共和國時期就運用這一政策，今天仍然在運用，不僅用於大西洋，還運用於太平洋以及所有的海洋。

1941 年納粹發起了無限制的潛艇戰，這種侵略行徑對美國歷史悠久的政策提出了挑戰。

很明顯，希特勒已經開始行動了，要毫不留情地廢除一切國際法準則，要用武力控制海洋。

所有綏靖政策鼓吹者的呢喃耳語，認為希特勒對西半球不感興趣；任何使人喪失警覺的催眠曲，認為浩瀚的海洋會保護我們遠離納粹的鐵蹄都不會對冷靜的、目光長遠的、現實的美國人產生任何的影響。

由於這些事件，由於德國戰艦的活動和所作所為，由於我們有確鑿的證據表明，當今的德國政府無視國家公約和國際法，對中立國家或人的生命沒有採取恰當的態度，我們美國人今天要不是要面對抽象的理論，而是要面對殘酷無情的現實。

對「格里爾號」的攻擊絕不是北大西洋上局部的軍事行動。這只是兩國交戰的小插曲。這只不過是納粹決心建立永久的世界新秩序的一個步驟。這種世界新秩序是基於物力、恐怖和謀殺。

　　我確信，納粹正在注視美國的一舉一動，注視我們是否會保持沉默，是否會讓納粹在繼續破壞世界原有秩序的路途上一路綠燈。

　　納粹對我們西半球的威脅已不再只是一種可能。危險已經近在眼前了。我們所面對的威脅不僅僅是軍事方面的，還要面對一切法律、自由、道德和宗教的敵人。

　　現在我們必須要正視現實，必須對這些要以武力征服世界，並永久性主宰世界的這些毫無人性的，肆意妄為的納粹者們說：「你們試圖要讓我們的子孫後代生活在恐怖主義和奴隸制之下，你們已經威脅到我們的安危，該是懸崖勒馬的時候了。」

　　對待那些擊沉我們船隻並屠殺我們公民的國際強盜，外交的習慣做法 —— 外交照會 —— 是沒有任何作用的。

　　由於沒有正視納粹所帶來的威脅，一個又一個嚮往和平的國家遭遇了滅頂之災。

　　合眾國絕不會犯這種致命的錯誤。

　　無論遇到任何暴力行為以及威脅行為，我們都一定要確保美國本土防禦的兩個保障。第一是為希特勒的敵人運送戰略物資的運輸線；第二是公海上我們船隻航行的自由。

　　無論我們將付出什麼，無論代價有多大，我們一定要擁有公海上合法貿易的自由。

　　我們不想與希特勒刀兵相見。但我們同樣不願意用這樣的代價維持和平 —— 聽憑希特勒攻擊我們的艦船和從事合法貿易的商船。

　　我認為，納粹德國的頭目們對美國人民或美國政府在今日或其他任何時候針對他們的所作所為所發表的言論不會予以太多的關注。僅僅依靠輿論的謾罵攻擊是不會使納粹垮臺的。

爐邊談話 Fireside Chats

在響尾蛇擺開姿勢要咬你的時候，你不能等到牠咬了你才把牠踩死。你要先發制人。

納粹的潛艇和水面快艇就是大西洋上的響尾蛇。他們對公海上的自由貿易之路構成了威脅。他們對我們的國家主權構成了挑戰。當他們攻擊懸掛美國國旗的船隻時，也就威脅到我們最為寶貴的權利。這些懸掛美國國旗的船隻是獨立、自由和生命的象徵。

所有的美國人都應當有清楚的認知，我們現在必須奮起自衛。對我方水域，對可以用作對我們發動進一步更大規模攻擊的水域持續不斷的攻擊，將必然削弱我們驅逐納粹的能力。

我們不要再做無謂的瑣碎分析。我們捫心自問，美國是否應當在遭受第 1 次攻擊時就奮起自衛，還是在第 5 次，第 10 次或是在第 20 次？

積極的防禦應當就在今天。

我們不要再做無謂的瑣碎分析。千萬不能這樣說：「除非魚雷擊中了我們，所有的船員和成員都溺水身亡我們才會奮起自衛。」

該是主動預防敵人的攻擊的時候了。

如果潛艇和水面快艇能在遙遠的水域向我們發起攻擊，那他們同樣也會在我們的近海發起攻擊。納粹的潛艇和快艇會出現在任何我們認為對美國的防禦至關重要的水域並發起攻擊。

在我們認為對美國的防禦至關重要的水域，美國的海軍和空軍不會再聽憑軸心國的潛艇潛伏在水下，軸心國的快艇在公海的海面上首先對我們發起致命的攻擊。

我們的大批艦隻和戰機日夜巡邏在浩瀚的大西洋上是為了履行一項職責：維護我們海洋自由的政策。這意味著擔負巡邏任務的美國艦隻和飛機會為所有的商船提供保護 —— 不僅是美國商船，也包括懸掛任何國家旗

幟的商船，只要是處在我方保護的水域中從事自由貿易。美國的海、空軍會保護他們免受潛艇以及水面快艇的攻擊。

這種情況歷史上早已有過。美國第二任總統約翰‧亞當斯當時就下令美國海軍清除大批出沒於加勒比海和南美海域的歐洲物資民船和軍用艦隻，因為這些武裝民船和軍用艦隻破壞美國的貿易。

第三屆美國總統湯瑪斯‧傑佛遜曾下令美國海軍阻止北非的海盜對美國及其他國家船隻的攻擊。

身為合眾國總統，這是歷史賦予我的職責。我的責任清楚明瞭，不容推卸。

當我們要為保衛海洋而戰時，這種戰爭行為責任不在我方。因為海洋對美國自身安全的防禦至關重要。我們的行為不是侵略，我們只是防禦。

但是，首先我們提出嚴正警告：從現在起，如果德國和義大利的艦隻進入我方海域，對該水域的保護對美國的防禦又是絕對必要的，他們要對此承擔一切後果。

身為合眾國武裝力量總司令，我下達命令馬上實施這項政策。

德國方面應對此負一切責任。除非德國一意孤行，置我方警告於不顧，我們不會開第一槍。

顯而易見，應對危機是總統的職責。毋庸置疑，我們必須捍衛主權國家的主權。鞏固我們的防禦，這是唯一可行的措施。我們發誓要維護西半球的和平。

我非常清楚實施這一措施的危險性。採取這樣的措施並非出於一時心血來潮。幾個月來我一直在沉思，在焦慮，在祈禱。為了保衛我們的國家我們只能如此。

歷史上美國人民也憑靠勇氣和決心面對過嚴峻的危機。今天，他們依

舊不會無所作為。

　　他們了解我們所遭受敵人攻擊的現狀。他們懂得針對敵人的攻擊勇敢防禦的必要性。他們清楚局勢要求我們保持清醒的頭腦和無畏的決心。

　　一個自由的民族有了這樣的精神力量，意識到了自己的責任，意識到自己所應扮演的角色，他們將得到上帝的幫助和指示，一定會堅決地抵抗眼前發生的對民主、主權和他們的自由的攻擊。

關於對日宣戰
—— 1941 年 12 月 9 日　星期二

　　這篇談話發表在「珍珠港事件」發生兩天的那個寧靜的晚上。美國已經正式對日宣戰，這象徵著它已經完全加入到世界反法西斯戰爭的行列中來。羅斯福說政府信任人民，會盡快公布各種事實，但同時希望人們核實消息、不聽謠言。接著談了「不遠的過去和未來」，側重談大後方的生產以及人民應該做出的犧牲。最後談到了已經吸取的教訓，「強盜邏輯統治下的世界，任何個人、任何國家都沒有安全可言」，而美國的參戰不是征服和破壞，而是為了一個新世界。

　　日本在太平洋上的突然襲擊[112]是 10 年來國際上發生的最不道德的行徑。

　　力量強大和狡詐善變的匪徒狼狽為奸，對整個人類發動了戰爭。他們的挑戰已經擺在美利堅合眾國面前。日本人背信棄義，破壞了我們兩國之間長期的和平。許多美國士兵死於非命，美國的艦船被擊沉，美國的飛機被摧毀。

　　合眾國國會及美國人民接受這種挑戰。

　　與其他熱愛自由的民族一道，我們正為了維護我們的權利而戰。為了美國與其他一切熱愛自由的民族生活得有自由，有尊嚴，我們無所畏懼。

　　我已經準備好了我們以往對日關係的全部紀錄準備遞交國會。它始於88 年前美國海軍準將佩里[113]對日本的造訪，止於上個星期天日本特使造訪

112　這裡的突然襲擊即眾所周知的日本偷襲珍珠港。

113　這裡的「造訪」指 1853 ～ 1854 年時美國海軍准將佩里率艦抵達日本，迫使日本改變政策而與西方建立貿易和外交關係。佩里（Pary, 1794 ～ 1858）為美國海軍軍官，在美墨戰爭中曾指揮海軍立功。海軍准將的軍銜已於 1899 年廢止，二戰期間暫時恢復後又廢除。

爐邊談話 Fireside Chats

美國國務卿，[114] 這兩名使節拜會前一個小時，日軍對我們的國旗、我們的軍隊和我們的公民進行了狂轟濫炸。

我可以充滿信心地說，不論今天還是一千年後，我們美國人一直致力於太平洋地區的和平，我們有足夠的耐心，也願意為之付出努力。太平洋地區的和平對任何一個國家來說，無論是國家大小，都是公正而榮耀的。不論今天還是 1,000 年後，對日本軍國主義公然的背信棄義，任何一個誠實的人都會抑制不住地表示憤慨和恐懼。

過去的十年中，日本在亞洲所遵循的方針與希特勒和墨索里尼在歐洲和非洲所遵循的方針如出一轍。今天，日本的所作所為甚至是有過之而不及。軸心國之間緊密勾結在一起。經過精心的預謀，在他們的戰略計畫中，全球所有的大陸，所有的海洋被視作一個巨大的戰場。

1931 年，10 年前，日本入侵中國東北 —— 未加警告。

1935 年，義大利人入侵衣索比亞 —— 未加警告。

1938 年，希特勒占領了奧地利 —— 未加警告。

1939 年，希特勒入侵捷克斯洛伐克 —— 未加警告。

1939 年稍後，希特勒入侵波蘭 —— 未加警告。

1940 年，希特勒突然入侵挪威、丹麥、冰島、比利時和盧森堡 —— 未加警告。

1940 年，義大利先後進攻法國和希臘 —— 未加警告。

今年，1941 年，軸心國進攻南斯拉夫和希臘發動，並控制了巴爾幹 —— 未加警告。

還是 1941 年，希特勒進攻蘇聯 —— 未加警告。

114　「日本特使的造訪」指：1941 年 12 月 7 日（華盛頓時間，星期日）日本偷襲珍珠港後，下午 2 時 21 分，兩名日本使節來到美國國務院，向國務卿赫爾遞交了日本與美國斷絕外交關係的聲明。

今天，日本進攻馬來西亞、泰國 —— 還有合眾國 —— 未加警告。

軸心國採用的都是一種模式。

如今我們已身處戰火之中。國家興亡，匹夫有責。

我們必須共同分擔一切關於戰爭命運的走勢：無論是好消息還是壞消息，失敗抑或是勝利。

迄今為止，一切都是壞消息。在夏威夷我們遭受重創。菲律賓的美軍，包括當地英勇的人民，日軍大兵壓境，處境艱難，但他們卻仍在頑強的抵抗。來自關島、威克島和中途島[115]的消息仍不十分明瞭，但我們必須做好準備，這三個基地隨時會淪陷。

毫無疑問，戰爭開始的最初幾天美軍的傷亡是巨大的。對那些在軍中服役官兵的家庭及他們的親屬我表示深深的擔憂。我只能做出鄭重的承諾，他們將很快得到消息。

政府充分相信美國人民的耐力，只要滿足兩個條件就會盡快向大眾公開事實。其一，消息經過官方確認；其二，公開所得到的消息不會給敵人任何直接或間接有價值的東西。

我懇切地要求我的同胞拒絕相信一切謠言。戰爭期間會大量充斥我方大敗的負面消息。這些消息需要核實，需要審視。

例如，我可以坦率地說在做出進一步調查之前，我沒有翔實的資訊說明在珍珠港我們損毀船隻的確切數字。直到我們弄清楚有多少損失是可以修復的，要用多久才能修復，沒人能說清損失究竟有多大。

再看另一個例子。週日晚有一則聲明，說一艘日本航空母艦被偵察到方位並在巴拿馬運河附近的海面被擊沉。當你聽到這樣聲明並被告知消息

115　這三個島嶼是夏威夷與美國本土之間的太平洋島嶼，戰略地位顯著。二戰期間，美日在中途島曾發生激烈海戰。

爐邊談話 Fireside Chats

來自「權威人士」時，從現在起你可以確信的是，戰時的「權威人士」絕不是什麼權威的人士。

我們聽到的很多謠言和報告都源自敵方。例如，今日日本聲稱珍珠港事件使日本在太平洋上完全占據了主動權。這種宣傳伎倆納粹已經用過無數次了。當然了，這種癡人說夢般的說法目的是散布恐懼情緒，在我們當中製造混亂，刺激我們洩露他們迫切想得到的軍事情報。

我們的政府不會落入敵人的圈套，合眾國人民也同樣不會。

我們每個人都得牢記，以往我們自由快捷的溝通和交流戰時要受到嚴格的限制。不可能全面，迅速並準確到地獲悉遠方的戰報。當涉及到海軍的軍事行動時就尤其是這樣。因為今日高度發達的無線電技術，各作戰部隊的指揮官們不可能的透過無線電報告他們的作戰行動。這樣的話敵人就會得到情報，也會洩露他們的方位及防禦或攻擊計畫。

不可避免，官方確認或否認軍事行動的報告會出現不及時的情況。但如果我們獲得了確切的情況，而敵人獲得這些情況也不會有所幫助，我們是不會對國民掩蓋這些情況的。

對所有的報紙和電臺，那些所有關乎美國人視聽的媒體，我要說的是：你們對國家，對戰爭持續的時間負有最為重大的責任。

如果你們覺得政府今天沒有披露足夠的事實真相，那麼你們完全有權這樣說。但是，沒有來自官方管道的事實依據，從愛國的角度出發，你們沒有權利去散布那些未經確認的報告，因而讓民眾相信這些是事實。

來自各行各業的每一位公民都肩負著同樣的責任。每一位士兵的生命，整個國家的命運都取決於我們每一個人履行自己責任的方式。

現在我想說一說過去發生的事以及我們的未來。法國淪陷已一年半，這時全世界在開始認知到這些來軸心國國家苦心經營的摩托化部隊的強

大。美國充分運用了這一年半的時間。認知到納粹可能很快對我們實施攻擊，我們開始大幅度地增強工業生產能力以滿足現代戰爭的要求。

我們贏得了寶貴的時間，把大批的戰略物資提供給所有抗擊軸心國的侵略，正在浴血奮戰的國家。我們的政策是基於這樣一個基本的道理：任何一個為了保衛自己的國家抗擊希特勒和日本侵略的抗戰，從長遠角度看都是在保衛我們自己的國家。這種政策實踐證明是正確的。它為我們提供了寶貴的時間建起生產線。

某些生產線目前已投入生產。其他一些正在加緊完工。大量的坦克、飛機、槍枝、戰艦、炮彈以及其他軍需品正源源不斷生產出來。這就是這18 個月時間為我們提供的。

不過，這些僅僅是我們所要做的第一步。面對如此狡猾，強大的敵人我們要做好打持久戰的準備。像珍珠港這樣的襲擊完全會在任何一個地方重演 —— 在整個西半球的任何海域或是美國的海岸線。

這不僅是一場持久戰，還將是一場異常艱苦的戰爭。這將是我們制定一切計畫的基礎，也是衡量我們將來需要什麼的標準：資金，原料，2倍、4 倍提升生產 —— 不斷地增產。生產不能僅局限於供給美國的陸、海、空軍，還必須支援整個美洲以及全世界與納粹作戰的陸、海、空軍。

今天我一直在探討關於生產的問題。政府已決定採取以下兩項基本政策：

首先，增加現有的生產。所有軍需品的生產要不斷加強，晝夜不停，包括原料的生產。

第二項政策也正在付諸實施。透過建立新工廠，擴建老工廠，領用小型工廠，加大生產能力以適應戰時需求。

在過去的十幾個月當中，我們遇到過阻礙和困難，有過分歧和爭執，

有些人甚至是漠不關心，麻木不仁。我相信所有這些都已經過去，都將被我們拋在腦後。

我們已經在華盛頓成立了一個由各行各業的專家組成的一個機構。我想國家清楚地認知到了把各行各業的專家整合到一起，形成前所未有的團隊力量。

前方的路更加艱辛：要做大量艱苦的工作，日日夜夜，每時每刻。

我還要補充的是，在不遠的將來，我們每個人都要做出犧牲。

但是，用「犧牲」這個詞並不準確。當國家在為生存和未來美好的生活而戰的時候，美國人從不認為為國家所做的一切是犧牲。

任何一位美國公民，能夠從軍為國而戰，這不是犧牲。這是一種榮幸。

任何一家工業企業，任何一位靠薪水度日的公民：農民或是店主，列車員或是醫生，繳納更多的稅，購買更多的國債，放棄額外的利潤，在適合自己的工作職務上加班的辛勤工作，這不是犧牲。這是一種榮幸。

響應國家的號召為了國家的抗戰需求而放棄我們平日習以為常的某些東西，這也不是犧牲。

今天上午經過反覆思考我得出這樣的結論，目前我們不必削減正常的食品消費。我們有足夠的糧食自給，同時還有餘裕供給那些站在我們一邊與敵人作戰的人們。

不過，有一點很明確，供民用的金屬會很短缺。原因很簡單，過去用於民用產品生產的一半以上的主要金屬要轉為軍用，因為戰爭的需求要加大軍需品的生產。是的，我們必須完全放棄某些東西。

我相信美國的每一位公民都在各自的生活中為打贏這場戰爭做好了準備。我相信隨著戰爭的進行，美國公民會願意傾其所有為美國的抗戰做出貢獻。當國家發出號召之時，我相信他們會願意放棄那些物資上的東西。

我英雄美國人民會保持昂揚的鬥志。沒有精神的力量我們將無法獲勝。

我重申，美國一定能夠取得最後全面的勝利。不僅要洗刷日本人給我們帶來的恥辱，還一定要最終徹底剷除世界上一切野蠻行徑的根源。

昨天我在致國會的咨文中說：「我們一定要確保這中背信棄義的行為永遠不再危及我們的安全。」為了確保這一點，我們必須馬上著手應對眼前的局面，徹底摒棄這樣的幻想，認為美國可以孤立於世界上所有其他的民族而存在。

過去的幾年裡，尤其是過去的 3 天，我們吸取了慘痛的教訓。

這是我們對死者的責任，這是我們對死者的後代及我們的後代負責，我們永遠也不能忘記這些教訓。這是我們神聖的職責。

以下是我們吸取的教訓：

強盜的邏輯統治下的世界，任何個人、任何國家都沒有安全可言。

當強大的敵人採取突然襲擊的方式發起攻擊，任何的防禦都不會是堅不可摧的。

我們已經認知到，雖然遠隔重洋，西半球北非高枕無憂，也同樣會受到納粹的攻擊。我們不能在用地理上的距離來衡量我們的安全。

我們應該承認，我們的敵人已經採取了十分高超的欺騙戰術 —— 精心的籌畫發起攻擊的時間和戰術。這是一種徹頭徹尾的無恥行徑，但我們必須要面對這樣的現實：現代戰爭中，納粹的作戰方式本身就是骯髒的。我們不喜歡這樣的方式也不想參與其中，但是我們已經參與其中了並且我們將傾其所有與之戰鬥到底。

我不認為有一位美國人會懷疑我們有能力給這些戰犯應有的懲罰。

你們的政府已經得知，幾個星期以來德國一直在告誡日本：日本如不攻擊美國，當和平到來之時日本將不能與德國一道分享勝利的果實。德國

197

爐邊談話 Fireside Chats

承諾日本：如果日本參與其中，日本將可以完全並永久性地控制整個太平洋地區：不僅是遠東，所有太平洋上的島嶼，還將控制北美、中美和南美的西海岸。

我們還知道，德國和日本正按共同的計畫實施軍事行動。這項計畫把一切與軸心國作對的民族和國家都視作是每一個軸心國成員的共同敵人。

這就是他們簡單而又野心勃勃的戰略思想。這也就是為什麼我們必須認知到我們必須要制定同樣的戰略。例如，我們必須認知到在太平洋上日本打敗美國就是在幫助德國針對利比亞的軍事行動；德國在高加索山脈地區軍事上的勝利必然是對日本在東印度的軍事行動的援助；進攻阿爾及爾及摩洛哥，就為德國經過南美和巴拿馬運河打開了通道。

另一方面，我們必須學會去了解，針對德國的遊擊戰爭對我們是極大的幫助，比如塞爾維亞和挪威的游擊戰爭；蘇聯抗擊德國對我們是極大的幫助；英國在任何一個地方陸地或海上的勝利也是對我們極大的幫助。

讓我們牢記，無論正式宣戰與否，當德國和義大利與英國和蘇聯處於戰爭狀態之時就已經與美國處於戰爭狀態了。德國也就將所有美國的加盟共和國納入敵人的範疇。西半球所有盟國的人們應當以此為榮。

我們所追求的真正目標絕不僅僅是在醜惡的戰場上。當我們訴諸武力的時候，就像現在我們必須要這樣，我們就已下定決心武力是針對眼前的和最終的邪惡。我們美國人不是破壞者，我們是建設者。

我們已捲入戰場戰爭。不是為了征服，也不是為了報復，而是為了一個新世界。美國及美國所主張的一切對我們的後代都是安全的。我們期望清除來自日本的威脅。但如果我們做到了這一點，卻發現希特勒和墨索里尼主宰了世界的其他地區，我們將依然身處威脅之中。

我們將贏得這場戰爭，也將贏得隨之而來的和平。

　　在目前以及在日後的艱苦歲月中，我們知道全世界大多數人都站在我們一邊。他們當中的許多人正與我們並肩戰鬥。所有的人都在為我們祈禱。因為我們的事業是共同的 —— 按上帝的旨意達成自由的希望。

談戰爭的進程
—— 1942 年 2 月 23 日　星期一

　　1940 年 2 月 23 日是美國開國總統華盛頓誕辰 209 年紀念日，羅斯福選在這個日子作「爐邊談話」，也許意在以當年華盛頓領導獨立戰爭的堅忍不拔來激勵民眾。這次談話中，羅斯福用了道具 —— 地圖，詳盡地概括、剖析了戰爭形勢，尤其是亞洲太平洋地區的戰況。他還呼籲民眾甩開流言蜚語，相信政府。接著，他提出了對大後方民眾一如既往的要求 —— 保證完成戰時的特殊生產任務。篇中這樣的句子同樣成了格言：「在國家危機之時，我們應該懂得並牢記這樣一個道理：國家對我們來說意味著什麼，我們應該為國家做些什麼。」

　　美國同胞們：

　　華盛頓總統的生日是一個非常恰當的場合，我們來探討一下今天以及將來我們要面對的事情。

　　在長達 8 年的時間裡，喬治·華盛頓和他的大陸軍[116]都一直面臨著無法克服的困難及無數次的失敗。補給和軍需匱乏。在某種意義上，每個冬季都是一個福吉谷。[117]所有 13 個州當中都有第五縱隊。還有自私者、妒忌者、膽小害怕者。他們都聲稱華盛頓的事業毫無希望，只有透過妥協談判達成和平。

　　打那時起，華盛頓艱苦歲月中的行為就為所有的美國人樹立了在精神上堅忍不拔的典範。他堅持自己的方針路線，這在《獨立宣言》中有明確

116　大陸軍（Continental Army）是美國獨立前美洲殖民地反抗英國殖民統治的軍事力量，由第二次大陸會議決定組建，華盛頓被任命為總司令。

117　福吉谷（Valley Forge），在賓夕法尼亞州境內。1777～1778 年間，華盛頓大陸軍以此作為冬季營地。當時的大陸軍缺吃少穿，處境極為艱難。

的表述。他和與他並肩戰鬥的勇士們深知，沒有自由及國家的獨立，個人的生命及財富也就沒有了保障。

目前的這場戰爭越來越讓我們認知到，個人的自由和財產的安全要取決於是否世界所有的地方都有民主和正義。

這場戰爭是史無前例的。它與以往任何一次戰爭都有所不同，不僅僅是在作戰方式和武器裝備方面，還在於戰爭波及範圍之廣。這場戰爭波及到了每一個大陸，每一個島嶼，每一片海域以及每一條空中航線。

所以我才要你們拿出並攤開一張世界地圖，跟隨我來看看這場波及全球的戰爭戰線之長。恐怕許多問題今晚找不到答案。但我清楚，你們能夠了解我不可能在每一次簡短的報告中涵蓋一切。

浩瀚的海洋一直被看作是保護我們的天然屏障，而現實它已經變成一個巨大的戰場。我們正不斷地受到敵人的挑戰。

我們必須看清並面對這樣一個嚴酷的現實：我們必須要在全球範圍內與敵交戰。

我們要在遙遠的地方與敵交戰，因為我們的敵人在那裡。源源不斷的補給使我們占有絕對優勢，無論何時何地我們都要堅持打擊敵人，即使在某一段時間內我們被迫放棄。實際上，每一天敵人都要付出慘重的代價。

我們要在遙遠的地方與敵交戰為了保護我們的補給線以及與盟軍之間的交通線。敵人正在竭盡全力，爭分奪秒地想切斷它們。納粹和日本的目標是將美國、英國、中國和蘇聯分割開來，各個保衛並切斷補給和增援。這就是軸心國的「分而殲之」（divide and conquer）的慣用伎倆。

有些人仍在考慮近海防禦。他們建議把所有的戰艦、飛機和商船都安排在我們自己的水域或領空，集中精力做最後的防禦。如果真是遵循這樣愚蠢的建議行事，我來告訴你們將會發生什麼。

爐邊談話 Fireside Chats

　　請看你們的地圖。請看遼闊的中國，那裡有數以百萬計的民眾正在浴血奮戰。請看遼闊的蘇聯，他們擁有強大的軍事力量。請看英吉利群島、澳洲、紐西蘭、印度、近東及非洲大陸，那裡蘊藏著豐富的自然資源和原料，哪裡的人們決心抗擊軸心國的侵略。再來看看北美、中美和南美，也同樣如此。

　　無論是敵人所為還是我們自己所為，如果所有這些蘊含大量人力、物力和財力的地區都被分割將會發生什麼將是顯而易見的。

　　首先，我們將無法再為中國提供任何的援助。5 年來，勇敢的中國人民抗擊了日本的侵略，殲滅無數日軍並摧毀大量的日本占領物資。援助中國進行英勇的抗戰並最終發起反擊是非常必要的，因為中國的抗戰是最終戰勝日本的重要因素。

　　其次，如果我們與西南太平洋的通道被切斷，該地區所有的地方，包括澳洲和紐西蘭，都將落入日本人手中。以這些地方為基地，日本就能夠派遣大量的艦船和飛機對西半球海岸發起大規模的攻擊：南美、中美、北美，包括阿拉斯加。同時，日本會立即出兵印度，穿過印度洋到達非洲及遠東，並盡力與德國和義大利合併一處。

　　第三，如果我們停止在地中海地區、波斯灣和紅海地區為英國和的蘇軍運送軍火，我們就是在幫助納粹，讓納粹的禍水在土耳其、敘利亞、伊拉克、伊朗、蘇伊士運河氾濫，當然還有整個西非海岸。這樣，德國便有了落腳點，能輕易攻擊南美，距南美只有區區 1,500 英里。

　　第四，如果實施這樣愚蠢的政策，我們將不再保護到英國和蘇聯的北大西洋補給線，這將嚴重影響並削弱蘇聯對納粹的反擊，也將使英國失去了食品和軍火的補給。

　　那些心存幻想、認為美國可以孤立生存的人們是想讓美國之雄鷹效仿

鴕鳥的做法。很多這樣的人擔心我們可能會引火焚身，他們想使美國這隻雄鷹變成烏龜。但我們還是要做雄鷹，在藍天上翱翔並對獵物發起猛烈的攻擊。

我知道，當我談到我們拒絕縮頭烏龜政策，我是在代表廣大美國民主的意願。我們將繼續推行既定的戰爭政策，在遙遠的戰場與敵交戰 —— 盡量遠離美國本土。

我們現在有 4 條主要的海上運輸線：北大西洋、南大西洋、印度洋和南太平洋。這些航線並非單一用途：運出部隊和軍火，運回我們急需的原料。

維護這些海上生命線是一項艱巨的任務，需要巨大的勇氣、大量的物力和財力。最重要的是，生產出大量的飛機、坦克和槍枝，當然還有運輸船隻來運送這些軍火。我再次代表美國民眾做出承諾，我們能夠並將完成這個任務。

保住這些世界範圍內的運輸線要求我們確保沿這些運輸線的海域和空中的安全，這反過來有取決於我們能否控制沿這些運輸線的戰略基地。

取得制空權要求我們同時擁有兩類飛機。首先是遠程重型轟炸機；其次是輕型轟炸機、俯衝轟炸機、魚雷飛機和短程驅逐機。所有這些在對基地的保護和對轟炸機自身的保護中都是必不可少的。

遠程轟炸機從這裡起飛可直達西南太平洋，但輕型飛機做不到。因而，輕型飛機只能用航空母艦運載。再來看一下地圖，你將看到航線相當長，許多地方都十分危險：無論是穿過南大西洋一直繞過南非和好望角，或從加利福尼亞州一直到中印度地區。任何一條航線往返一次都要將近四個月，一年也只能往返 3 次。

儘管路途遙遠，運輸難度大，在這 2 個半月時間裡，我們生產了大量

的轟炸機和驅逐機，如今正在西南太平洋地區與敵人每日交戰。成千上萬的美軍參加了太平洋戰爭。

在太平洋戰場上，最初日軍占有明顯的優勢。因為最初日軍的近程飛機可以利用太平洋的許多島嶼基地直接起飛攻擊目標，還包括中國沿海、印度支那沿海，以及泰國和馬來沿海的許多基地。日本可以從中國或日本本土穿過狹窄的中國海向南部運送部隊，全程都處於日軍飛機的保護之中。

請你們再看一下地圖，特別是夏威夷以西整個太平洋地區。戰爭開始前，菲律賓群島已被日軍三面包圍。西面，中國這一邊，日軍已經占領了中國沿海和印度支那沿海。北面，日本國土已幾乎延伸至呂宋島。東部，是託管的島嶼——日軍已完全獨占這些島嶼並駐有重兵，完全違背了日本的書面承諾。

夏威夷和菲律賓之間的這些島嶼有數百個。在地圖上這些島嶼就是一些星羅棋布的小點。但是它們卻具有重要的占領地位。關島位於這些島嶼的正中央，是一個孤零零的海上基地。島上有日軍重兵把守。

根據 1921 年的《華盛頓公約》，[118] 美國鄭重承諾不再向菲律賓增兵。在那裡我們已經沒有安全的海軍基地，所以我們不能利用這些島嶼進行大規模的海上軍事行動。

戰爭爆發之後，日軍馬上進軍菲律賓的兩翼，占領了菲律賓以南無數島嶼，從東西南北四個方面完全包圍了菲律賓。

正是這種完全的保衛，日軍岸基機擁有絕對的制空權，阻止了我們向菲律賓運送援兵和戰略物資。40 年來這一直是我們的戰略：倘若日本對菲

118　《華盛頓公約》（*The Washington Treaty*）即前文提到的華盛頓會議（太平洋會議）簽訂的《九國公約》等文件。

律賓群島發動大規模的進攻，我們不應當立刻發起反擊。我們應逐步退至巴丹半島和克雷吉多爾島。[119]

我們深知，這場戰爭總體上我們應當與日軍展開曠日持久的消耗戰並最終取得勝利。我們深知，隨著戰爭進程的發展，憑藉我們深厚的國力，我們比日本有更強的生產能力，並最終在海上、陸地和空中占據壓倒性優勢。我們深知，為了達到我們的目的，我們要在更多的地區採取各種軍事行動，而不應僅僅局限在菲律賓群島。

過去的 2 年中所發生的一切使我們更加堅定了我們的基本戰略。麥克阿瑟[120]將軍指揮的防禦戰之頑強遠超出了我們先前的估計。他和他所率領的勇士們的英名將流芳百世。

麥克亞瑟率領的菲律賓軍隊，美國軍隊以及駐紮在中國、緬甸、荷屬束印度群島的聯合國軍隊，都在執行同樣重要的戰鬥仜務。他們要讓日本建立「大東亞共榮圈」的狂妄野心付出慘重的代價。 每一艘在爪哇島附近海域被擊沉的運輸船都削弱了日本對該地區正在與麥克亞瑟交戰日軍的增援。

有人說日軍奪取了菲律賓群島是因為日軍採取了珍珠港事件一樣的突然襲擊。我想告訴你們原因未必如此。

即使日軍沒有發起突然襲擊，當所有的太平洋島嶼都處在日軍的掌控之中，跨越數千英里將艦隊派往該地區也是不可能的。

美軍在珍珠港事件中的損失被日軍肆意地誇大了，儘管損失十分慘重。這些誇大之詞都源自軸心國的宣傳機構。但我很遺憾地說，這些誇大

119　巴丹半島位於菲律賓呂宋島西部，是第二次世界大戰戰場之一。科雷吉半島位於菲律賓西北部（馬尼拉河入口處），1942 年 5 月日軍曾在此大敗美軍。

120　麥克阿瑟（D. MacArther, 1880 ~ 1964），五星上將。1936 年起任駐菲律賓美軍總司令，次年退役。1941 年恢復軍籍，任遠東軍總司令、西南太平洋盟軍總司令，參與指揮了遠東對日地面作戰。

的言辭被美國的民眾一遍一遍地重複。

　　我和你們一樣為這樣的美國人感到羞恥。自珍珠港事件以來，他們在私下談論或非正式地宣稱美國的太平洋艦隊已不復存在；在 12 月 7 日所有的艦隻都被擊沉或摧毀；1,000 多架飛機還沒起飛就被炸毀。這些人含糊其辭地暗示民眾，政府隱瞞了真實的傷亡數字，說什麼有 1 億 1,000 萬人或 1 億 2,000 萬人在珍珠港事件中遇難，而並非政府所公開的數字。他們甚至充當納粹的宣傳員，到處散布捕風捉影的消息，說一船一船的美國士兵的屍體即將運抵紐約港，將集體埋在公墓裡。

　　幾乎所有的軸心國的宣稱廣播 —— 無論是柏林、羅馬還是東京 —— 都在引用美國人自己的這類口頭的或是透過媒體的錯誤報導。

　　美國人應該懂得，在很多情況下，軍事行動的細節是不能透露的，除非我們確定公開這些細節不會為敵人提供他們還沒有掌握的情報。

　　政府對美國的民眾完全有這樣的信心：聽到最壞的消息，不會畏懼也不會喪失信心。反過來，公正應當對政府充滿信心，相信政府不會對大眾隱瞞真相，除非公開的資訊有利於敵人打擊我們。在民主的國度裡，政府和國民之間應當總是以誠相見。但在很多事情的處理上我們一定要慎之又慎。這一點對那些政府的批評者們來說也相同。

　　這就是戰爭。美國民眾想知道，也將會得知戰爭發展總體趨勢。但他們與我們的前線士兵一樣不會願意去幫助敵人。對我們當中那些流言蜚語和小道消息的散布者我們大可以不予理會。

　　甩開那些流言蜚語，讓我們來看看事實真相。12 月 7 日珍珠港事件中死亡的美軍官兵的人數是 2,340 人，受傷 946 人。所有停泊在珍珠港的戰船中，包括戰列艦、重型巡洋艦、輕型巡洋艦、航空母艦、驅逐艦以及潛艇，只有 3 艘完全喪失了戰鬥能力。

太平洋艦隊大部分艦隻並沒有停泊在珍珠港。某些停泊在珍珠港的艦隻也只是遭到輕微的破壞。其他一些受損的艦隻要不是重返戰場，就是正在維修。當這些戰艦維修完工之後，他們將擁有更加強大的戰鬥力。

有報告說我們在珍珠港損失了 1,000 餘架飛機，這像其他的謠言一樣是毫無根據的。日本人並不清楚珍珠港事件爆發當天他們究竟摧毀了我們多少架飛機，我也不會告訴他們。但我可以告訴你們，迄今為止我們擊毀日機的數量遠遠超出我們被擊毀飛機的數量，包括珍珠港事件在內。

我們當然也遭受了巨大的損失。這些損失不僅來自太平洋上的日本人，還來自大西洋上德國的潛艇。在戰爭的初期我們所遭受的損失還會更多。但是，我代表美國向全世界的人們承諾：我們美國已被迫做出了讓步，但我們將會收復失地。美國以及其他同盟國發誓要徹底消滅日本和德國軍國主義。我們的實力在日益壯大。不用多久，我們將發起反擊。我們，而不是他們，將獲得最終的勝利。我們，不是他們，將贏得最終的和平。

歐洲被占領的國家都深知何為納粹的統治。朝鮮和中國東北的人們也親身體驗到了日本的暴政。所有亞洲的人民都深知，如果想要擁有一個美好的未來，人人能有做人的體面和尊嚴，這種未來就要取決於盟軍的勝利，掙脫納粹的統治和奴役。

要想獲得真正的、持久的和平，或即使我們僅僅要保全自己，我們每一位公民要牢固樹立這樣一個信念：保證完成戰時特殊的生產任務。

德國、義大利和日本生產飛機、槍枝、坦克和艦船的能力已幾乎達到了極限。而同盟國還遠遠沒有達到，尤其是美利堅合眾國。

我們的首要工作是加大生產力度，夜以繼日地生產，已確保美軍能擁有海上優勢並擁有制空權 —— 不是略占優勢，而是要占絕對優勢。

爐邊談話 Fireside Chats

今年的 1 月 6 日，我確定了所要生產的飛機、坦克、槍枝和艦隻的確切目標。軸心國說這些目標是異想天開。今晚，也就是兩個月後，經過唐納德·尼爾森和其他負責生產的官員的仔細調查，我可以告訴你們這些目標即將達成。

在我們國家的每一個角落，專家和工人們都在為了國家而忘我地工作，夜以繼日的生產。除極個別情況，勞動者、投資者、和農場工人都意識到現在不是謀取超額利潤的時候，也不是彼此之間互相競爭的時候。

我們需要建立新工廠，擴充原有的工廠。我們需要工廠轉產以適應戰爭的需求。我們正需要更多的人來經營這些工廠。我們正夜以繼日的工作。我們意識到多生產出一架飛機、一輛坦克、一支槍或一艘軍艦或許就能在幾個月後改變遠方戰場的戰局，就可能會讓美軍的官兵少流血，少犧牲。我們深知，如果我們戰敗，將需要幾代人、幾個世紀才會讓民主的理念重生。除非我們不做更多的努力，除非我們把軍火都浪費在互相的摩擦上，否則我們是不會戰敗的。

對每一位美國人來說，這裡有 3 個崇高目標：

第一，我們應該不分晝夜的生產。如果我們中間產生分歧，我們應保留分歧，堅持生產，直到我們打贏這場戰爭。這些分歧可以透過調解或仲裁來解決。

第二，我們不應為某個團體，或某個職業謀求利潤，特權或利益。

第三，如果國家向我們發出呼籲，我們應當放棄某些便利並調整我們的生活習慣。我們應當欣然為之。我們不能忘記我們共同的敵人正蓄意破壞我們的家園和我們的自由。

這一代美國人已經認知到，有些東西比個人的生命和某些團體的生存更重要。個人有時候必須做出犧牲並樂於做出犧牲，不僅僅是個人的享

樂、私人的財物、與摯愛親人的交往，甚至還包括個人的生命。在危及時刻，在國家危在旦夕之時，我們應該懂得並認知到這樣一個道理：國家對我們來說意味著什麼，我們應為國家做些什麼。

軸心國的宣傳機構曾殫精竭慮的要瓦解我們的意志和士氣。由於收效甚微，他們正想方設法消除我們對盟國的信心。他們宣稱英國已經戰敗，蘇聯和中國也即將投降。有愛國心、有頭腦的美國人是不會相信這些荒唐之極的謠言。不去聽信納粹的宣稱，他們將會讓我們回憶起納粹德國和日本曾經說過，現在仍然在說的一些話。

自從美國為一切為民主而戰的國家提供軍火，自從美國頒布了租借法，所有軸心國的宣傳就有了一個永恆的主題。

這個主題便是：美國很富有；美國是個經濟強國，但是美國人很軟弱也很頹廢，他們是不會也不願意聯合起來並肩工作和戰鬥的。

從柏林、羅馬到東京，我們美國一直被描述成一個意志薄弱的民族 —— 一群「花花公子」，這個國家只會僱傭英國士兵、蘇聯士兵和中國士兵為其衝鋒陷陣。

現在讓他們重複這樣的說法！

讓他們把這樣的話告訴麥克阿瑟將軍和他率領的勇士們。

讓他們把這種說法重複給那些正在遙遠的太平洋上與敵人浴血奮戰的美軍官兵們。

讓他們把這種說法告訴那些正駕駛空中堡壘執行任務的空軍戰士們。

讓他們把這樣的話告訴我們的海軍陸戰隊隊員們。

聯盟國家之間的關係十分友好。這些國家各自獨立，彼此尊重，彼此平等對待。同盟國致力於共同的事業。他們共同分享並承擔一切：共同的熱情、悲痛、和戰爭帶來的巨大創傷。在這場我們已結為盟友的戰爭中，

爐邊談話 Fireside Chats

我們必須按同意的計畫行動，並扮演幾個角色。同盟國的每一個國家都是平等的，不可或缺的，並且互相依賴的。

我們有統一的指揮，我們團結合作，同仇敵愾。

我們美國人將擰成一股繩，願意付出犧牲，願意做出努力。這意味著舉國上下空氣的團結：不分種族、宗教和政治觀點。美國人希望看到這一天。美國人將用自己的方式和途徑向敵人表明我們的決心，其中包括日軍海軍大將 [121] —— 此人曾狂妄地說他將在白宮以戰勝國的身分，以強硬的姿態單獨裁決和平條件。

我們聯合國家也同意在某種總的原則下達成和平協定。《大西洋憲章》[122] 不僅適用於環大西洋地區的國家，也適用於整個世界。解除侵略者的武裝，民族自決，還有四項自由：言論自由、信仰自由、不虞匱乏的自由和免於恐懼的自由。

英國人民和蘇聯人民已親身感受到了納粹攻擊之慘烈。倫敦和莫斯科的命運幾度危在旦夕。但毋庸置疑的是，英國和蘇聯都永不會妥協投降。今天，在偉大的蘇聯紅軍慶祝其建軍 24 週年之際，所有同盟國國家都向他們表示敬意。

儘管國土淪陷，荷蘭人民仍然在海外不屈不撓地戰鬥。

偉大的中國人民遭受了巨大的損失。重慶幾乎被夷為平地，但重慶依然屹立在戰火中，是不可戰勝的中國人民的首都。

在這場戰爭中，所有的同盟國國家都始終秉持著這種不屈不撓的精神。

121　指日本聯合艦隊司令官山本五十六。他參與了 1941 ～ 1943 年日本海軍太平洋作戰計畫的制定，首先指揮偷襲了珍珠港。

122　《大西洋憲章》（The Atlantic Charter）是羅斯福和英國首相邱吉爾於 1941 年 8 月 14 日在大西洋紐芬蘭海面「威爾士王子號」巡洋艦上會談後簽署的文件，聲明兩國不追求領土或其他方面的擴張、尊重民族自決、贊同摧毀納粹暴政和解除侵略國家的武裝等。該宣言促進了反法西斯聯盟的形成。

　　目前美國所面臨的任務在最大限度地考驗著我們。從未像現在這樣要求我們付出如此巨大的努力；從未像現在這樣要求我們在這樣短的時間內完成如此多的任務。

　　「考驗人們靈魂的時刻到了。」湯瑪斯‧潘恩[123]在營火旁將這句話寫在鼓面上。這就是當時華盛頓率領的衣衫襤褸，意志堅定的一支小部隊穿越新澤西時的寫照：寡不敵眾，屢敗屢戰。

　　華盛頓將軍將湯瑪斯‧潘恩寫的這句豪言壯語讀給大陸軍的每一位官兵。這些話語給了美國第一支軍隊以堅定的信念和勇氣。

　　在這樣的危急時刻，只能打勝仗的士兵和只能共歡樂愛國者，都有可能因為目前的逆境而畏縮不前。能堅持到最後的人將得到人民的感激和愛戴。暴政就如同地獄，是不會輕易就被推翻的。然而，我們都應這樣撫慰自己：「做出的犧牲越大，贏得的勝利就越加輝煌。」

　　美國人民在 1776 年如是說。

　　今日的美國人民仍舊如是說。

123　湯瑪斯‧潘恩（Thomas Paine, 1737～1809），美國政論家和啟蒙學者。獨立戰爭時任大陸會議外交事務委員會祕書。1776 年發表小冊子《常識》，號召殖民地反抗英國統治。

談我國的經濟政策
—— 1942 年 4 月 28 日　星期二

　　這次談話仍然是戰事，談的是戰時的經濟政策。美國正式參戰以後，被捲入戰爭的不僅有前線的戰士，勢必包括後方的人們；不僅有軍事機構，也勢必包括其他部門。為了盡可能早地贏得戰爭的勝利，後方的經濟社會必須成為戰爭機器，後方的人們必須為戰爭犧牲一些個人利益。羅斯福在談話中涉及的戰時經濟政策的 7 大原則就是在這種背景下提出來的。為了得到大眾的了解和支持，羅斯福先談了前方戰況，闡明了政策的必需性；接著透過與被占領國人民的生活的對比，闡明美國人民的付出算不上巨大的犧牲；最後，不厭其煩地列舉前線將士的英勇犧牲精神，以此來激勵民眾。談話中既有強硬的警告，又有和緩的勸說；既曉之以理，又動之以情。

　　我的美國同胞們：

　　珍珠港事件已過去近五個月了。珍珠港事件爆發之前的 2 年裡，我們一直在調整經濟政策，軍火的生產已達到相當高的水準。然而，我們戰爭所做的努力並未影響到絕大多數人的正常生活。

　　自珍珠港事件爆發以來，我們已經向數千英里之外的軍事基地和前線派遣了強大的海空軍，以及數千名美軍士兵。我們已增加了軍需品的生產，以此最大限度地考驗我們的工業生產能力、工程方面專家的創造能力以及我們的經濟結構。對這次戰爭我們不存任何幻想，做好了長期、艱苦作戰的準備。

　　美國海軍正在北大西洋、南大西洋、北冰洋、地中海、印度、北太平洋和南太平洋地區與敵交戰。美軍現已駐紮在南美、格陵蘭、冰島、不列顛群島，近東、中東和遠東、澳洲大陸以及許多太平洋上的島嶼。美軍的

戰機正在所有的大陸及海洋上空與敵機交戰。

　　歐洲戰場上，過去的一年中最重要的進展毫無疑問是偉大的蘇聯紅軍對納粹德國發起的摧枯拉朽的反擊。蘇聯紅軍已經摧毀並正在消滅更多的納粹有戰鬥力的部隊：軍隊、飛機、坦克、槍枝，比其他國家加在一起的總和還要多。

　　地中海地區的情況沒有太大的變化，但這一地區的局勢正得到越來越多的關注。

　　最近我們得到消息，法國政府發生了更迭。過去，我們一直稱之為法蘭西共和國 —— 一個對熱愛自由的人們來說十分親切的名字。這個名字以及相應的政府機構將很快恢復，擁有主權國家的尊嚴。

　　整個納粹對法國的統治期間，我們一直希望保住法國政府，努力恢復法國的獨立，重建「自由、平等、博愛」之原則，並恢復法國的歷史與文化。從戰爭初始這就是我們一貫的政策。然而，我們現在非常擔憂，擔心那些新近執政法國的當權者們[124]試圖迫使勇敢的法國人民屈服於納粹的專制統治。

　　盟國將採取必要的措施，阻止軸心國利用法國在全世界任何一個地方的領土從事軍事活動。法國人民一定會了解盟軍這樣的行動。對盟國來說，阻止一切對德國、義大利和日本的陸海空部隊的軍事援助是極其重要的。

　　絕大多數法國人們都懂得，盟軍的戰鬥從根本上說也是為他們而戰，盟軍的勝利就意味著法國恢復自由和獨立，也就意味著將法國從外敵及內部賣國賊的奴役枷鎖中拯救出來。

124　1940 年 6 月 14 日，德軍開進巴黎。6 月 16 日，雷諾政府倒臺，貝當（Henri Pétain）出任總理。這裡的「當權者們」指貝當及其維琪政府。

爐邊談話 Fireside Chats

我們了解法國人民的真實感受。我們懂得要有決心阻止軸心國的每一步計畫：從納粹占領下的法國，到維希法國，[125] 一直到每一片海域、每一塊陸地的法國殖民地。

我們的飛機正在保衛法國的殖民地，不久美軍的空中堡壘將為解除被戰爭陰霾籠罩下的歐洲而戰。

在所有被占領的國家中，所有的人、甚至是兒童都沒有停止過戰鬥，沒有停止過抵抗，沒有停止過向納粹證明，納粹所謂的「新秩序」（New Order）將永遠無法強加到自由人們的頭上。

德國和義大利本國的民眾越來越堅信納粹和法西斯是沒有希望的，他們的領導人將他們領上一條痛苦之路：不是征服全世界，而是徹底的失敗。他們的領導者今日的狂亂的言辭與一年或兩年前狂妄的吹噓形成鮮明的對比，讓人不敢相信自己的耳朵。

另一方面，在遠東地區，我們節節敗退的階段已經過去。

由於敵我力量對比懸殊，菲律賓群島的大部分地區落入了敵人的手中。全體美國人民都不會忘記那些長期堅持戰鬥在巴丹半島的菲律賓和美國的官兵們；不會忘記那些堅守科雷吉多島，讓軍旗始終高高飄揚的勇士們；不會忘記那些仍在棉蘭老島以及其他島嶼上痛擊敵軍的將士們。

馬來亞半島和新加坡已經淪陷；荷屬東印度群島已被完全占領，儘管還有零星的抵抗。許多其他島嶼已被日軍占領。但是我們有理由相信，日軍向南部的擴張已受到遏制。澳洲、紐西蘭以及很多其他國家都將成為反擊的基地。我們已下定決心，失去的領土將一定會奪回來。

日本正調集大軍向北部的緬甸擴張，直逼印度和中國。在美國空軍的

125　維琪法國（Vichy France）指二戰中維琪政府時期的法國。貝當出任總理後，分別與德國和義大利簽訂「停戰協定」，將法國領土肢解為「占領區」和「自由區」。貝當在自由區選定法國中部城市維琪為首都，建立了傀儡政府。

支援下，小股英軍以及中國軍隊正進行英勇的抵抗。

今晚從緬甸傳來不好的消息。日軍可能要封鎖滇緬公路。但我想對英勇的中國人民說的是，無論日軍推進至何處，我們一定設法將飛機和戰略物資送到中國軍隊手中。

我們不能忘記，中國人民最先抵抗納粹的侵略並與之浴血奮戰。在未來的歲月中，不可戰勝的中國人民將在維護東亞和全世界的和平與繁榮中發揮應有的作業。

在其瘋狂擴張的道路上，日本人每前進一步都要付出慘重的代價：艦隻、運輸、飛機的損失和人員的傷亡。日本已感受到這些損失所帶來的影響。

來自日本的報導說，有人在東京，在軍工企業的核心區域扔炸彈。如果真是這樣，那麼這是日本首次蒙受奇恥大辱。

儘管日本人背信棄義對珍珠港的偷襲是導致我們參戰的直接原因，珍珠港事件也讓全世界了解到美國人民早就在精神上為在全球範圍內參與這場戰爭做好了準備。我們參與戰場戰爭與納粹戰鬥。我們認知到，我們為何而戰。我們認知到，正如希特勒當初所叫囂的完全一致，這場戰爭已經升級為一場世界大戰。

不是每一個都能親臨前線殺敵。

不是每一個人都有幸在軍工廠、造船廠、農場、油田或礦山工作，生產部隊急需的武器和原料。

但一個前線，有一個戰場整個戰爭期間每一位美國人都可以參與，無論是男人、女人還是兒童。這個前線就是美國本土，就在我們的日常生活中，就是我們要從事的日常工作。在美國本土，每一個人都可以各盡所能，為我們前方的將士提供所需的儲備，鞏固我們的經濟結構，保障我們

的經濟在戰時和戰後平穩運行。

當然，這就要求放棄追求奢侈品和許多其他生活的安逸享樂。

每一位愛國的美國人都應該意識到自己的責任。我聽到有人說：「美國人對別人的事漠不關心 —— 美國人需要喚醒。」我想讓說這種話的人到白宮，到所有的政府部門讀一讀雪片般飛來的民眾來函。在這成千上萬封民眾的來函中，有一個問題被反覆提及：「我能為美國贏得這場戰爭多做些什麼？」

建工廠、購買原料、僱勞動力、提供運輸、為陸軍、海軍和海軍陸戰隊士兵提供設備、食品和住宅，去從事戰時一切必要的事情。這一切都需要花費鉅資。所需資金遠遠超出了世界歷史上任何一個國家在任何一個時期的投入。

本週我們僅僅用於戰爭的費用達到每天1億美元。但是，到今年年底，用於戰爭的支出將再翻一番。如果要在有限的時間內生產大量急需的戰略物資，這筆資金必須馬上投入。但如此巨大的資金投入是我們的國民經濟面臨巨大的風險甚至是災難。

當政府年復一年、日復一日地將大筆的資金投入到軍火的生產中，這些錢實際上是落入了美國人們的錢包和銀行帳戶。同時，原料和許多產品經必然不再用於民用；機器設備和工廠正轉產軍需品。

如果人們持幣搶購緊缺商品的話，這些商品的價格將攀升。這一點你不必是數學或經濟學教授也能明白。

昨天我向國會遞交了一份包括7點計畫的總體原則。這些原則歸結在一起可以稱作國民經濟政策，其目的是為了達成保持生活費用穩中有降的宏偉目標。

現在我大體上重複一下：

第一，透過高額稅收，我們必須將個人以及企業的利潤維持在一個合理的較低水準。

第二，限定最高物價和租金。

第三，必須限定薪資水準。

第四，必須穩定農產品的價格。

第五，加大發行戰爭公債。

第六，必須對緊缺日常生活必需品實行配給制。

第七，不鼓勵分期付款消費；鼓勵還清債務和抵押借款。

昨日與國會商討這些總的原則，我所說的話我覺得沒有必要再次重複。

整個計畫要想達到預期的效果，上述的每一點都要相對獨立。這一點十分重要。

某些人會採取這樣的立場，認為上述的 7 點每一點都是正確的，只要這一點不觸及個人的利益。少數人也同意個人利益應顧全大局，做出犧牲，但那總歸是別人的事，與自己無關。唯一有效的做法是拿出一項涵蓋物價、利潤、薪資、稅收和債務的綜合性計畫，採取措施同時消除所有造成生活費用上漲的因素。

每一位美國人都將會受到這項計畫的影響。某些人可能更加感受到其中 1 或 2 種限制性措施的直接影響，但所有的人都會感受到這些措施的間接影響。

你是一名商人嗎？你擁有某家公司的股票嗎？那麼，由於高額的稅收，你的利潤和收益被削減到一個合理的低水準。你將必須繳納高額的所得稅。的確，在戰爭階段，每一美元都要用在刀刃上。我想任何一位美國公民在納稅之後的年淨收入都不會超過 25,000 美元。

爐邊談話 Fireside Chats

你是一名零售商、批發商、製造商、農場主或房東嗎？你出售的商品、出租的房產將被限定最高價格。

你是靠薪水為生嗎？那麼在戰爭期間你將不會領到高薪。

我們所有的人都曾花錢買過實際上並不是絕對需要的東西。我們所有的人都將必須放棄購買這類東西。因為我們必須把能節省下來的每一分錢、每一美元都用來購買公債和債券；因為在戰爭期間要對稀缺的商品實行配給制；因為停止購買奢侈品能釋放出大批的勞動力。這些勞動力正是戰爭所需要的。

正如我昨天在國會談話中所提到的，「犧牲」並不是一個恰當的詞彙來概括自我約束、自我犧牲計畫。當戰爭結束之際，我們將重新回到原來生活的軌跡，我們將不必再做出「犧牲」。

文明的代價是辛勤的工作，是悲傷，是鮮血。這個代價並非過高。如果你對此表示懷疑，去問問那些成千上萬的正生活在納粹專制統治下的人們。

問問那些在納粹的皮鞭下辛苦工作的法國、挪威和荷蘭的工人們，限制薪資算不算付出巨大的犧牲。

問問波蘭、丹麥、捷克斯洛伐克和法國的農場主們。他們的牲畜被掠奪，農作物被洗劫一空而忍飢挨餓，問問他們同等報酬算不算付出巨大的犧牲。

問問歐洲的實業家們，他們的企業被硬生生奪走，限定利潤和個人的收入算不算付出巨大的犧牲。

問問希特勒統治下忍飢挨餓的婦女和兒童，對輪胎、汽油和糖實行配給制算不算付出巨大的犧牲。

我們不必去問他們。他們已經給出了極其痛苦的答案。

這場戰爭要堅持到底，直到迎來最終的勝利要靠全體美國民眾不屈不撓的意志和決心。

絕不能優柔寡斷、畏首畏尾。

絕不能讓狹隘的個人利益高於國家的利益。

絕不能任由那些自詡為正直之士毫無事實依據的肆意抨擊。

絕不能任由某些自詡為經濟方面或軍事方面的專家們蠱惑民眾。他們既不掌握準確的數字，也沒有地理方面的常識。

絕不能任由一小撮以愛國者自居的人，以捍衛神聖的新聞自由為幌子，實際上他們充當的是納粹的傳聲筒。

最為重要的是，我們不能容許一小撮美國的叛徒賣國賊，基督教的叛逆者影響到我們的安危。他們也想成為獨裁者。他們的內心和靈魂已經向納粹妥協，並希望美國及美國民眾也如此。

我將動用我職權範圍內的一切權利來實施已經制定的政策。如果有必要動用其他的法律方法以達到遏制生活費用的飛漲，我一定會這樣做。

我了解美國的農場主、美國的工人和實業家們。我知道對上述的一切犧牲他們一定會欣然接受。他們懂得，為了這場戰爭的勝利，在所有人的生活中非常有必要採取這些至關重要的、強制性的措施。

在我們的記憶中，從來就沒有這樣一場戰爭，平民百姓的勇氣、忍耐力、和忠誠會對戰爭的勝敗產生如此重要的作用。

全世界有成千上萬的民眾已經或正在被敵人殺戮或摧殘。的確，正是烈火中英國民眾的堅韌與勇氣才使得英國頂住了納粹的進攻，並阻止了希特勒在 1940 年贏得戰爭的勝利。倫敦、科芬特里（Coventry）以及其他城市的廢墟是英國人民大無畏英雄主義的見證。

美國的民主相對要遠離這樣的災難。從某種意義上說，是我們的陸

爐邊談話 Fireside Chats

軍、海軍和海軍陸戰隊在遙遠的前線浴血奮戰才保衛了我們的家園。

我想跟你們講講發生在我們部隊中的一兩則故事：

其中一則故事的主人公是一位叫考萊頓·M·瓦塞爾（Corydon M. Wassell）的醫生。他是位傳教士。在中國相當有名。他生活簡單，為人謙虛，行將退休頤養天年。但他卻參軍服役，被授予為海軍上尉。

瓦塞爾醫生在爪哇接受了一項任務，照料在爪哇海域與敵激烈交戰受傷的兩艘驅逐艦上傷患們。

但日軍要穿越爪哇島繼續進軍時，美軍決定將盡可能多的傷患疏散到澳洲。但是有 12 名士兵傷勢過重不能轉移。瓦塞爾醫生深知有可能被日軍俘虜，他還是與這些傷患一道留了下來。他還是決定做最後一搏，將所有的人撤離爪哇島。他徵求所有傷患的意見，是否願意做一下嘗試。所有的人都點頭同意。

首先，他要將 12 人轉移到 50 英里之外的海岸。為了做到這一點，他必須要為這次充滿威脅的旅程做好擔架。這些傷患歷盡艱辛，但瓦塞爾醫生用自己的勇氣去激勵著他們，並設法讓他們活了下來。

正如官方的報告所闡述的，瓦塞爾醫生是一名「基督教徒般的牧羊人，悉心地看護著自己的羊群」。

在海邊，他把 12 名傷患弄上一條小船。途中，他們遭到日機的狂轟濫炸和瘋狂掃射。瓦塞爾醫生駛著小船，熟練地在許多小港灣中避開日機的轟炸。

幾天後，瓦塞爾醫生和他的傷患們平安抵達澳洲。

今天，瓦塞爾醫生身上佩戴著海軍十字勳章。

另一則故事說的是一艘軍艦而不是一個人。

你們一定不會忘記 1939 年夏天美國海軍「角鯊號」（Squalus）潛艇被

擊沉的悲劇。一些艇上船員失蹤,另一些被水面搜救人員及時營救。角鯊號潛艇被從海底打撈出海。

經過維修之後,「角鯊號」潛艇重返戰場並被冠以新的名字:「旗魚號」(Sailfish)。今天,她是在西南太平洋上美軍潛艇編隊中極具戰鬥力的一員。

「旗魚號」潛艇已在該水域巡航數千英里。

她擊沉 1 艘日軍驅逐艦。

她用魚雷擊沉 1 艘日軍巡洋艦。

她發射 2 顆魚雷擊中 1 艘日軍航空母艦。

1939 年隨「角鯊號」潛艇沉沒的士兵中有 3 位被營救,他們今天仍在同一艘潛艇 —— 「旗魚號」上服役。

「角鯊號」潛艇一度沉入海底,又重新浮出水面,在危難之際又重新為國家而戰。得知這樣的消息我備受鼓舞。

還有一則故事是我今晨才聽說的。

故事講的是在西太平洋上執行戰鬥任務的一架美軍空中堡壘轟炸機。飛機的駕駛員是一位謙虛的年輕人。因為這架轟炸機所經歷的最為慘烈的一次戰鬥,他為他的機組成員感到驕傲。

5 架轟炸機從基地起飛,目標是攻擊日本往菲律賓運兵的運輸船,我要說的轟炸機是其中之一。在飛往目的地的中途,這架轟炸機的一個引擎熄火了。飛行員與其他轟炸機也失去了聯繫。然而,機組成員重新發動了引擎,獨自繼續前行執行任務。

當它飛臨目標上空時,另外 4 架空中堡壘轟炸機已經投下炸彈飛走了。它們的攻擊就像是捅了日本「零式」飛機的馬蜂窩。18 架零式飛機升空圍堵攻擊這架空中堡壘。儘管遭到猛烈的攻擊,這架轟炸機仍繼續完成

自己的使命，向港口中排成一排的 6 艘日軍運兵船投下炸彈。

在返航途中，一場追逐戰在這架轟炸機和 18 架日本飛機之間展開，一直持續了 75 英里。4 架日本飛機在這架轟炸機兩側同時發起攻擊。有 4 架日本飛機被轟炸機側翼的機關槍擊落。戰鬥中，轟炸機無線電操作員犧牲了，機械師的右臂被打掉，一位炮手受重傷，只剩下一個人用飛機兩側的機關槍還擊。儘管一隻手受傷，這位槍炮手交替使用兩側的機關槍，擊落 3 架日本「零式」戰鬥機。不久，轟炸機的一個引擎被擊落，油箱被擊中，無線電被擊毀，氧氣系統被完全破壞。飛機上所有的 11 條控制電纜中只剩下了 4 條。飛機的後輪被打掉，兩個前輪的輪胎也被打爆。

這架轟炸機與敵機繼續戰鬥，直到剩餘的日本飛機打光了彈藥返航。在兩個引擎被擊落，完全失去了控制的情況下，這架飛機於傍晚時分返回基地並緊急迫降，成功完成了任務。

飛行員的名字叫休伊特‧T‧惠勒斯（Hewitt T. Wheless），美國空軍上尉。他來自德克薩斯州的梅納德（Menard），人口只有 2,375 人，他被授予傑出貢獻十字勳章。我希望他正在聽我講話。

我為你們講述的這些故事絕不是個案。他們只是美軍中英雄主義和驍勇善戰的範例。當我們身在家中思考我們的職責和責任時，讓我們認真地想一想，想想那些前線的勇士們為我們樹立的榜樣。

我們的士兵和水手都是軍紀嚴明的美軍中的成員。但他們仍然是並且永遠是有血有肉的個體 —— 自由的個體。他們是農場主、工人、實業家、專業人士、藝術家還有職員。

他們美利堅合眾國的公民。

這就是他們浴血沙場的原因所在。

我們也是美利堅合眾國的公民。

這就是為什麼我們必須努力工作並做出犧牲的原因所在。

這樣做是為了他們，為了我們，是為了勝利。

談通貨膨脹和戰爭進程
—— 1942 年 9 月 7 日　星期一

　　通貨膨脹和戰爭進程是這次談話的兩個主題，但側重點顯然在前者 —— 這與上次談話的重心相同。此前，羅斯福一再強調工農業產品平價制度和民眾對戰爭的貢獻，這次談話談得更為具體。一是由於通貨膨脹導致購買力下降、薪資期望抬升的連鎖反應，必將導致戰爭投入的減少，因此必須堅持平價制度，控制物價，穩定薪資。一是透過政策方法乃至立法控制利潤、增加稅收，不僅針對每一個企業主，也針對每一個美國人。歸結到一點：盡可能多地籌措資金，支持戰爭。一如既往的是，羅斯福講了前線將士英勇作戰的故事，在比較中闡述後方的「父老鄉親」做得還不夠；而談話即將結束時又與之呼應，指出軍人不顧安危、民眾甘於奉獻才能贏得戰爭的勝利。

　　我希望所有的美國人都去讀一讀榮獲各種勳章的美軍士兵們的事蹟。我現在從這些事蹟中選出一則，講述的是美國海軍上尉約翰·詹姆斯·鮑爾斯（John James Powers）在珊瑚海與日軍 3 天激戰中的英雄壯舉。

　　在最初的 2 天戰鬥中，鮑爾斯上尉駕駛著俯衝轟炸機，冒著敵軍猛烈的防空炮火，摧毀了 1 艘敵軍大型戰艦，使另一艘戰艦運轉失靈，重創 1 艘補給艦和 1 艘兩萬噸級的運輸艦，並直接擊中 1 艘航空母艦，使其起火後下沉。

　　官方的嘉獎令接著敘述了戰鬥進入第三天早晨發生的事。當他所在空軍中隊的飛行員離開待命室，準備駕駛飛機投入戰鬥之時，帕瓦斯上尉對他們說：「切記，家鄉父老需要我們去保護。如果發起攻擊，就一定要把炸彈直接投在（他們的）飛行甲板上。」

　　他駕駛的飛機穿越敵軍層層的防空炮火和攔截機群，從 18,000 英尺高空俯衝直下，襲擊目標。他幾乎直接衝到了敵軍航空母艦的甲板上，直到確信可以一舉擊中目標才投下炸彈。人們最後一次見到他時，他正從 200 英尺的超低空飛行中緩慢爬升，四周滿是彈片、濃煙、火焰和受創軍艦的碎片。他駕駛的飛機被自己投擲的炸彈所摧毀。但是他實踐了「直接擊中日軍航空母艦飛行甲板」的諾言。

　　海軍部長已向我提議授予來自紐約市，在戰鬥中失蹤的海軍上尉約翰‧詹姆斯‧鮑爾斯榮譽勳章。我在此同意授予他此枚勳章。

　　你們和我即是「家鄉父老」，也是鮑爾斯上尉一次次冒著生命危險所保衛的人。他說過我們依靠他和他的飛行員去保護。他們很好地完成了我們託付的重任。可是他們難道不也應該依靠我們嗎？我們這些後方的人應該為贏得這場戰爭做些什麼呢？

　　答案是我們做得還很不夠。

　　今天，我在向國會呈交的國情咨文中，指出我們正面臨國內經濟危機的嚴重威脅。一些人稱之為「通貨膨脹」，這是一種比較模糊的說法，另一些人則稱之為「生活費用上漲」，這種說法倒是比較容易被大多數家庭所了解。

　　「生活費用」的大致意思是 1 美元能夠買些什麼商品。

　　從 1941 年 1 月 1 日到今年 5 月這一年半的時間內，生活費用上漲了 15%。其實在去年 5 月分我們就開始著手控制生活費用的上漲。但是我們沒有完成這項工作，因為當時國會豁免了很大一部分用於生產食品和衣服的農產品，使它們不在控制範圍之內，而在此之前的幾週，我已經向國會提出申請，試圖透過法案來穩定所有農產品的價格。

　　那時，我已告知國會，國民經濟由 7 大要素組成，這些要素必須都加

以控制；如果其中的任何一項被豁免在外，生活費用就不可能下降。

並且，我要求國會對其中至關重要的 2 項立即採取行動，即稅收和所有農產品價格比價保持穩定。

「平價制度」是平抑農產品價格的一個標準，1933 年被確立為我們的基本國策。它的基本含義是，農民與城市工人的購買力應相應增加，差距不應拉得太大。他們的購買力水準就如同 30 年前一樣。那時，農民具有相對較強的購買力。因此，農民認為 100% 的平價制度是公正，其價格是可以接受的。

但是，去年 1 月分，國會通過了一項法案，規定如果某些農產品價格按照平價制度上漲不超過 110% 的話，就禁止對這些農產品的價格設定最高限度。而另一些農產品的上限價格還要更高。因此，現在農產品總體平均最高限價是 116%。

這種對社會內某一特殊族群的優惠政策使所有人的食品消費成本上升 ── 不僅對城市和軍工廠的工人以及他們的家人如此，對農民們自己的家庭也是這樣。

自從去年 5 月，除了被豁免的農產品之外，幾乎所有的商品、租賃費和服務費都被設立了最高限價。例如，分期付款購物已經得到了有效的控制。

以當前生活費用支出為基點，某些主要行業工人的薪資已經得以穩定。

但是，我們大家都十分清楚，如果食品消費成本像現在一樣持續上漲，勞工們，特別是低收入族群，就有權要求上調薪資，而且我認為上調薪資是公正而必要的。

從最近幾個月我們試圖控制其他價格的經驗來看，一個事實再明顯不

過 —— 不斷上漲的生活費用是可以得到有效控制的，但前提是生活費用的各組成要素同時得到控制。我認為這也是公正而必要的。眾所周知，如果我們現在不控制比價體系中的農產品價格，生活費用只會略微上漲，但是我們也深知如果食品和其他農產品的平均比價上漲到 116% —— 在我們能夠控制所有農產品價格之前，緊急價格管理法案要求我們不得不這樣做 —— 將來的生活費用必會大大失控。今天我們就處於這種危險之中。讓我們面對它並戰勝它。

我知道你們會認為現在過分強調經濟問題與當前的時局格格不入，因為此時，所有人密切關注的是遙遠戰場上的戰況。但是我敢肯定的是不解決後方的這個經濟問題 —— 而且不立刻解決的話 —— 我們贏得這場戰爭的難度就會增加。

如果通貨膨脹的惡性循環蔓延開來，整個經濟體制都將受到影響。價格和薪資都會飛速上漲，導致生產環節面臨危險。來自於納稅人的戰爭經費支出將大大超出目前的預算。這就意味著價格和薪資的上漲將會失控，而生活費用的總成本將會再迅速增加 20%。那麼你的薪資袋、銀行帳戶、包括你的保險金和退休金裡面所有的錢將貶值到只剩 80%。毋庸置疑，這種將會對我們的人民產生消極的影響。

價格、薪資和利潤的總體穩定對飛機、坦克、船隻和槍枝的持續生產至關重要。

我在今天呈交給國會的國情咨文中，指出我們必須盡快這樣做。如果我們再等下去，局面可能就無法挽回了。

我已經告知國會，政府無法在 10 月 1 日之後繼續保持現有的食品和衣服的消費成本，使其不再上漲。

因此，我已要求國會透過法案，明確規定總統有權穩定包括所有農產

品在內的生活費用的價格。這樣做的目的是保持比價關係中農產品的價格不變，或者是使價格保持最近的比價。這樣做也是為了使薪資與當前的生活費用相符。這兩項必須同時控制，缺一不可。

在農產品價格保持穩定的同時，我會設法穩定薪資。

這樣做是十分公正的 —— 也合情合理。

因此我已請求國會在 10 月 1 日之前採取這項措施。現在，由於嚴峻的戰爭形勢，付諸行動已經刻不容緩。

我已告知國會，如果他們在 10 月 1 日之前不採取行動，我將責無旁貸地擔負起這個國家的人民交給我的責任，確保經濟混亂不會波及到我們為贏得戰爭所做的努力。

正如我在國情咨文中所說的那樣：

如果國會沒有採取措施，或者採取措施不利，我將承擔重任並採取行動。

憲法和國會法令規定，總統有權採取必要措施，避免影響戰爭取得勝利的災難性事件發生。

我考慮再三，並不想再把此事呈交國會。但是，鑑於問題關係重大，我還是決定徵求國會意見。

一些人會認為，如果形勢的嚴重性真的如我所述，那麼我應該立刻行使手中權力，採取行動。我只能說我已經全面考慮了這個問題，並自認為對此事的處理符合我身為一名戰時總統所具有的神聖責任感和我對民主進程深深的、不可動搖的堅定信念。

戰爭期間，總統負有保衛國家的重大職責。隨著我們的戰線在全世界範圍內展開，這場戰爭中的行政權力的使用比以往的任何一場戰爭都重要。

如有敵軍來犯，我們國家的人民當然會希望總統盡其所能擊退侵略者。

　　獨立戰爭和美國內戰軍發生在美國本土。可是今天的這場戰爭將在遙遠的異國領土與海域決出勝負。我無法預測為了贏得這場戰爭將要使用何種力量。

　　美國人民可以放心，我將憑著對憲法和祖國的神聖責任感，全力出擊。美國人民還可以相信，我會毫不猶豫，傾力而為，為了我國人民的安全去戰勝世界上任何一個角落的敵人。

　　當戰爭已經取得勝利，我所行使的權力會自動回到美國人民手中 —— 這些權力本就屬於他們。

　　我自認為了解美國的農民。我知道他們與其他行業的人們一樣忠心愛國。他們一直受到農產品價格波動的困擾。農產品價格偶爾會很高，更多的情況下是過低。他們最了解戰時通貨膨脹，戰後產品貶值的災難性後果。

　　因此我今天在此建議國會採取措施，使我們的農業經濟更加穩定。除了對所有的農產品價格設定最高限度外，我還建議從現在開始至整個戰爭期間，甚至到戰後形勢所需的一段時間內，為農產品設定最低價格限度。這樣我們就可避免上次戰後所發生的農產品價格暴跌的局面。我們必須確保，在當前世界範圍內對食品的大量需求狀況結束之後，農民在隨之而來的調整期內可以為他們的產品收到最低價格保證。

　　如果我們想要既避免戰後通貨膨脹的災難，又防止農產品價格和薪資的暴跌，我們就必須像處理薪資問題一樣，為農產品價格設定最低限度。

　　今天，我還向國會指出，加速通過稅收法案的進程十分重要。由於該法案還未獲通過，聯邦財政部每天損失數百萬美元。若想防止個人收入和公司利潤過高，稅收是唯一有效的途徑。

　　我已向國會重申，所有人的淨收入在完稅之後，還應當透過進一步的

稅收措施加以限制，將個人的純收入控制在最高不超過 25,000 美元。而且公司利潤在任何情況下也不能超過一定的限度。

國家必須籌措更多的錢去進行這場戰爭。人們必須停止一切奢侈的消費。國家需要人們薪資中更多的部分來分擔戰爭消耗。

因為這是一場世界範圍內的戰爭，我國將在 1943 年花費 1,000 億美元用於戰爭。

這場世界大戰有四個主戰場，現在我將就此做個簡述，談論的順序與它們的重要性無關，因為這四個戰場全都至關重要，相互關聯。

➤ **蘇聯戰場**：在此，德軍依然無法大獲全勝，儘管在大約一年前，希特勒就曾這樣宣稱。德軍攫取了蘇聯大片重要領土。但是，希特勒無法摧毀任何一支蘇聯紅軍；而這一直是希特勒長期以來的主要目標，現在依然如此。看來數以百萬計的德軍將不可避免地在蘇聯度過另一個嚴冬了。並且，與其他戰區相比，蘇軍正在消滅更多的德軍，摧毀更多的德軍飛機和坦克。他們不僅英勇迎敵，而且戰績顯赫。不論任何艱難險阻，蘇聯人都會堅守陣地，並且在盟國的協助下，最終把納粹軍隊趕出自己的領土。

➤ **太平洋地區**：本地區必須被看作是一個整體，包括每一寸陸地和海域。我們已經有效阻擋了日軍的一次大規模進攻，並重創了他們的海軍。但是他們依然擁有強大實力；並處處尋找主動權；日軍一定會再次大舉進犯。儘管我們為所羅門群島各勝利戰役中我軍顯示出的嫻熟軍事技巧所驕傲，我們也絕不能掉以輕心。同時，我們還應當為我軍在中途島一戰中所取得的勝利而歡欣鼓舞。我們在那裡擊退了敵人的大規模進攻。

➤ **地中海和中東戰區**：英國人與南非人、澳洲人、紐西蘭人、印度人和包括我們自己在內的聯合國其他成員國的軍隊一起，與德國和義大利軍隊展開了殊死搏鬥。軸心國想控制這一地區，掌控地中海和印度洋，因而與日本海軍取得聯繫。中東戰場亦有多國軍隊參與。我們十分清楚所面臨的危險，可是我們也懷有必勝的信心。

➤ **歐洲戰場**：這裡的主要目標是進攻德軍。我們可以從多處發動攻擊。你們當然不希望我透漏未來作戰計畫的細節吧？不過我可以確保的是在這裡和英國，為此而進行的準備工作已經展開。德軍的實力必須在歐洲戰場被削弱。

大家都敦促我們把軍事力量集中於這 4 個戰場之一，儘管沒有人提出哪個戰場應該被放棄。當然了，沒有人會說我們應該停止對蘇援助，或我們應該向日本交出太平洋地區，或向德軍放棄地中海和中東，或停止向德軍發起進攻。我向美國人民保證，我們不會忽視其中任何一個戰爭舞臺。

我們已經做出了重大軍事決定。再過不久，你們就會知道這些決定是什麼 —— 敵軍也會知曉。我現在能告訴大家的是，所有這些決定都是為了發動總攻。

從珍珠港事件發生到今天正好是九個月，在這期間，我們向海外所派的兵力比第一次世界大戰爆發後九個月中我們向法國所派的兵力多 3 倍。儘管危險越來越大，運輸船只越來越少，我們還是絲毫沒有退卻。每一週，戰場上都可以看到越來越多的美國士兵和武器。這些兵力和軍火上的補給正不斷增加，並會持續下去。

在所有聯合國成員國海、陸、空部隊協調一致，共同對敵作戰的努力下，我們必將取得這場戰爭的勝利。

這將意味著在主要進攻點上我們需要大量的武器裝備和部隊。我們已經與盟國一起，為在武器裝備方面取得優勢而努力了若干年。我們毫不懷疑我們士兵的優勢。我們為我們的三軍將士和商船船員的英勇事蹟感到驕傲。約翰・吉姆斯・鮑爾斯上尉即是這些人中的一員 —— 在聯合國的軍隊中，還有數以千計像他這樣的人。

數千名美國人已經在戰鬥中犧牲。還會有成千上萬的美國士兵獻出他們的生命。但依然有數以百萬計的美國人整裝待發，時刻準備開赴前線並獻出自己的生命。因為他們知道敵人決心要消滅我們，摧毀我們家園，瓦解我們的社會制度 —— 在這場戰爭中，不是我們消滅敵人，就是被敵人消滅。

軍人們若首先想到的是個人的安危，將無法取得戰鬥的勝利。民眾主要關心自身的安逸、自己的便利和個人的財產也同樣不會贏得戰爭的勝利。

今天的美國人肩負著重大責任。盟國所有的成員國都共同肩負這一責任。

我們所有後方的人正面臨考驗 —— 對我們的堅強毅力，以及我們對國家和事業的無私奉獻的考驗。

這是一場有史以來最嚴酷的戰爭。我們不需要未來的歷史學家評判我們是否足夠堅強去迎接這前所未有的挑戰。我們現在就可以予以回答：是的，我們能！

關於大後方的報告
—— 1942 年 10 月 12 日　星期一

　　這篇談話主要談的是大後方的情況 —— 羅斯福對工廠、軍營的巡視所見以及由此引發的感想。談話的核心不再是資金，而是人力。針對勞力短缺的問題，羅斯福推出了相應的人力調配政策，也提到了相關的立法。他號召人們以暫時的犧牲換取永久的和平，由此在末尾部分自然而然地過渡到了後來概括為「四大自由」的內容。

　　我的美國同胞們：

　　你們都知道，我視察了軍營、訓練基地和兵工廠，剛剛返回。

　　我在這次視察中所觀察到，確切地說不能算是新聞。一個明顯的事實是，美國人民空前的團結，一心一意地做好一件事並將它做好。

　　這個由 1 億 3,000 萬人口組成的國家正在形成一種強大的力量。這其中有士兵或水兵，也有平民。這當中有人正駕機在歐洲大陸或太平洋諸島 5 英里的上空與敵人激戰，另一些人正在賓夕法尼亞州或蒙大拿州的礦井裡奮戰。我們當中有少數人因戰功卓著，胸前佩戴著勳章，但是我們每一個人都有一種深深的、永恆的滿足感。這種滿足感來自我們自身潛在的能力的充分發揮。我們每一個人都在為民主和自由的戰鬥中發揮了自己的作用。我們感到無上光榮。

　　無論個人的境況如何，機遇怎樣，我們都已參與其中。我們精神飽滿。美國人民和盟國將贏得這場戰爭。無論面對何種謠言，我們都嗤之以鼻。

　　這就是我在全國視察的過程中所看到的 —— 不可戰勝的精神。如果德國和日本的領導者能與我同行，看到我所看到的一切，相信他們也一定會贊同我的結論。不幸的是，他們無法與我同行。這就是我們不惜一切代

價在海外與他們交戰的原因。

隨著時間的推移，戰爭範圍在擴大，激烈程度在加劇。在歐洲、非洲、亞洲以及所有的大洋上，情況都是如此。

同盟國的實力在不斷增強。而另一方面，軸心國的領導者們也清楚他們已經拚盡了全力。他們也深知他們不斷上升的人員和物資方面的已無法得到完全的補充。德國和日本早已經意識到，當同盟國傾其全力反擊，開闢第二戰場的時候，結果會是什麼。

我們的敵人以往的主要武器之一是「神經戰」；到處散布謊言和恐怖；到處建立第五縱隊；欺騙天真善良的人們；他們在鄰國之間挑起懷疑和仇恨；他們資助和教唆其他國家的這樣一些人，也包括美國國內的一些人。他們的言行在替柏林和東京進行宣傳，證明我們內部的不團結。

當然，對這些宣稱最有效的抵禦是普通民眾的常識。這已經在我們的民眾中蔚然成風。

針對盟國的「神經戰」並未取得應有的效果。破天荒第一次，納粹宣稱機器處於守勢。他們開始向自己的國民道歉，因為納粹的主力在史達林格勒被擊潰並遭受巨大傷亡。[126] 他們被迫祈求已工作超載的國民重新振作已日漸疲軟的生產。他們甚至公開承認，為了讓德國人有飯吃，他們必須從歐洲其他國家掠奪糧食。

他們宣稱第二戰場是不可能的。但與此同時，他們卻不顧一切地往所有的方向緊急調集部隊，並在從芬蘭和挪威海岸一直到地中海東部諸島之間架設鐵絲網。

126　這裡指德軍在史達林格勒會戰中的失敗。1942 年 7 月 17 日，德軍開始猛攻史達林格勒，先後動用兵力 150 萬人以上，企圖占領該地區以北攻莫斯科。蘇軍先後以約 300 萬的兵力與廣大人民一起艱苦奮戰，並在 1943 年 2 月 2 日殲滅敵軍 3 萬人，迫使德軍中止戰略進攻。這次會戰是蘇德戰爭、也是整個二戰的轉捩點。

同時，他們的戰爭暴行不斷加劇。

同盟國已經決定確定那些為犯下罄竹難書戰爭暴行負主要責任的納粹領導者。每一起罪惡行徑都將予以認真調查。犯罪證據毫無遺漏的收集起來以用於未來的審判。

有一點很清楚，盟國絕不會對德國、義大利和日本的民眾進行大規模的報復。但是那些戰爭元凶及其慘無人道的黨羽的名字必須列入戰犯名單，依據司法程序接受審判。

在陸軍兵營裡、海軍基地裡、在工廠裡、在造船廠裡有數以百萬計的美國人。掌握國家命運的這些人是些什麼人？他們在想什麼？他們的疑慮是什麼？他們的希望是什麼？工作是如何進行的？

身在華盛頓的統帥是無法給出所有這些問題的答案的。這就是我這次出行的原因所在。

一定會有人這樣說，當總統做全國巡視，與其他美國政壇要員交談或做出某種姿勢時，將會有高音喇叭相隨，會有大批的人們夾道歡迎，會有大批的記者和攝影師爭相採訪報導。

但是，因為有本次和上次戰爭的一些經驗，可以簡單地說，這種巡視可以讓我專心致志地去做我必須做的工作，而不必花時間、精力去考慮政治宣傳的需求。

我還可以補充一點，可以完全不用考慮政治宣傳的一次巡視，對我來說是尤為愉快的事情。

我期待著會以同樣的方式，為類似的目的再次進行這種巡視。

在上次戰爭中，我巡視關於過大型的工廠，[127] 但直到我看到這些新建

127　第一次世界大戰期間，羅斯福擔任助理海軍部長，負責海軍的商務工作，視察了許多相關工廠。

的、現代化的工廠時，我才徹底意識到美國為戰爭做出了多麼巨大的努力。

　　當然，我看到的只是所有工廠的一小部分，但這一小部分也極具代表性，令人印象極為深刻。

　　美國參戰僅僅十個月，一直致力於將部隊擴充數倍這樣艱巨的任務。我們根本還沒有達到滿載的生產狀態。在這次巡視當中，我不禁自問：如果美國政府沒有在兩年前就開始興建為數眾多的新工廠的話，那麼一年前，珍珠港事件將戰爭強加於我們，現在的美國會是什麼樣子？

　　我們還要面臨運輸的問題：在世界每個地方，敵人還在不斷擊沉我們的運輸船。但是從美國、加拿大和英國的造船廠所造運輸船的總噸位正在日復一日地增加，而且增加速度如此之快，以至於我們在殘酷的運輸保衛戰當中始終處於優勢。

　　為了擴大我們的運輸能力，我們招募了數千人來補充我們運輸船的船員。他們的工作十分出色，他們每時每刻都在冒著生命危險，將槍枝、坦克、飛機、彈藥和食品輸送給史達林格勒英勇的防禦者、輸送給世界各地的盟軍部隊。

　　幾天前，我將一枚「海運傑出貢獻勳章」授予一位來自賓夕法尼亞州葉頓市的年輕人 —— 愛德華・F・切尼。他們的運輸船被魚雷擊中，他從油污的海水中救出了許多同伴，表現出了大無畏的英雄氣概。將來還會湧現出更多類似的英雄事蹟。從某種意義上說，我此次巡視行色匆匆：從中西部啟程，到西北部，再沿著漫長的太平洋沿岸到西南部、至南部返回；但此次巡視也很悠然自得，因為我有機會與正在工作崗位上的人們進行交談 —— 包括高層管理人員和工人們。這為我提供了一個非常好的機會去進行思考：在為戰爭做準備時，我們應優先考慮哪些因素。

　　正如我與三位隨行記者說的那樣，此行中我對如此大比例的女性勞工

印象十分深刻：她們能夠熟操作機器設備，從事繁重的體力勞動。隨著時間的推移，會有更多的男性參軍入伍，那麼女性勞工所占的比例還會增加。從現在起不到一年的時間內，兵工廠裡的女性將與男性占有同樣的比例。

我有一些具有啟發性的經歷，和男人們在一起常提到的老話有關，女性有著更強的好奇心，凡事都好刨根問底。但事實是，我經常注意到，當我事先沒有聲張，驅車從滿是工人和機器設備的工廠中經過的時候，最先從工作崗位上抬頭張望的都是男性，而不是女性。主要是男性之間在議論：「那個戴草帽的傢伙是不是總統？」

親眼目睹了生產線上產品的品質和工人的素養，再將這些第一手觀察結果和前線上關於我們武器裝備表現優異的報告結合起來，我可以告訴你們，在這場保障能力的較量中，我們領先於敵人。

對我們未來的生產極為重要的是，國會能否快速有效地解決生活費用急速、大幅上漲的問題。我們對這個問題的成功解決，也是戰爭期間民主程序運作的一個極佳的範例。

具體實施國會這一法案的機制，是在這一法案簽署後的 12 小時內使之生效，將透過法律幫助每位工廠或農場的員工解決生活費用的問題。

為了保持生產的持續增加，我們將增加數百萬名工人補充我國的勞動力。隨著新工廠的落成開工，我們必須招募到這數百萬名工人。

這就在人力調集方面產生了一個難以解決的問題：

這並不是說我們國家沒有這麼多的人來從事這樣的工作，問題在於在恰當的時間、恰當的地點能否招募到相當數量的合適的人。

在物資分配方面我們正在學會使用配給制，那麼在人力的調配方面我們也要學會這樣去做。

爐邊談話 Fireside Chats

正確合理的人力調配政策目標是：第一，為軍隊選拔、訓練具有較高軍事素養的戰士，以在戰鬥中打敗敵人、獲得勝利；第二，為我們的戰時工業、農業培養、提供所需的人才，製造和生產戰時急需的武器、彈藥和食品，保障我們自己並提供給正在與納粹激戰的盟軍以贏得這場戰爭。

為做到這些，在戰爭期間，我們將必須阻止工人們依其個人的喜好隨意換工作，阻止雇主彼此暗中招募對方的員工。適齡的、身體健康的男性都已應徵入伍。只要具有可能性和合理性，我們就必須聘用老年人、殘疾人和更多的婦女，甚至剛剛成年的孩子們來從事後勤保障的生產。要培訓新的人員去從事戰時所必須的工作，防止人力的無端浪費。

我們能做，也必須馬上做許多事情來解決人力的問題。

全美的學校都應制定計畫，讓學生抽出一定得時間，比如說暑假時間來幫助農場主們種植和收割農作物或在兵工廠從事某種工作。這並不意味著要關閉學校和停止教育。這意味著給適齡的學生們提供機會，為戰爭做出自己應有的貢獻。這類工作不會對學生產生任何的害處。

人們工作的地點又能夠盡量離家近些。我們不會特地將某個人送至某個工作場所，而這個地方是可以就近招聘到員工的。這樣做得不償失。

在某些地方，雇主們不喜歡僱傭婦女；有些地方不願意僱傭黑人；還有的地方不願意僱傭老年人。我們再也不能有這樣的就業歧視和偏見。

每一位公民都想知道他所能夠做得最好的、最急需的戰時工作是什麼。關於這個問題，可以從美國就業服務辦公室得到答案。全美有 4,500 處這樣的辦公室，已形成如同街角雜貨店般的人力資源體系。就業辦公室的網路系統將隨時告知市民哪裡最需要其技能和勞動，將其推薦給相應的雇主，以期能在戰時生產中最大限度地發揮他們的作用。

或許在人力方面最棘手的方面是許多地方農場勞動力的短缺。然而，

我已看到人們正在盡可能地解決這一問題。

我巡視過這樣一個地方，中學生全體出動，用 3、4 天的時間幫助收割一種易腐爛的作物。

在我巡視的另外一個水果種植區，已僱不到以往勞工。但是當水果成熟之時，銀行家、屠戶、律師、機修工、藥劑師、本地的編輯，實際上是鎮上所有體格健壯的人都放下了手裡的工作幫助採摘果實並送往市場。

每一位農民都必須意識到他所從事的生產是整個戰時生產的一部分。國家把他都看作是贏得勝利必不可少的組成部分。美國人民希望他能夠保持生產，甚至能夠增產。我們將竭盡全力幫助他找到勞動力。但與此同時，他和其他當地的農民必須動腦筋，團結合作生產糧食、飼養牲畜，多產乳製品。

或許我們付出了所有的努力，我們無私奉獻。然而無論目的多麼明確，管理多麼到位，仍然無法徹底解決這一問題。這樣的話，我將不得不才採取法律方法。如果卻有必要，我想美國人民是不會畏縮的。

從某種意義上講，每一個美國公民，因為他擁有美國國籍，都是選拔徵兵制度的一部分。

選拔徵兵制度使國家受益匪淺。選拔徵兵制度的成功運作，這種方式被廣大民眾所普遍接受，使我們信心倍增。同樣的做法也可以用來解決任何的人力問題。

我還要讚美和感謝全國 1,000 多萬同胞，他們自願參加全民抗戰並為此付出了艱苦的努力。在單調乏味、默默無聞的工作崗位上，他們無私奉獻，任勞任怨。從事這樣重要的，互利合作工作既增強了民族團結，也使我們深刻領會到這是一場全民抗戰。

當然，巡視過程中我親眼目睹了部隊的演練。對此我十分感興趣。

爐邊談話 Fireside Chats

我們所有赴海外參戰的部隊均由體格健壯的年輕男性組成。一個由平均年齡 23 ～ 24 歲的士兵組成的陸軍師，其戰鬥力要強於平均年齡為 33 或 34 歲的陸軍師。在戰場上我們擁有越多這樣的部隊，就會越快地贏得戰場戰爭，傷亡的代價就會越小。

因而，我認為有必要將選拔徵兵制目前的最低年齡限制由 20 歲降到 18 歲。我們已經認知到這種做法的必要性以及早日贏得勝利的重要性。

我非常了解孩子已應徵入伍的家長們的感受。我與我的夫人對此感同身受。

我想讓那些兒子在軍中服役的父母們都知道 —— 再次聲明，他們源自我親眼所見 —— 在陸軍、海軍以及海軍陸戰隊服役的官兵們正在進行最好的訓練，配備最好的裝備，擁有最好的醫療設施。這是我的親眼所見。而且，我們有軍中牧師，部隊官兵的精神需求將永遠可以得到滿足。

良好的訓練可以在戰鬥中挽救許許多多人的生命。部隊訓練不足總是會遭受巨大的傷亡代價。

我們確信我們的陸軍和海軍陸戰隊部隊兵原齊整，裝備精良，訓練有素。他們的戰績如何將取決於指揮水準，取決於英明的軍事計畫。英明的軍事計畫是所有軍事行動的基礎。

我可以談一談我們的戰略計畫。我們的戰略計畫不是由那些在報紙或廣播上紙上談兵的戰略家們制定的。

美軍最優秀的士兵之一，羅伯特·E·李將軍，[128] 講述過這樣一個悲劇性的事實。在他們那個時代的戰爭中，所有優秀的將軍都在鑽研報紙而不是深入部隊。在所有的戰爭中情況大致如此。

128　羅伯特·愛德華·李（Robert Edward Lee, 1807 ～ 1870），美國軍人，上校軍銜，美國南北戰爭時期任南方聯盟軍總司令。英勇善戰，頗著聲譽。

　　紙上談兵的戰略家的問題在於，儘管他們滿腹經綸，但他們即使獲得關於戰局形勢的大量情報，也沒有弄清相關軍事行動的所面臨的問題。

　　因此，我們將繼續制定軍事計畫的重任交予軍方將領來完成。

　　美國的陸軍和海軍的作戰計畫一直由駐紮在華盛頓的陸海軍聯合指揮部制定。他們經常在一起商討作戰計畫。聯合指揮部由海軍上將李海、[129] 馬歇爾[130]將軍、海軍上將金[131]和阿諾德[132]將軍組成。他們定期地與英國聯合參謀部的代表，與俄國、中國、荷蘭、波蘭、挪威、英屬領地以及其他盟國成員會晤商談。

　　自從去年 1 月分這種聯合制定作戰計畫的做法實施以來，參與者在許多方面都達成了共識。他們當中所有的人都在早年受過陸海空等方面的軍事訓練。身為總司令，我總是與他們的看法出奇的一致。

　　我以前曾說過，我們已經制定出很多重大的戰略計畫。我們已就其中之一達成共識：透過向德日發起新的攻勢迫使其從蘇聯和中國分兵至其他戰場。這十分必要。這些新攻勢將於何時何地發起現在還不能公布。

　　今天我們祭奠並讚頌一位勇敢、富於冒險精神的義大利人 —— 克里斯多夫·哥倫布 —— 的豐功偉業。在西班牙的資助下，他開闢了新世界。在這個新世界中，有自由，有寬容，尊重人權和人的尊嚴，為那些在舊世界中受壓迫的人們提供了避難所。

　　今天，新世界的後代們在遠離自己祖國的土地上浴血奮戰。他們是在

129　威廉·丹尼爾·李海（William Daniel Leahy, 1875 ～ 1959），海軍五星上將，曾任武裝部隊總司令（總統）的參謀長。

130　喬治·馬歇爾（George C. Marshall, 1880 ～ 1959），五星上將，曾任陸軍參謀長、總司令，二戰期間是美國軍界的最高決策人物。

131　歐尼斯特·約瑟夫·金（Ernest Joseph King, 1878 ～ 1956），海軍五星上將，曾任海軍總司令等，二戰時全面指揮太平洋戰區的美國海軍作戰。

132　亨利·H·阿諾德（Henry Harley Arnold, 1886 ～ 1950），空軍五星上將，曾任陸軍航空兵總司令，二戰中籌劃領導空軍參加太平洋戰爭，指揮了對日本本土的戰略轟炸。

為拯救全人類而戰 —— 包括我們自己，是在為捍衛新世界的自由而戰。

我們時刻牢記，千百萬人民未來的自由，包括生命都取決於盟國的永久性勝利。

當軸心國開始崩潰時，美國國內有少數人會告訴國民我們又一次轉危為安；我們可以讓其他國家都明白一個道理：自作要自受；我們再也不會幫助他人「火中取栗」；就我們而言，文明本身會有其自身發展的軌跡，如此等等。

打贏了戰爭而失去了為之而戰的事業是毫無用途的。除非永保勝利，否則僅僅贏得一場戰爭也是毫無作用的。

因而，我們是為了恢復並永保信念、希望和世界的和平而戰。

我們今天的目標清楚明瞭又十分現實，那就是徹底消滅德、意、日的軍事力量。其目的是納粹對我們及對我們的後代的威脅不能死灰復燃。我們正團結一心去贏得勝利，確保我們的子孫後代能夠在上帝的呵護下成長，過一種屬於自己的生活：沒有侵略，沒有毀滅，沒有奴役也沒有殺戮。

談煤炭危機
—— 1943 年 5 月 2 日　星期日

　　這篇談話是羅斯福針對礦工聯合會舉行的罷工所講，宣布政府已接管了礦區。羅斯福希望在戰時狀態下，每位礦工都能喚起自己的愛國精神和責任感，並呼籲他們盡快復工。談話中羅斯福講前線將士的故事和希望，以理服人，以情動人。這篇談話舒緩了政府與礦工聯合會長期以來的對立關係，該會領導人約翰·路易斯之後便站在總統一邊。

　　今晚，我對全體美國同胞發表講話，尤其是那些煤礦工人們。

　　今天，美國正面臨著一場嚴重的危機。我們正在打一場戰爭。我們國家的未來將取決於能夠打贏戰場戰爭。這場戰爭已經進入到一個關鍵階段。經過數年的準備，我們已進入主動反擊階段。這個階段將持續下去。在這場世界範圍的衝突當中，我們傾注了我們的一切：我們的年輕一代以及大量的資源。

　　我剛剛結束為期兩週的視察回來。視察中我看到兵員正在訓練，軍需物資正在抓緊生產。此次巡視我走了 20 個州。我看到成千上萬的人忙碌在生產線上，生產飛機、槍枝和彈藥。

　　隨處都可感受到人們為了滿足戰時所需的迫切心情。人們長時間地在艱苦的崗位上工作，任勞任怨。

　　在數千英里的旅途中，我看到成片成片一眼望不到邊的新近犁過的田野。農民們正在耕種，為我們的軍隊、百姓以及我們的盟國提供糧食。這些作物將喜獲豐收。

　　此次行程中，我也看到了成千上萬的士兵。去年秋季應徵入伍的新兵已蛻變成充滿自信的堅強戰士。他們體格健壯，並漸漸熟悉新型武器的使用。

美國人民已經創造了奇蹟。

然而，我們聚集的所有力量仍不足以滿足戰爭的需求。我們仍需調集我們以及我們盟國的一切力量，在未來的戰鬥中打敗歐洲大陸的納粹法西斯，打敗亞洲大陸和太平洋諸島上的日本人。

敵人阻擋不了美國和盟國的前進步伐。

同樣，美國國內任何個人以及任何組織的領導人也無法阻擋我們前進的步伐。

有一點我要說清楚，每一位已停止採煤的礦工，無論出於什麼樣的動機，無論他所受的委屈是多麼的冠冕堂皇，每一位怠工的礦工都是在直接或間接地阻撓我們為戰爭所做的一切。我們尚未贏得戰場戰爭。只有傾其所有投入到陸戰和海戰前線當中，我們才會打贏戰場戰爭。這要求我們國內堅持不懈地努力，加班生產。

停止煤炭的供應，哪怕是短暫的時間，也是在拿我們士兵的生命以及全體人民的未來的安危做賭注。這是毫無根據、毫無必要並且十分危險的賭博，這是拿我們的勝利做賭注。

因此，我想對所有的礦工，對國內外所有的美國人說：煤炭的生產絕不能停止。

今晚，我要跟礦工以及礦工的家屬談一談愛國主義。我想就我所知，對當前的真實情況做一下簡單的陳述。

珍珠港事件之後，美國三大勞工組織：美國勞工聯盟、工業組織協會和鐵路同盟會（兄弟會），[133] 都明確地承諾只要戰爭持續就絕不罷工。美國礦工聯合會主席也做出了同樣的承諾。

133　美國勞工聯合會（American Federation of Labor）、美國產業工會聯合會（American Congress of Industrial Organizations）是美國的全國性工會組織，1955 年末合辦成勞聯－產聯（AFL-CIO）。

　　對這樣的承諾舉國上下一致表示讚賞。這樣的承諾是在用一種強而有力的方式向全世界宣告，13,500 美國同胞將團結一心、眾志成城，用我們的意志和全部的力量來打贏這場戰爭。

　　應雇主、有組織的礦工 —— 包括礦工聯合會 —— 的要求，成立了戰時勞工局，[134] 以解決透過集體談判無法解決的爭端。戰時勞工理事會是一個平等的代表工人、雇主和廣大民眾的審理理事會。

　　在目前的煤炭危機中，調節和斡旋的各種努力都無濟於事。

　　依照法律，此案被移交給戰時勞工理事會審理。此機構是經工人組織同意為此特殊目的而成立的。董事會的成員遵循一些通常的做法。這些做法在處理以往的爭端中證明是行之有效的。他們行動迅速，著手從礦工以及經營方兩方收集此案的所有事實。

　　戰時勞工理事會已經準備針對此案召開公開公正的聽證會。我已經做出保證，如果該理事會做出任何調整薪酬的決定，一定從 4 月分起補發。但是礦工聯合會的官員們在上週一被邀請參加聽證會時卻拒絕了。

　　上週三，當該理事會正在處理該案的時候，某些煤礦開始停工。週四上午我去電給礦工聯合會的官員們，要求礦工們週四上午恢復生產。然而，週五晚上就開始了全國的總罷工。

　　礦工聯合會的官員們應對此次危機承擔主要責任，而不是美國政府。但這種武斷行為的後果將威脅到我們所有的人。

　　昨天上午 10 點，政府接管了煤礦。我呼籲礦工們重返工作崗位為政府工作。政府需要陸軍士兵、水兵和海軍陸戰隊隊員在前線殺敵，需要成千上萬的民眾生產軍火，也需要礦工多採煤。

134　戰時勞工局（War Labor Board），美國在二戰期間建立的勞動力資源管理機構，旨在解決勞資糾紛等問題，集中資源為戰爭服務。

爐邊談話 Fireside Chats

有的礦工的兒子可能在陸軍、海軍和陸戰隊中服役。你們的兒子此刻可能正戰鬥在新幾內亞、阿留申群島、在瓜達康納爾島，在突尼斯或在中國，也可能在公海上巡航，保衛運兵船和運輸船免受敵方潛艇的襲擊。我們已經收到了正在海外作戰的勇士們的電報。我只想他們能夠告訴你們，對煤礦停工的問題他們是如何想的。

你們當中某些人的兒子因負傷已從前線返回。例如他們當中有很多人正在華盛頓陸軍醫院接受治療。他們當中有幾位已受到政府嘉獎。

我可以為你們講一個來自賓夕法尼亞戰士的故事。他入伍前是一名礦工，他的父親也是。當他駕駛「空中堡壘」（Flying Fortess）在歐洲上空執行轟炸任務時被納粹的重機槍擊中，負了重傷。

另一個年輕人，來自肯塔基州，也是一位礦工的兒子，六個月前隨部隊首次登陸北非時受傷。

還有一位年輕人，來自伊利諾州。他以前是名礦工，他的父親和兩個兄弟也都是礦工。他在突尼斯試圖營救兩位戰友時身受重傷。當時戰友乘坐的吉普車被納粹的地雷炸上了天。

這些戰士並不認為自己是英雄。如果我透過廣播提到他們的名字，他們可能會難為情。他們是在前線履行自己的使命時受傷的。他們懂得將最好的武器裝備及時、快速地交到前線作戰部隊的手中，這對成千上萬的美國人來說是多麼的重要。

我們這些浴血殺敵的勇士們的父母，兄弟姐妹和朋友們，包括我們所有的人，我們也是在履行我們的使命：在生產線上。任何生產上的停滯都會造成戰場上的慘敗。

沒有一個人，沒有一種勢力能阻擋我們邁向勝利的步伐。

礦工們完全應該知道我們國家所宣導的幾項基本的權利，這些權利值

得我們為之奮鬥甚至是獻出生命。這就是為什麼要將自己的兒子和兄弟從全國各地的礦山小鎮送到國外去參加這場偉大的戰爭的原因。這就是為什麼你們會慷慨解囊，心甘情願地認購戰時公債，向很多基金捐款，以援助那些飽受戰爭蹂躪的外國同胞們。

　　這就是為什麼自 1939 年戰爭爆發以來，你們生產的原煤每年遞增 2 億噸的原因所在。

　　你們在軍中服役的兒子們所表現出的堅忍不拔的精神絲毫不令人吃驚。他們都是鋼鐵戰士。礦工們也一樣可以承受艱難困苦。減少艱難困苦，提升礦工們以及為國家做出貢獻的所有的人的生活水準一直是本屆政府的目標。

　　我很清楚生活費用問題正困擾著礦工們的家庭，也困擾著全國成千上萬的其他工人的家庭。

　　一年前我們的態度就很明確，政府決心要採取措施解決生活費用問題。政府已下定決心絕不會讓生活費用像第一次大戰那樣持續上漲。

　　政府決心要保持物價和薪資的穩定。盡可能讓 1 美元能夠長久地購買數量相同的生活必需品。我說的是日常生活必需品，不是奢侈品，不是時髦商品。戰爭期間沒有這類東西，我們也要學會生活。

　　迄今為止，我們沒有能夠將日常生活必需品的價格控制在我們預期的較低水準。礦區如此，其他地方也一樣。

　　無論是什麼地方，只要是發現日常生活必需品的價格過高，就一定要降下來。無論是什麼地方，只要發現有違反價格封頂政策的現象，觸犯者就一定要受到處罰。

　　在全國的大多數地方，房租的價格已固定。在許多城市，房租已降低至我們參戰之前的水準。服裝的價格也總體上保持平穩。

這兩項支出占工人家庭總預算的三分之一還要多。

置於占家庭平均花費大約三分之一的食品，我要重申：政府將繼續採取必要的措施消除不合理的以及可以避免的物價上漲。我們正在採取措施使肉類價格回落。

戰爭將繼續。無論個人的看法如何，煤炭的生產不能停止。工廠、電站、鐵路都不能停止運轉。軍火必須源源不斷地送到前線部隊的手中。

因此，在目前的情況下，任何一位有愛國心的礦工不下井採煤而在做其他的事情是令人難以想像的。

國家絕不允許任何一座煤礦發生暴力行為。我已授權一位內務部部長來主掌煤炭恢復生產事宜。任何一位礦工出於愛國熱情要復工採煤，他及他的家人將一定會得到全面、充分的保護。如果有必要的話，我們將派部隊鎮守礦井入口以及整個礦山，以保護那些已復工的礦工以及他們的家人。這些部隊將行使員警的職責：為了整個國家，尤其是為了我們正在前線作戰的陸海空軍的將士們。這其中有你們的兒子，也有我的兒子，他們正在世界各地與我們共同的敵人浴血奮戰。

我十分了解礦工們對自己工會的忠誠。我了解他們為建立工會所做出的犧牲。我一直都堅信工人們有權加入並捍衛工會組織。本屆政府不會做任何削弱礦工們權利的事情，這一點毋庸置疑。

礦工生活狀況的每一次改善都得到我由衷的支援，今天也如此。但是我也絕不會不顧我身為美國總統和武裝部隊總司令的責任和義務。

煤礦復工生產是當務之急。內務部長將遵循原先合約的條款。如果是戰時勞工理事會所做出的薪資調整，或經營方與礦工之間透過協議做出的薪資調整，又經過了戰時勞工理事會的批准，那麼這類薪資調整可回溯至4月1日生效。

　　四個月前在我遞交給國會的報告中，我表明我的看法。我堅信美國的民眾有著良好的精神狀態。

　　自那時起，我看望了駐守在加勒比地區，在我們的盟國巴西和北非海岸線的美軍。最近，我再一次看望了我們無數的同胞 —— 包括軍人還有平民 —— 從大西洋之濱到墨西哥邊境，再到洛磯山脈。

　　今晚，面對煤炭產業大面積遭遇危機的時刻，我還要重申，美國民眾的精神狀態是好的。我知道美國人民不會容許任何人威脅自己的政府。我相信礦工們不會繼續進行針對政府的罷工。我堅信身為美國人，礦工們將一定會聽從政府的號召。像所有其他優秀的美國人一樣，與我們的前方將士肩並肩去贏得勝利。

　　明天，星條旗就會飄揚在煤礦上空，我希望每一位礦工都會在星條旗下工作。

爐邊談話 Fireside Chats

談戰爭進程與和平計畫
—— 1943 年 7 月 28 日　星期三

　　在做這篇談話時，戰爭的形式已經有了根本性的轉折，北非、歐洲、蘇聯以及遠東各個戰場，同盟國已整合反攻並取得了一系列勝利。當然，羅斯福沒有忘記戰爭的持久性、艱巨性，他強調了「前線」與「後方」的同一性，呼籲民眾支持戰爭，「不獲全勝絕不收兵」。在這樣的戰爭形勢下，談論和平也就理所當然。羅斯福揭示了和平的總目標：恢復被占領國家人民的尊嚴，讓他們成為自己的主人，享有言論自由、宗教信仰自由，消除貧困和恐懼。

　　美國同胞們：

　　一年半以前我曾經對國會說：「柏林和東京的軍國主義者們發動了戰場戰爭。但是，全人類聚集的憤怒力量將終結這場戰爭。」

　　今天，這個預言正在一步一步實現。全人類匯集的憤怒力量正在向前挺進 —— 在蘇聯前線，在廣闊的太平洋上，在歐洲 —— 直搗他們的最終目標：柏林和東京。

　　軸心國已開始分崩離析。臭名昭著的法西斯在義大利的統治正在瓦解。[135]

　　法西斯主義者和納粹分子的強盜邏輯是不會得逞的。盟軍在陸、海、空的軍事優勢正在恰當的時間和恰當的地點展現出來。

　　希特勒拒絕增兵援救墨索里尼。實際上，希特勒駐西西里的軍隊竊走了義大利軍隊的機械化設備，使義大利軍隊束手無策只能投降。德國人再

135　1943 年 7 月盟軍西西里島登陸戰役打響，因戰事失利和反法西斯運動高漲，義大利獨裁統治者墨索里尼被趕下了臺。

一次背叛了其義大利盟友。他們的所作所為與他們一次又一次地在蘇聯前線，在埃及的大撤退，穿越利比亞和的黎波里，直到在突尼斯最後投降如出一轍。[136]

所以墨索里尼得出一個不情願的結論：一切都完了。他可能看到了正義之神的影子。

但是，因為對整個人類所犯下的滔天罪行，他以及法西斯追隨者們將受到審判和懲罰。絕不允許任何一名罪犯以辭職作為權宜之計逃脫審判安定懲罰。

所以我們對義大利提出的條件跟針對德國和日本的一樣 —— 無條件投降。

我們絕不會以任何形式，用任何方式單獨與納粹締結停戰協定或和約。我們絕不允許留下任何法西斯主義的殘餘。

最終，義大利將會重建。重建工作將由義大利人民自己來完成，依據自由和平等的基本民主原則選擇自己的政府。同時，對被占領的國家盟國將不會效仿墨索里尼、希特勒和日本的模式：掠奪和飢餓。

我們已經在西西里幫助義大利人民。在他們的友好合作下，我們正在建立並維護社會治安和社會秩序。我們正在解散一些組織，這些組織使義大利人民處於納粹的暴政統治之下。我們正在為他們提供日常生活必需品，直到他們能夠完全自給為止。

的確，西西里人民為今天的一切而興高采烈。多少年來他們第一次能夠享受自己的工作成果。他們能夠吃上自己種植的糧食，而不是被法西斯分子和納粹分子搶走。

在每一個被納粹和法西斯分子，或日本軍國主義征服的國家，當地的

136　這裡指德意軍隊在北非戰役中的潰敗和投降。

人們都淪為奴隸。

　　恢復被占領國家人民做人的尊嚴，做自己命運的主人，享有言論自由、宗教信仰自由、消除貧困和恐懼是我們的決心。

　　我們已經開始履行我們的承諾。

　　如果我冒犯了那些搞黨派之爭的人，那些稱我們的政策是「瘋狂的利他主義」和做「不切實際的白日夢」的人，我深表歉意。

　　同時，西西里和義大利的戰爭仍在繼續，也必須繼續，直到義大利人民認知到這場戰爭再打下去是徒勞無益的。義大利人民也從未全心全意地支持和贊成這場戰爭。

　　從我們制定北非戰役計畫至今已一年有餘。制定西西里戰役計畫也已經六個月了。[137] 我承認我性情急躁。但我想我明白而且大多數人也明白準備大規模的軍事行動需要大量的時間。我們不能拿起電話就下令下週發動一次新的戰役。

　　譬如，在進攻北非的部隊以及北非之外的部隊的背後是成千上萬的艦隻和飛機在守衛漫長的，充滿危險的海上運輸線，把兵員、設備和所需儲備送往前線。在這些背後是國內的鐵路線和高速公路，將兵員和軍火運到港口；國內還有為數眾多的工廠、礦山和農場生產加工出這些物資；還有眾多的新兵訓練營，訓練新兵掌握如何在海灘上、沙漠中和山區中執行陌生、艱苦、危險的任務。

　　所以這一切都要不斷地重複。先是在北非，然後是在西西里的進攻中。在西西里，我們增加了空中打擊力道。因為我們可以利用北非為基地，削弱西西里登陸地區敵人的防線，破壞敵人的補給線。

137　北非戰役計畫即北非登陸戰役的作戰計畫，代號「火炬」，1942 年 7 月中制定完成。西西里戰役計畫即西西里島登陸戰役的作戰計畫，1947 年 1 月間在卡薩布蘭卡制定完成。

　　我們有趣地發現，每架「空中堡壘」轟炸機從北非基地起飛轟炸那不勒斯的港口設施時，每次任務需要 1,110 加侖汽油，這相當於 375 張「A」級汽油定量供給票，足夠你駕車橫跨北美大陸 5 次。如果你將這乘上海外戰場上成千上萬的飛機、吉普、卡車和坦克的話，你將能更好地了解你在戰爭中的作用，更加了解汽油配給制的意義。

　　當我告訴你們攻擊西西里的先頭部隊包括 3,000 艘艦船運送 16 萬名士兵（其中有美國、英國、加拿大和法國的士兵），14,000 輛汽車，600 輛坦克和 1,800 門大炮時，我覺得個人以及家庭的便利便顯得不是那麼的重要。緊隨先頭部隊之後，每天每夜都要增加數千名援兵。

　　對西西里戰役的精心策劃已收到成效。我們在人員傷亡、艦船和物資損失方面已遠遠低於我們事先的估計。

　　我們所有的人都為這次戰役中參戰官兵的驍勇善戰而感到白豪。英軍第 8 軍（其中包括一些加拿大士兵）遇到了最為頑強的抵抗。但對這支久經戰火考驗的部隊來說這算不了什麼。德軍每抵抗 1 小時都要付出慘重的代價。美軍第 7 軍在西西里南部開闊的海灘強行登陸後，橫掃該島，直插其首府巴勒莫。對我們部隊中很多人來說，這是他們首次參加實戰，但他們都表現得像久經沙場的老兵一樣。

　　這歸功於戰場上盟軍各部隊的協調作戰；歸功於整個戰役的精心策劃；歸功於艾森豪將軍[138] 的運籌帷幄。坎寧漢海軍上將、亞歷山大上將和特德皇家空軍中將[139] 都身經百戰，善於應對海陸空軍事行動中各種複雜的情況。

138　德懷特·D·艾森豪（Dwight David Eisenhower, 1990 ～ 1969），美國將軍、第 34 任總統。五星上將軍銜。曾任二戰期間的盟軍總司令，指揮北非、西西里和諾曼第諸次重大戰役。

139　這裡的坎寧漢（Cunningham）、亞歷山大（Alexander）和特德（Teder）都是英國軍人，擔任艾森豪的副手。當時艾森豪的軍銜是三星中將（也是臨時的，實際軍銜只是中校），這三人的軍銜都高於他（坎寧安和亞歷山大是上將，特德是四星中將）。

爐邊談話 Fireside Chats

你們可能聽人說過，英國人和美國人永遠不能和睦共處；你們可能聽到有人說陸海空軍永久不可能共同作戰；陸海空三軍真正的共同作戰是不可能的。突尼斯和西西里戰役讓那些心胸狹窄之人的偏見不攻自破。

這次戰爭中英國人民大無畏的戰鬥精神透過溫斯頓‧邱吉爾的演講和行動彰顯無疑。全世界的人們都知道美國人民對邱吉爾的深厚感情。

更加艱苦的戰鬥擺在我們面前。在今後的戰鬥中，我們和我們的盟國將像西西里戰役一樣共同作戰。我們將共同堅持到底。

今天，我們的造船能力達到了令人難以置信的程度。今年我們建造的商船的總噸位超過了 1 億 9,000 萬噸，明年將超過 2 億 1,000 萬噸。我必須清醒地認知到，本次戰爭中，除了橫跨大西洋的運輸，在阿留申群島，[140] 在西南太平洋，在印度以及在南美沿海地區都有軍事行動。

幾個月來，我們被擊沉的船隻越來越少，而敵人被擊沉的潛艇卻越來越多。希望這種局面能持續下去。但我們沒太大的把握。我們一刻都不能放鬆警惕。

商運迅速增加的一個直接的成果便是我們能夠中止咖啡配給制了。這對國內的民眾來說是個好消息。我們同樣也期望能在短時間內大幅度增加食用糖的供給。

那些少數總是抱怨國內生活有諸多不便的美國人應該多從我們的盟國廣大民眾那裡學到些什麼：英國、中國、蘇聯以及所有被我們共同敵人占領國家的人民。

最艱苦也最具有決定性的戰鬥正在蘇聯進行。我很高興我們和英國已經能夠在某種程度上給予蘇軍以支持。

1941 ～ 1942 年，蘇聯雖退卻，但並沒有崩潰瓦解，將許多兵工廠從

140　阿留申群島，北美洲阿拉斯加西南的火山群島，隸屬於阿拉斯加州。

蘇聯西部地區遷到內陸地區，能夠團結一心保衛自己的祖國。

　　蘇軍的勝利已經表明對他們妄加斷言是危險的。這一點那位神祕的戰略大師希特勒也感受到了。

　　本月初德國發起的短暫反攻，是企圖鼓舞德國民眾士氣的垂死掙扎。蘇聯人並沒有上當。他們在繼續實施反攻計畫 —— 與整個盟軍戰略反攻協調一致的反攻計畫。

　　在約瑟夫・史達林元帥的領導下，蘇聯人們和軍隊表現出了前所未有的奉獻精神、堅定的決心和自我犧牲。

　　一個國家在挽救自身的同時幫助全世界免受納粹的威脅，我們願意將來與這樣的國家做好鄰居，成為真摯的朋友。

　　在太平洋地區，從阿留申群島一直到新幾內亞，我們打得日本人節節敗退。我們已經掌握了主動權，我們不會放棄。

　　形勢變得越來越明朗。消耗戰，也就是逐漸消耗日本人的實力的做法已初見成效。日本已損失越來越多的飛機和船隻而無法補充。

　　持續強而有力的消耗戰，將迫使日本從緬甸、泰國和海峽殖民地，再穿過荷屬東印度群島到新圭亞那東部和所羅門群島漫長的戰線退縮回去。我們完全有理由相信他們的海上、空中運輸保障能力支撐不了這樣漫長的戰線。

　　我們在太平洋地區的陸海空的力量正在不斷增強。如果日本人是從長遠的角度來制定他們太平洋地區的遠景規畫，使自己能夠站穩腳跟，並開發已征服地區的資源的話，他們最好現在就修改計畫。我只是給他們一個建設性的建議。

　　我們正在向蔣中正元帥的英勇軍隊提供飛機和至關重要的軍需物資。我們要不惜一切代價繼續支持下去。

爐邊談話 Fireside Chats

儘管敵人企圖阻撓，從印度穿越敵占區的空中補給線從未間斷過。在緬甸上空我們奪取了主動權並已擁有空中優勢。我們正在轟炸中國、印度支那和緬甸境內的日軍交通設施，軍需庫和軍事基地。

但是我們還遠沒有達到對日作戰的主要目標。讓我們回憶一下，一年前在歐洲戰場上我們距我們的目標有多遠。我們正向前推進占領戰略要地，使我們能夠從四面八方向日本列島發起攻擊。

你們可能有所耳聞，我們在前方取得了重大勝利，但在國內卻慘遭失敗。一些虛假的宣稱說得很輕巧但卻不是事實。我認為這是另一種不成熟。

戰爭持續得越久，有一點就越加明瞭：沒有人能簡單地用鉛筆把一張紙一分為二，稱一邊是「前線」，另一邊是「後方」。因為這兩邊是密不可分地連繫在一起的。

每一個陸軍師、每一支海軍特遣部隊、每一個戰鬥機中隊，都要依賴設備、彈藥、燃料和食品，當然還要依靠人力，依靠那些在辦公室、工廠和農場裡工作的那些普通美國民眾。

如果我們要取得最後的勝利並謀求世界的和平，以此證明我們所付出的犧牲是值得的，那麼我們必須像贏得北非戰役和西西里戰役那樣精心制定作戰計畫。

同盟國已就戰後的總體目標達成共識。各國一致同意，現在就所有的和平條款和未來的一切細節展開討論還為時尚早。讓我們先贏得戰爭。我們一刻也不會放鬆對敵人的進攻。我們不能把時間花在確定每一條邊境線及解決世界上每一個地區的政治糾紛上。現在最重要的是將戰爭進行下去直至最終的勝利。

專注於軍事勝利的同時，我們並沒有忽視對未來的籌劃。這就是自

由 —— 在全世界為人們帶來更多的尊嚴和正義。

在種種別的事情之外，我們今天已經在為軍人退役返鄉、回歸平民生活做出規畫。這些軍人轉業回鄉，不能讓他們面對的是通貨膨脹和失業，不能讓他們淪落到排隊領取救濟食品為生，靠在街角出售水果度日的窘境。我們必須現在就制定好計畫，而不是要等到最後的時刻倉促應對、效率低下、考慮不周全。

我已向我們的軍中將士們保證，當戰爭勝利的時候美國人民不會讓他們失望。

我希望國會協助我履行我的承諾，因為很明顯政府職能部門是無法做到的。希望國會這一點上能盡心盡職，美國人民將堅持對為我們打贏這場戰爭的將士們履行自己的義務。

當然，安置好歸國的將士們只是問題的冰山一角。自 1941 年以來，有數百萬美國人工作、生活在戰時經濟當中，要解決好這些人的安頓問題。更大的目標是戰時狀態向和平時期的過渡。政府正在擬定計畫，並遞交國會予以實施。

但是，比起其他人軍人一定要做出更大的犧牲，無論是在經濟方面還是其他方面。軍人有權要求採取明確的行動來解決他們的特殊問題。

在我看來，他們至少有權要求下列事宜：

第一，每位軍人和每位商船船員光榮轉業或退伍時發給一筆安置費。針對每個人的實際情況發給足夠的安置費，使其能夠維持自退伍轉業到找到一份新工作這段時間的生活。

第二，萬一努力之後仍未找到工作，如果在美國就業服務署登記註冊，就可以領取失業救濟金。

第三，為軍人提供進一步教育或貿易培訓的機會，所需經費由政府承

擔。

第四，依照其服役期限，抵減所有的參戰士兵失業保險金和養老保險金。為此，所有的參戰士兵視同一直在私人企業工作。

第五，改進並放寬殘疾軍人和商船船員在就醫、休息療養及醫療保健方面的條款。

最後，發放足夠的撫恤金給殘疾軍人。

政府正在擬定其他重大的，具有建設性意義的計畫以解決某些迫在眉睫的問題，涉及食品、人力、以及其他與軍人密切相關的問題。

幾週之內，我將就政府職能部門將要採取的確切行動以及國會在新的立法方面具體的建議和舉措再次發表講話。

然而，我們對未來所有的籌劃都要基於對所面臨問題的清醒認知和了解。只能靠真正的思考，而不是靠猜測臆斷，也不能靠政治上的操縱。

我承認我自己有時候都被報紙上相互抵觸的言論弄得暈頭轉向。一天我看到一則「權威性」聲明，聲稱我們將於今年，也就是 1943 年贏得戰爭勝利。接下來第二天又出現一則同樣「權威性」聲明，聲稱戰爭將持續至 1949 年。

當然了，兩種極端：樂觀主義和悲觀主義，都是錯誤的。

戰爭持續的長短將取決於前方和後方的全力以赴和堅持不懈，而且這些努力都是為了一個共同的目的。

美國士兵是不喜歡戰爭的。然而，如果他停止戰鬥哪怕是短短的一瞬間，他自己以及他的戰友可能就會喪命。

同樣，國內的工人也可能不會喜歡戰時條件下疲於奔命的工作、生活狀況。但是如果他對待工作漠不關心，消極怠工的話，同樣可以造成美國士兵血染疆場及一次重大戰役的失敗。

下一次如果有人對你說這場戰爭已「穩操勝券」，或者說「勝負已定」，你應該問他下面這些問題：

「你在滿載地工作嗎？」

「你在全心全意地種植糧食嗎？」

「你在盡自己所能購買戰時公債嗎？」

在防止通貨膨脹、打擊囤積居奇謀取暴利方面，在公正地執行配給制方面，你是真誠、愉快地配合政府的工作嗎？

「因為，如果你的回答是『不』，那麼戰爭要比你想像的持續更長的時間。」

我們推翻墨索里尼及其走狗的計畫已取得了巨大的成功。但是，我們還要打倒希特勒及其幫凶、東條英機及其軍國主義分子。沒有人能說這將是輕而易舉的事。

我們必須打到希特勒和東條英機的老巢。這要求我們傾注更多的精力，需要更多計謀和精心的籌劃。

我們要將所有的力量，智慧和意志力傾注到這場戰爭中。這樣說並不為過。美國是一個偉大的國家，一個富裕的國家。但這種偉大和富裕不足以使我們有絲毫的懈怠去浪費資源或犧牲將士們的生命。

不獲全勝絕不收兵。這是前方每一位將士的決心，也必將是每一位美國後方民眾的決心。

發起第三次戰爭籌款運動
—— 1943 年 9 月 8 日　星期三

　　這篇談話時在義大利與英美簽署投降協定（9 月 3 日）數天後進行的。羅斯福在這篇談話中宣布了義大利戰場的停戰，但同時警告國人戰爭遠沒有結束，號召盟軍將德軍趕出義大利，並打贏地中海戰役，明確了戰爭的終極目標，即打到柏林，打到東京。為了配合戰爭的物資需求，羅斯福發起了第三次認購戰時公債的全民運動。

　　美國同胞們：

　　幾年前，美國中西部有一座城市遭遇了洪水的威脅，整座城市危在旦夕。洪水即將漫過堤壩。全城所有的男女老少都被調動起來填運沙袋以抵禦不斷上漲的洪水。多少個日日夜夜，毀滅和死亡近在咫尺。

　　最終，全體民眾眾志成城，萬眾一心，保住了家園。所有的人，不分種族：商人、工人、農民、醫生和傳教士都參與了這場與洪水的殊死較量。

　　對我來說，這座城市就是一座豐碑，它詮釋了什麼是「人心齊，泰山移」。

　　今天，同樣需要全體民眾的眾志成城、萬眾一心，只是規模更大，使盟國及其民眾能夠保住文明的大堤不被侵略、野蠻和大屠殺的洪水所吞噬。這場洪水已肆虐 4 年之久，我們終於開始遏制住它。但洪水尚未完全退卻，我們不能有絲毫的放鬆與懈怠，要持續不斷地裝填沙袋嚴陣以待。這次發行戰時公債的活動，我們就是在裝填沙袋以抵禦洪水。如果我們要阻擋住這污水洪流，不被它席捲而去，這些沙袋就是必不可少且至關重要的。

　　今天，義大利境內已進入停戰狀態。[141]

141　1943 年 7 月 25 日墨索里尼下臺後，原意軍總參謀長巴多里奧組成新政府，並宣布停戰。9 月 3

　　對盟軍來說，這是一個重大的勝利。而對義大利人民來說也同樣是一個重大的勝利。遭受了常年的戰亂和屈辱的生活，義大利人民終於迎來解除束縛的這一天，從納粹的魔爪下解脫出來。

　　但我們切不能誤認為這局部的停戰就意味著地中海地區戰爭的結束。我們必須將德國人趕出義大利，就像當初我們將他們趕出突尼斯和西西里一樣。我們必須將他們驅逐出法國以及其他所有的被占領國家。我們還必須從四面八方向他們的本土發起進攻。

　　這場戰爭的最終目標是一直打到柏林和東京。

　　請你們時刻牢記我們的目標。不要忘記要達成這些目標還有很長的路要走。

　　今天從艾森豪將軍那兒傳來了好消息。大家絕不能飄飄然而高枕無憂並且安逸到：「好了，終於大功告成了。我們已經打得敵人聞風而逃，一敗塗地。現在我們可以好好地慶祝一番了。」

　　現在就慶祝還為時尚早。而且我懷疑當勝利來臨時，我們是否還會有慶祝的想法。我想到時候我們共同的想法會是決心不讓戰爭的悲劇重演。

　　過去的幾週裡，我與邱吉爾首相及盟軍的統帥們一直在召開會議，並一直與我們的盟友蘇聯和中國保持聯繫，他們正在遠東前線與敵人進行不屈不撓的戰鬥，並取得了輝煌的戰績。在這樣一個生死攸關的時刻我和邱吉爾在華盛頓舉行了會晤。

　　我們看到，去年 1 月分在卡薩布蘭卡、5 月分在華盛頓制定的計畫[142]成效顯著，令人滿意。近來我們已針對未來制定了新的全面計畫。但在整個會議期間，我們時刻保持著清醒的頭腦，在即將到來的幾個月漫長的時

　　日，新政府與美英簽訂無條件投降協定。

142　這裡的計畫分別指北非戰役和西西里戰役的作戰計畫。下文的「新的全面計畫」，則指代號「霸王」的諾曼地登陸計畫。

間裡戰爭規模會更大，也會更加殘酷。

這場戰爭一刻也不會，也不能停止。前方的將士知道這一點。那些正在穿越叢林與日軍激戰的將士們，那些在破曉時分乘登陸艇衝向敵人海岸的將士們，那些駕駛轟炸機超低空飛行將炸彈投向目標的勇士們，他們每一個人都知道，戰爭每一分每一秒都在繼續，直至取得徹底的勝利。

同樣，盟軍的每一位統帥正在一刻不停地進行著。每耽擱一天都可能付出慘重的代價 —— 戰爭就可能多持續數月。

我們計劃及發動的每一次戰役，每一次戰役中的每一次戰鬥，都要計算出數量驚人的物質消耗。在任何資源的運用都絕不能吝嗇，因為我們需要這一切資源去完成我們的使命。

在世界各地的每一塊戰場，無論是陸地、空中還是海上，美軍將士們已經表現得十分出色。現在該是你們來證明自己的時候了，證明你也正在做出貢獻，甚至超越那些前方的將士。僅僅將我們日常積蓄用於購買戰時公債的意願不夠的。我們必須節衣縮食剩下錢來購買戰時公債。只有這樣我們才對得起自己的良知。現在就看你們的了，美國國內的同胞們。我們的兒女正在為捍衛我們的家園而工作、戰鬥甚至犧牲。

當談到我們美國人是不會樂於把劣質的裝備送到我們前線部隊手中的時候，我知道我是說給每一位美國人聽的。我們也不會滿足於將與敵人旗鼓相當的裝備交予部隊手中。我們一定要為我們的部隊提供每一種他們所急需的武器裝備。這些武器裝備無論在數量上還是在品質上都要占有壓倒性優勢。

那麼我們的這種壓倒性優勢有從何而來呢？這只能來自每一位美國民眾的支持。你們借給政府的錢，你們所繳納的稅，都要用於購買那些致命的，同時又是挽救生命的武器裝備。這些武器裝備是贏得勝利所必須的。

這是一場代價昂貴的戰爭，要花大量的錢。身為美國公民，你們可以維持最低的生活支出，以支持政府度過難關。

美國人民永遠都不會去考慮為了挽救文明所付出的代價。他們知道，如果沒有了自由，金錢將會失去意義。

可以確信，敵人正在盯著我們的一舉一動。他們知道，此次籌款如獲成功，戰爭進程將會縮短。他們知道，美國民眾籌的錢款越多，戰場上美軍將愈加強大和果敢。他們知道，只有美國民眾團結一心、意志堅定才可能夠募集到這 150 億美元的巨額資金。

4 月分第二次戰爭籌款的巨大成功表明，我們這個民主國家的民眾是前方將士的堅強後盾。

今晚行將舉行的第 3 次戰爭籌款也將取得巨大的成功，因為美國人民是不會坐視不管的。

我無法說清在這第 3 次戰爭籌款過程中將會有多少錢購買戰時公債。沒有人能說得清。這全靠你們憑自己的良知來決定。

然而，我還要補充說一點。因為國家的需求比以往的任何時候都要大，我們也要做出比以往任何時候都要大的犧牲。

沒人知道全面的勝利會何時到來。但是我們知道，對敵人的攻擊越猛烈，我們的力量越強大，戰爭的進程就會越短，所付出的犧牲也就越小。

第 3 次戰爭籌款的成功表明，美國並不打算安於現狀。我們知道前面的任務更艱難。我們不會停下前進的腳步直至最終完成我們的任務。

考驗你們的時候到了。

你們用於購買戰時公債的每 1 美元都是你們對我們的共同敵人 —— 野蠻殘暴的德國人和日本人的蔑視，都表達了你對盟國以及前方所有將士的信心，也是對他們士氣的極大鼓舞。上帝保佑他們！

關於德黑蘭會議和開羅會議
—— 1943 年 12 月 24 日　星期五

　　開羅會議和德黑蘭會議是 1943 年 11 月下旬同盟國首腦連續舉行的兩次推進戰爭進程和進行戰後規劃的重要會議，由此確立了開闢歐洲第二戰場和遠東聯合作戰的計畫，開始了對軸心國的全面反攻，並確立了戰爭目標和戰後和平原則。此時，勝利的曙光似乎已經顯露，和平安寧已經不再遙遠，「終於可以滿懷信心的憧憬未來了」。緣此，羅斯福意味深長地選擇在平安夜做了這次「爐邊談話」。顯然主題是兩次會議，但平安、聖誕的氣氛貫穿整個談話，「世界和平，人類友善」的聖誕精神給人以極大的溫馨和鼓舞。

　　朋友們：

　　我剛剛結束對地中海地區以及蘇聯邊境地區的巡訪返回。就目前的軍事問題，尤其是就從各個方向加快對敵人的計畫方面，我與英國、蘇聯和中國的領導人舉行了會晤。

　　今年耶誕節，光是美國的兵力就達到了 1,000 萬人。一年前，我們在海外作戰的兵力是 170 人。今天，這個數字翻了一番還要多，海外兵力總數達到了 380 萬人。到明年 7 月 1 日，海外兵力的總人數將增加到 500 萬人。

　　今天，當對外廣播機構為我安排時間對我們的三軍將士以及商船船員發表講話之際，我才真切地感受到這是一場真正意義上的世界大戰。此時此刻，美國、加勒比海、南美的北部海岸正是下午；阿拉斯加、夏威夷和太平洋中部地區還是早晨；冰島、英國、北非、義大利和中東地區已是夜晚。考慮到這些情況，我們確定了此次廣播的時間。

関於德黑蘭會議和開羅會議—1943 年 12 月 24 日　星期五

　　西南太平洋、澳洲、中國、緬甸和印度現在已是耶誕節了。所以，可以這樣說，此刻對遠東地區作戰的美軍官兵來說，已經是 25 日了。

　　但是，在世界的每一個角落，在這場世界大戰的每一時刻，一種特殊精神一直在激勵著我們。這種精神是我們貼近我們的家園，是我們與朋友和鄰居的關係更加親密。這就是「世界和平，人類友善」的聖誕精神。這種精神生生不息。

　　過去的幾年中，霸權主義和野蠻的侵略行徑在歐洲和亞洲橫行，聖誕狂歡也由於對未來的憂慮被蒙上了陰影。我們曾互致問候說：「聖誕快樂！新年快樂！」但我們清楚籠罩在世界上空的烏雲使我們難以誠摯的、滿懷信心地互致祝福。

　　今年，我們仍將歷經更多的磨難，面對更多的犧牲和個人的悲劇。經歷了所羅門群島、吉爾伯特群島、突尼斯和義大利的血戰，以及對現代戰爭的體驗和了解，我們的將士們知道仍然有許多大仗要打，代價也將更大。

　　但是，今年的平安夜，我們終於可以滿懷信心地憧憬未來了。也就是說，無論代價多麼巨大，「世界和平，人類友善」能夠並終將得以達成和保障。今年我可以說這樣的話了。去年，我只能表達一種希望。今天，我對此十分有把握，儘管代價可能很大，所需時間也可能較長。

　　過去的幾年，過去的幾週已經創造了歷史。比起整個人類歷經的任何一個歷史階段，比起歷史上動盪歲月中人類所大膽奢望的一切，我們所創造的歷史都要輝煌燦爛的多。

　　今年 10 月的莫斯科會議，莫洛托夫、艾登和美方的赫爾先開創了先河，[143] 為後續的諸多會議鋪平了道路。

143　莫洛托夫、艾登、赫爾分別是當時蘇、英、美三國的外交部長（大臣），他們在莫斯科的會晤為後來三國元首的會議打下了基礎。

爐邊談話 Fireside Chats

在開羅會議和德黑蘭會議[144]上，我們不僅專注與軍事問題，還特別考慮了對世界未來的規劃，以告慰在這場戰爭中死去的亡靈。

當然，大家都知道，我和邱吉爾先生以前曾愉快的會晤多次。我們之間彼此熟悉，彼此了解。的確，邱吉爾先生在美國早已名聞遐邇，受到美國民眾的愛戴。最近在他身患重病期間，所有的人都發自內心地為這位偉人祈禱。

在開羅和德黑蘭會議上，我第一次有幸與蔣中正總司令和史達林元帥這兩位不可征服的領導人坐下來面對面交談。在開羅和德黑蘭，我們原打算隔桌交談，但很快我們就發現我們坐到了同一邊。懷著對彼此的信任我們來參加這場會議。但我們需要個人之間的接觸。如今我們彼此之間的信任在加深。

跋涉數千英里的會晤是非常值得的。期間，我們收穫了令人振奮的保證：我們在多個主要的目標上完全一致，包括達成這些目標的軍事方法。

在開羅會議期間，我和邱吉爾首相和蔣中正總司令共同度過了 4 天時光。我們第一次有機會在一起共同審視分析遠東地區的複雜局面。我們不僅敲定明確的軍事戰略方針，而且還商討了某些長遠的原則。相信這些原則能為遠東地區的未來帶來和平。

這都是一些簡單、基本的原則。其中包括：將掠奪的財產歸還給其法定擁有者；承認遠東地區的人們有權按照自己的意願建立自治政府。永遠

---

144 開羅會議是美、英、中三國首腦在 1943 年 11 月 22 ～ 26 日在埃及首都開羅舉行的會議，會議商討了聯合對日作戰計畫以及擊敗日本後如何處置的問題，12 月 1 日發表《開羅宣言》。《開羅宣言》的主要內容是：剝奪日本在一次大戰開始後在太平洋占領的一切島嶼，歸還日本侵占的中國領土，把日本從其攫取的所有土地上驅逐，堅持日本無條件投降。
德黑蘭會議是美、英、蘇首腦 1943 年 11 月 28 日～ 12 月 1 日在伊朗首都德黑蘭舉行的會議，會議討論了三國對德作戰中的一致行動和戰後和平問題，締結了《德黑蘭協定》（當時未發表），規定美英等於 1944 年 5 月發動諾曼地登陸（實際上在 6 月 5 日），開闢第二戰場。會後發表的《德黑蘭宣言》宣布就消滅德軍的計畫取得完全的協議，並將協力在戰後創造和平。

消除日本帝國主義，消除其成為侵略的後患，以確保太平洋地區和世界其他地區的和平與安寧。這一點至關重要。美國以及其他國家的將士們，將永遠不必再像今天這樣與敵人逐島爭奪，浴血奮戰。

不斷強大的美軍正在沿一條巨大弧線的許多點上狠狠打擊日本人。這條弧線穿過整個太平洋，從阿留申群島一直到緬甸的叢林。美國、澳洲、紐西蘭、荷蘭、以及英國的陸海空軍匯集在一起，形成一條鋼鐵洪流，緩緩地向前推進，形成對日本的包圍。

亞洲大陸上，在美國空軍的支援下，蔣中正總司令統帥正指揮中國軍隊正在發起反攻，將侵略者趕入大海下。

按照在開羅制定的軍事計畫，馬歇爾將軍已與麥克阿瑟將軍和尼米茲將軍[145]多次召開會議。這些會議的內容在不遠的將來對日本人來說將會是噩耗。

在與蔣中正總司令的會晤當中，我看出他是一位有遠見卓識，英勇無畏，對眼前及將來的諸多問題有獨到見解之人。我們就對日本從各個方向發起攻擊的方方面面的軍事問題展開了討論。我可以這樣說，他是帶著我們要戰勝共同敵人的堅定信念返回重慶的。今天，我們與中華民國之間比以往任何時候都緊密團結，情深誼厚，目標一致。

開羅會議之後，我和邱吉爾先生乘飛機前往德黑蘭。[146] 在那裡我們與史達林元帥會晤。就我們能夠想到的每一個關於戰後及戰後建立持久和平的問題我們開誠布公地展開了討論。

經過整整 3 天緊張友好的商討，我們就對德國發起大規模進攻的每一

145　切斯特·尼米茲（Chester W. Nimitz, 1885 ~ 1966），美國海軍五星上將，曾任太平洋艦隊總司令兼太平洋戰區最高司令，指揮中途島海戰以及諸多太平洋奪取日占島嶼的行動。

146　開羅和德黑蘭會議原本應是四國首腦的國際會議，由於當時蘇聯對太平洋戰爭保持「中立」，所以史達林不願出席有蔣中正參加的會議，故一個會議分成了兩個：史達林不參加開羅會議，蔣中正不參加德黑蘭會議。

個細節達成了共識。

　　蘇軍將在東部繼續向德軍發起堅決的反擊；義大利和非洲的盟軍將在南部對德軍施壓。如今，隨著美軍和英軍在其他地方對德軍發起攻擊，對德軍的包圍將最終完成。

　　擔任這次從其他地方對德軍發起聯合進攻的司令官是艾森豪將軍。艾森豪將軍在非洲、西西里和義大利戰功卓著，屢建奇功。他深諳如何指揮陸海空三軍共同作戰，並有過成功的戰例。卡爾·安德魯·斯帕茲[147]中將將指揮所有美國戰略轟炸機群對德國實施轟炸。

　　艾森豪將軍將把他在地中海地區軍事指揮權移交給一位英軍將領。這位將領將由邱吉爾先生來任命。我們現在想這位即將到任的指揮官鄭重承諾，駐地中海地區的美軍將聽從他的指揮，直至達成該地區的每一個目標。

　　來自美軍和英軍的眾多下屬軍官將輔佐這兩位新上任的指揮官，其名單於近期公布。

　　過去的兩天裡，我和史達林元帥、邱吉爾先生在德黑蘭對德國戰敗之後的事宜做了前瞻。我們一致決定必須剷除德國所有的軍事力量，並且不允許其在可以預見的未來重新發展軍備。

　　盟軍無意奴役德國人民。我們希望德國人們能夠作為歐洲大家庭當中有益的、受尊敬的一分子有機會在和平的環境中發展。但我們要特地強調「受人尊敬」這一字眼。因為我們要徹底地消除納粹和普魯士軍國主義；徹底地清除那種認為日爾曼民族是優等民族的荒唐理念，給整個人類都帶來了災難。

147　卡爾·安德魯·斯帕茲（Karl Andrew Spaatz, 1891 ～ 1974），美國空軍四星上將，曾任戰略航空兵司令、空軍參謀長，曾指揮 1942 年的對歐洲德占區轟炸和 1945 年的對日原子彈投擲。

關於德黑蘭會議和開羅會議—1943 年 12 月 24 日　星期五

　　我們從總體上粗略地探討了關於國際關係方面的事宜，並未涉及細節。基於我們討論的內容，我今天可以說蘇聯、英國和美國之間不會產生任何無法解決的分歧。

　　在這些會議上，我們著重探討了一些基本的原則問題，其中包括了世界上所有國家的安全問題、安康事宜和生活水準方面的問題。

　　借用一句不太符合語法規則的美國俗語，可以說我和史達林之間能夠「處得來」（got along fine）。他這個人既意志十分堅定，又非常幽默。我認為他的確是蘇聯人民可依賴的人。而且我也認為我們與史達林之間，與蘇聯人民之間會和睦相處的。

　　英國、蘇聯、中國、美國以及其他盟國的人口占了世界總人口的四分之三還要多。只要這四個軍事力量強大的國家團結一心，堅定地維護世界和平，就不會有哪個國家能夠再次挑起世界大戰。

　　但這四個大國必須與其他歐洲、亞洲、非洲和美洲所有熱愛自由的人民聯合並合作。國家無論大小，其主權都要受到尊重和保護，就如同我們每一個共和國的主權一樣。

　　弱肉強食是敵人的信條，我們是不會接受的。

　　但與此同時，只要有必要，我們絕不放棄使用武力維護世界和平。

　　這是我們一貫的政策，也是一項常識性的政策：每一個嚮往自由的國家，其主權也必須由其為自由而戰的意願所決定。今天，我們要向那些被占領國家中看不見的盟友、地下抵抗組織和解放力量致敬。當大反攻之日到來之時，他們將會是強而有力的力量。

　　科學的發展使世界變得越來越小，地理距離正在被淡化。例如，歷史上大西洋和太平洋曾被看作是美國的天然屏障。例如，憑藉這樣的天然屏障，對我們美國以及其他美洲的共和國來說，抵禦強敵的入侵並保持獨立

在過去完全不成問題。最近，幾乎沒有人會認為我們能夠在太平洋沿岸抵禦日本人的入侵。

第一次世界大戰爆發的時候，很少有人會認為我們的船隻會在公海上受到德軍潛艇的威脅，沒有人會認為德國軍國主義會企圖主宰中歐之外的國家。

1918 年停戰之後，我們認為並希望德國軍國主義的思想體系已瓦解。懷著人類相互友好的善意，之後的 20 年當中我們一直在裁軍。受德國人悽楚哀鳴的假象的蒙蔽，其他的國家允許他們，甚至是資助他們發展軍備。

多少年以來我們一直滿懷虔誠的期望，期望侵略者和好戰國家能夠學會、了解並信守維護世界和平的信條。

過去的幾年中，我們善意的嘗試並未奏效，給我們帶來了災難。反對者希望我們不要再枉費心機。不，這樣說是不是過於軟弱了。我的決心是，身為美國總統和三軍統帥，我要盡我所能確保類似的悲劇不再重演。

美國國內總是有那麼一些喜歡瞎起哄的白痴，他們認為只要每一位美國人都返回各自的家園然後緊鎖大門就不會有戰爭了。自以為自己動機很崇高，但所發生一切已經卻表明他們並不願意去面對現實。

全世界絕大多數的人民是熱愛和平的。他們中的大多數人正在為贏得和平而戰鬥。不是為了休戰，也不是只為了停戰，而是為了和平，為了人類穩固、永久的和平。如果我們今天願意為和平而戰，那麼將來為了維護永久的和平在必要的情況下動用武力就是不合邏輯的嗎？

我相信並且我認為正在為贏得和平而戰鬥的另外三個大國也會與我們達成共識：隨時準備動用武力維護和平。如果能讓去德國和日本的民眾認知到全世界人民是不會放過他們的這樣一個道理，他們就完全有可能拋棄侵略的哲學：相信他們會稱霸全世界，甚至不惜喪失自己的靈魂。這也是

我的希望。

在兩週之後我將準備遞交給國會的報告，我將就開羅和德黑蘭會議做詳細的說明。屆時我還要詳談關於美國國內的情況。

但今天我想說的是，在我整個的行程中，無論是在國內還是在國外，目睹我們的將士所取得的輝煌戰績，使我倍感鼓舞和振奮。

我想對我們的將士及他們的家人們鄭重聲明，對正在全球各地指揮作戰的馬歇爾將軍和金海軍上將我們有絕對的信任並充滿信心。他們身兼重任，負責制定戰略計畫並決定於何時何地發起進攻。這兩位將軍已經在美國歷史中占有了一席之地，獲得了崇高的威望。歷史將記錄下他們的軍事才華，今天在這裡不便詳述。

某些駐紮在海外的美軍官兵正在異國他鄉度過第三個耶誕節。對他們，對所有身在海外以及那些即將奔赴海外戰場的官兵們我做出保證：贏這場戰爭並讓你們盡早歸國還鄉是政府的目標。

美國的民眾可以確信，當我們的將士凱旋歸來的時候，在自由的體制之下，美國將會給他們提供接受教育、療養；為他們提供社會保障、就業及開辦公司創業的一切機會。他們將會享有充分的選舉權，投票選出美國人民自己的政府。

美國人們完全有理由相信，這是一場艱苦的，頗具毀滅性的戰爭。在這次國外的行程中，我與那些與敵人在戰場上有過交鋒的將士們交談。這些將士們對戰況的如實講述再一次印證了敵軍將領和士兵們的強悍，驍勇和詭計多端。一定要歷經浴血奮戰才能贏得最終的勝利。戰爭已進入到這樣一個階段：我們必須預見到更大的傷亡 —— 陣亡、受傷以及失蹤。

有戰爭就必定會有死亡。勝利的道路不會平坦。戰爭何時結束現在還無法預測。

爐邊談話 Fireside Chats

　　我回到國內剛剛一週。我應當把我一路的印象告訴你們。我看到一些人存在這樣一種傾向，認為戰爭很快就會結束；認為我們已經取得了勝利。由於這種錯誤的認知，我察覺到優勢試圖重新挑起並鼓動黨派之間在思想上和言論上的紛爭與矛盾。我希望我是看錯了。因為，擺在我們面前第一位也是最重要的任務是打贏這場戰爭，為我們的子孫後代爭取持久的正義與和平。

　　在歐洲和遠東地區正在醞釀大規模的反擊。這需要我們、我們的盟國，無論是前線的將士還是在國內的生產一線的工人，都能夠傾盡自己的全力並表現出堅韌與勇氣。正如我先前所談到的，我們無法做到週一制定出大規模的作戰計畫，週六就發起攻擊。

　　將近一個月之前我乘一架大型運輸機飛抵巴勒斯坦小鎮伯利恆。[148]

　　今晚，平安夜，世界上所有的基督教徒都在思念這座小鎮，思念那顆1,900 年前在那裡閃爍的宗教之星。

　　今天，美國的將士們正戰鬥在白雪皚皚的山脈，戰鬥在瘧疾肆虐的叢林和烈日炎炎的沙漠；戰鬥在綿延的海岸線和雲霄之巔。他們在為他們的夢想而戰。我想，他們的英雄事蹟正代表了來自伯利恆的資訊。

　　代表美國人民及你們本國的人民，我想我們的軍中將士們傳達耶誕節的資訊：你們正在為剷除世界上的邪惡而戰鬥。我們在內心深處為你們及與你們並肩戰鬥的戰友們祈禱。

　　願上帝保佑你們，你們的家人及你們家鄉所有的親人們。

　　願上帝保佑那些傷病員們，保佑那些落入敵手，正等待重新獲得自由的戰俘們。

148　伯利恆（Bethlehem），基督教和猶太教的聖地，位於巴勒斯坦中部猶太山地的頂端，耶穌誕生教堂是其最著名的古跡。山洞教堂正中的大理石上綴有一顆銀製五角星，上鐫拉丁文：「童貞女瑪利亞之子耶穌基督在此降生。」

　　願上帝收留並悉心呵護那些不幸身亡的將士們。他們的同胞將會永遠的緬懷他們。

　　願上帝保佑那些平安夜還在前線殺敵的勇士們。

　　願上帝保佑我們所有的人。讓我們堅信我們是在為人類美好的明天而戰 —— 在這裡，在世界的每一個角落。

爐邊談話 Fireside Chats

致國會的國情咨文
—— 1944 年 1 月 11　星期二

這原本是羅斯福要向國會宣講的國情咨文，但因身患流感，未能前往，因此採取了「爐邊談話」的方式。談話中不但闡述了當時國內外的時政情況，更主要的是喚起人們的奮鬥精神，以信心十足的精神面貌徹底打贏戰爭。之後，羅斯福又展望了戰後的世界和任務，希望戰勝國能在戰後攜起手來，為建立一個永久和平的世界找到一個造福千秋萬代的公平架構。這篇咨文也表露出羅斯福日後創建聯合國的初步想法，同時流露出後來《聯合國憲章》的精神，即「維護國際和平與安全」，「促成全球人民經濟及社會之進展」的思想雛形。

女士們，先生們：

今天，按照憲法的要求我向國會遞交年度咨文。由我本人來宣讀這些年度咨文已成為慣例，同時這些咨文已向全國廣播。今年我還要遵循此慣例。但是，像許多美國同胞一樣，我也染上了流感。儘管我已基本痊癒，我的醫生還是不允許我離開白宮前往國會大廈。

只有少數幾家國內報紙全文刊登了國情咨文。在這歷史上具有重大意義的一年，我十分迫切地想讓美國民眾傾聽到我向國會提出的建議以及我提出這些建議的理由。以下便是我的講話：

在過去的 2 年中，美國已積極參與到這場反對奴役全人類的偉大戰爭。

當今世界已受到強盜統治的嚴重威脅。我們已經與那些志同道合的人們聯合起來捍衛我們自己。

但那時我認為，任何一位美國人都不能僅僅滿足於能夠生存。我們和

我們的盟國所付出的巨大犧牲賦予我們一項神聖的責任：確保我們的子孫後代有一個更加美好的未來，而不僅僅是生存。

我們正聯合起來，下定決心絕不允許出現這樣的局面：這場戰爭結束之後，經過短暫的過渡又降臨一場新的災難。我們決心絕不重複「鴕鳥孤立主義」的悲劇性錯誤。

赫爾先生 10 月前往莫斯科，我在 11 月前往開羅和德黑蘭的時候，我們就知道我們已與盟國達成共識，共同決心戰鬥到底打贏這場戰爭。但是，仍然存在諸多關於未來和平的至關重要的問題擺在我們面前。在和諧友好的氣氛中，我們開誠布公地商討了這些問題。

在上一次世界大戰中，直到戰爭結束，各代表團圍坐在談判桌前之時才開始類似的商談和會晤。此前，根本就沒有面對面協商的機會以達成共識。結果，和平並非真正意義上的和平。

在此，我要對某些心存疑慮的人說上幾句。這些人擔心我或者是赫爾先生已經做出承諾：美國保證將來將信守祕密條約，或扮演世界聖誕老人的角色。

對於這種多疑的人 ── 這是客氣的稱呼 ── 我希望說明，邱吉爾先生、史達林元帥和蔣中正總司令都很了解我國憲法的規定，赫爾先生也是如此。我也如此。

當然，我們是做出了一些承諾。我們確實做出了承諾要制定大規模的、具體的軍事計畫，調動所有的軍事力量，盡可能早日打敗我們的敵人。

但是，根本就沒有什麼祕密條約以及政治、經濟方面的承諾。

經與每個國家單獨協商及全體盟國成員國的共同討論，未來最高的目標可以歸結為一個詞：安全。

這不僅僅意味著不受外敵侵略的有形的安全，這還意味著在國際大家庭當中，擁有經濟安全、社會安全和道德安全。

在與蔣中正總司令、史達林元帥和邱吉爾首相的開誠布公的交談中，有一點是十分清楚：他們對恢復本國人民和平發展 —— 奔向更美好的生活非常感興趣。所以，我們的盟國都希望得到開發本土資源、建設工業、發展教育以及個人發展方面的機會，也希望得到提升生活水準的自由。

所有的盟國都已經從自身的經歷中 —— 從那些痛苦經歷中體會到如果被不斷的戰爭，抑或是戰爭的威脅轉移注意力的話，那麼真正的發展是不可能的。

我對以下重要現實的認知上，中國、蘇聯與英國、美國真正一致。

每一個國家，無論大小，其最高利益要求所有熱愛和平的國家加入一個公正、持久的和平體系。在目前的國際形勢下，德、意、日法西斯的行徑已經表明，我們只能動用武力對待那些和平的破壞者，就如同國家要用暴力來對待某些不守法的公民是一樣的。這一點毋庸置疑。與世界永久性和平同樣重要的是各國人民較高的生活水準。沒有恐懼與消除貧困是永遠連繫在一起的。

有些人就像視力極差、到處挖洞的鼴鼠一樣。他們到處造謠惑眾，說什麼如果其他國家的生活水準提升了，美國人自己的生活水準就會下降。

實際情況卻恰恰相反。如果一個國家的生活水準提升了，其國民的購買力就會提升。這樣，與之做貿易鄰國的生活水準也會相應提升。這是一個淺顯易懂的常識。正是這種淺顯易懂的常識為莫斯科、開羅和德黑蘭的會談打下了基礎。

當我結束旅程返回國內之後，我發現華盛頓這裡人們有很多錯誤的認知。我承認我感到很失望。這些錯誤的認知在於過分強調次要的問題，對

首要的和重大的問題卻重視不夠。

　　絕大多數美國民眾都能適應戰爭的要求，表現非凡的勇氣和極大的了解。他們已經接受了戰爭帶來的諸多不便、艱難困苦甚至是犧牲。而且他們準備並樂於為盡快贏得戰爭做出任何進一步的貢獻，只要讓他們了解自己該做什麼。

　　然而，當大多數人在毫無怨言地繼續工作的時候，有少數人一直在喧囂騷動，為某些特殊團體謀取特殊的優惠。總有些討厭的人蜂擁在國會大廳和華盛頓的雞尾酒吧，代表那些特殊的團體對抗國家的根本利益。以犧牲他人利益為代價，他們已逐漸把戰場戰爭看作是一個為自己謀求利益的機會 —— 金錢的利益或是仕途的升遷。

　　這種自私的喧囂騷動在戰爭期間是極為危險的。它會造成困惑，影響士氣，妨礙舉國上下的齊心協力並延緩戰爭的進程。

　　如果我們客觀分析美國的歷史，我們就無法迴避這樣的事實：在過去，我們並不總是能夠在戰時捨棄個人和黨派的利益 —— 我們也並不總是能夠在目的和方向上保持統一。我們不能忽視，在我們的革命戰爭、1812 年戰爭或者各州間的戰爭中，在合眾國處於生死存亡的危急時刻，都曾存在嚴重的分歧，都曾缺乏足夠的團結。

　　在第一次世界大戰中，我們比以往任何戰爭中都更接近於全國的統一。但是，那次戰爭僅持續了一年半，而且在最後幾個月裡我們的不團結已經開始日益嚴重。

　　這場戰爭使我們被迫體會到，所有的團體、所有的民眾是多麼的唇齒相依。

　　舉個例子，食品價格上漲將會使所有生產軍需品的工人們提出要求增加薪水。由此帶來所有的物資價格上漲，其中包括農民必須購買的東西。

薪資和物價的上漲將會造成同樣的結果。這樣會對固定薪資族群造成災難性的結果。

我希望你們記住，所有在政府任職的人，其中包括我在內，都屬於拿固定薪資族群。這一族群包括：企業負責人，工人和農民。這個族群還包括：教師、牧師、員警、消防隊員、和靠固定收入生活的寡婦和未成年人、軍人的家眷以及領取養老金的老年人。他們及其家人的總數超過了美國 1.3 億總人口的四分之一。國會大廈裡幾乎沒有人能代表他們施加影響。在嚴重通貨膨脹時期，他們會是最大的受害者。

如果說有這樣一段時期個人以及團體的私利要服從於國家的利益，那就是現在。大後方一盤散沙，互相爭鬥，謀求私利，停工怠工，通貨膨脹，商界一如既往，政界一如既往，奢華一如既往 —— 這些都造成了極壞的影響，削弱了前方將士的士氣 —— 而他們在前方隨時準備為我們犧牲自己的生命。

我並不認為那些牢騷滿腹的人實在蓄意破壞我們全民抗戰。他們完全是被一種錯覺所困惑，認為我們必須付出巨大犧牲的階段已經過去 —— 我們已經打贏了這場戰爭可以開始放鬆了。然而，目前我們的部隊距他們的最終目標柏林和東京路途遙遠，橫亙其間是數不盡的艱難險阻。由此，我們可以看出，上述觀點愚蠢到了危險的程度。

過度自信與沾沾自喜是我們最致命的敵人。去年春季 —— 在史達林格勒戰役、突尼斯戰役以及在公海上對潛艇取得明顯勝利之後 —— 過度自信表現突出，以至軍工生產有所下降。在 1943 年 6 月和 7 月，本來可以而且應該生產出來的 1,000 多架飛機卻沒有完成。沒有造出這些飛機的人並不是在罷工，他們只不過是在談論：「戰爭已經十拿九穩 —— 咱們可以放鬆放鬆。」

　　政府、管理方和普通員工，任何一方有這樣的態度都會延緩戰爭的進程，都將會給我們的士兵造成更大的傷亡。

　　讓我們回憶一下 1918 年的教訓。那年夏天，戰爭正向有利於協約國[149]的方向發展。但當時美國政府和美國人民並沒有絲毫的鬆懈。實際上，我們的國家為打贏這場戰爭做出了更大的努力。1918 年 8 月，徵兵年限從 21 ～ 31 歲放寬至 18 ～ 45 歲。總統號召「全力以赴」並得到了全民的相應。11 月分，即三個月後，德國投降了。

　　這才是打贏戰爭的真諦 —— 全力以赴，傾其所有；而不是只用半隻眼睛關注海外的戰事，另一隻半眼睛盯著一己私利或黨派的利益。

　　因此，為傾舉國之力和資源打贏戰場戰爭，也為了維持國內經濟健康穩定地發展，我向國會提出如下建議：

　　（一）採用一套實際的、簡化的稅法對個人及公司的不合理收益徵稅，以此降低由我們的子孫後代承擔的戰爭最終成本。國會目前考慮的稅法提案並未考慮上述的目的。

　　（二）關於戰時合約重新談判的法律要延續，此法律將防止產生高額利潤並確保對政府的價格公平。2 年裡，我一直懇請國會考慮控制發戰爭財的問題。

　　（三）頒布食品成本法。它將會使政府能夠（1）設定農民對其產品預期價格的合理低價；（2）設定消費者購買的必須食品的最高價格。正如我以前所提過的，這只適用於生活必需品，而且需要動用公共基金來實施，其數額相當於目前年戰爭支出的百分之一。

　　（四）早日重新修訂 1942 年 10 月頒布的價格穩定法。此項法規將於 1944 年 6 月 30 日到期失效。如不能提前修訂並延續此法案，預計到夏季會出現

149　協約國是第一次世界大戰期間俄、法、英以及美、日組成的共同對德、奧作戰的軍事聯盟。戰後瓦解。

價格混亂。靠憑空想像是不能穩定價格的。我們必須採取積極的行動來維護美元的堅挺。

（五）頒布全民義務法案。戰爭期間，此法案將禁止罷工；依據此法案，將允許為了戰時生產或其他非常重要的事務在全國徵調每一位身體健康的成年人。特殊情況例外。

上述五項措施綜合起來，可以構建起一個公正、公平的社會。除非頒布其他法律能夠降低生活費用支出，能夠確保平等納稅，能夠穩定物價，能夠防止謀取暴利，否則我建議實施全民義務法。

在給予公平補償的前提下，聯邦政府有權為了戰爭的目的徵用所有的資本和財產。

正如大家所了解的，3年來我一直為是否實施全民義務法案而猶豫不決。然而，今天，基於我們過去和目前的經驗，我確信頒布實施這項法案是必要的。儘管我相信沒有這項法案盟國也能打贏戰場戰爭，但我更相信，沒有什麼能比人力物力資源的總動員更能確保戰爭的勝利，能夠減少傷亡損失、減少悲傷和流血犧牲。

我從陸軍部、海軍部和海運部委員會負責人那裡收到了一份相關的法律建議。他們都是對武器裝備和現場作戰指揮負有責任的人。他們建議說：

當國家處於危難之時，所有的人都要承擔責任和義務。國難當頭，前方的將士與國內的民眾是沒有區分的。將士們在前線奮勇殺敵，保家衛國；後方的民眾抓緊生產軍需物資，這些物資對保證前方的勝利也是至關重要的。迅速頒布一部全民義務法案會喚醒美國民眾：國家有難，匹夫有責。

我相信美國民眾都會認為這些說法確有道理。

全民義務法案是進行戰爭最民主的方式。就如同選拔徵兵制度一樣，

全民義務法案要求每一位公民都有責任和義務，在其最勝任的崗位上盡自己最大的努力報效國家。

這並不意味著要降低薪資；退休人員和老年人不會喪失自己的權力和利益；任何一位在兵工廠工作的工人目前的工作都不會受到影響。我們必須明確這些事實。

其他參戰的民主國家 —— 英國、加拿大、澳洲和紐西蘭，他們的經驗表明：有全民義務制度存在，強制權力的廣泛使用就沒有必要。全民義務制度已被證明是一種促進團級的精神力量 —— 它建築在參戰國家全體人民平等的和全面的合法義務之上。

成千上萬的美國人還沒有參與到這場戰爭中來。這並不是因為他們不想報效國家，而是因為他們並不知道自己能為國家做些什麼。全民義務法案將為他們指明方向。它將使所有男女因為對勝利做出了最充分的貢獻而心滿意足。

我知道，所有在兵工廠內為戰爭做出過貢獻的美國民眾都會在若干年後對自己的後代們說：「是啊。我也為這場偉大的戰爭出過力。我的工作在飛機製造廠，我幫助製造過數以百計的戰鬥機。政府告訴我說，在我的工作崗位上盡心盡職，我就是在做最有意義的工作來報效國家。」

有人會提出疑義，認為最艱苦的戰爭階段已經過去，現在頒布全民義務法案已沒有必要。但我們前方的將士們知道這種說法是錯誤的。我們正行進在一條漫長艱苦的道路上。在所有的征途上，最後一段路是最艱難的。正是為了這最後的努力，為了徹底打敗我們的敵人，我們才必須調動我們所有的資源。比起 1943 年，戰爭規畫要求 1944 年徵調更多的人力。

我深信美國人民會接受這一贏得戰爭的舉措。此項舉措是基於「一個人公道，人人公道」（fair for one, fair for all）的永久公正原則。

爐邊談話 Fireside Chats

這項措施將使我們前方的將士相信美國民眾正堅定不移地支持著他們；這項措施也會讓敵人喪失鬥志，士氣低落，相信美國人民同仇敵愾——1億3,000萬美國人民正在向羅馬、柏林和東京進軍。

我希望國會能意識到，雖然今年是大選之年，但全民義務法案確實一個超越政治的問題。偉大的目的需要全民總動員的偉大力量。

至於這項舉措的運作機構問題，國會應視具體情況做出決定。在其成員構成方面應該是完全不分黨派的。

我們的軍隊正在為我們的國家和人民英勇履行自己的職責。在我國參加的最大戰爭的這一最為關鍵的階段，國會面臨著採取上述事關國家安全措施的職責。

一些原因已經妨礙了維護我國軍人基本公民權——選舉權——的立法。不論怎樣玩弄法律辭藻，都不可能在1,000萬美國公民面前掩蓋真相。當年憲法的簽署者們當初並未想過以任何藉口——即使是國家處於戰爭時期——剝奪那些正在為捍衛憲法而戰的將士們的選舉權。

我們的將士們深知，如果投票選舉的機制完全取決於美國現行各州的法律的話，他們當中的絕大多數人將會失去投票選舉的機會。他們也清楚，這些法律不大可能及時修訂使他們能夠參加下一屆投票選舉。陸軍和海軍的報告說不可能高效率地執行48種不同的士兵投票法。國會有責任消除對美國軍人的這種不合理歧視，而且是越快越好。

我們現在的責任是開始制定計畫並確定戰略。不僅僅是要打贏這場戰爭，我們要著手制定計畫並確定戰略贏得持久的和平，確立高過以往任何時期的美國生活標準。不論這一普遍的生活水準有多高，如果我們人民的一小部分——不管是三分之一，吃不好、穿不好、住不好、不太平，我們都不能滿足。

我們的國家從建國一直發展壯大至今，一直都在宣導某些不可分割的政治權利，其中包括：言論自由、新聞自由、崇拜自由、陪審團審判制度、禁止不合理的搜查和拘禁。這些都是我們生存和自由的權利。

但是，事實證明，隨著我們國家人口日益增加和成就日益輝煌 —— 隨著我們工業經濟的擴展 —— 這些政治權利不足以保障我們在追求幸福方面的平等。

我們已逐漸清醒地認知到，沒有經濟上的安全和獨立就不會有真正的個人自由。「貧窮的人不是自由的人。」（Necessitous men are not free men.）獨裁讓人們忍飢挨餓，使人們失去工作，生活無以為繼。

如今，這些經濟上的道理已不言而喻，被人們所接受。我們已經採納了的可以說是第二個《權利法案》。這個「權利法案」為所有的人重新奠定了安全和成功的基礎 —— 不分社會地位，不分種族和信仰。

這些權利包括：在所有的行業中得到有益的、有報酬的工作的權利。無論是店鋪、農場抑或是礦山；賺取豐厚的收入購買食品、服裝並休閒娛樂的權利；農民飼養並銷售自家產品已獲得收入，以確保自己和自己的家人過著美好的生活的權利；每位商人都有權自由從事國內外貿易的權利。沒有不公平競爭，也沒有壟斷操縱；家家戶戶擁有像樣住宅的權利；享有充分的醫療保障，擁有健康身體的權利；老年人、身患疾病的人、遭遇事故和失業的人得到充分的保障，無經濟方面後顧之憂的權利。最後，享受優等教育的權利。

所有的這些權利都意味著安全。打贏戰場戰爭之後，我們必須進一步貫徹實施這些權利，達成人人幸福安康的新目標。

美國能否在世界上取得應有的地位，將在很大程度上取決於如何完全徹底地貫徹實施上述的以及類似的權利。

爐邊談話 Fireside Chats

　　除非美國的民眾有安全感，否則就不會有持久的和平。當代美國最偉大的實業家 —— 一位在這場危機中做出巨大貢獻的人 —— 最近強調，美國正面臨著「右傾反動」的危險。任何一位頭腦清醒的人都會有這樣的擔憂。的確，如果任由這種反彈發展下去，讓歷史倒退，我們重新回歸到1820 年代所謂的「正常狀態」，那麼可以確定即使我們在國外戰場上征服了敵人，我們在國內也將屈服於納粹的陰魂。

　　我請求國會探索實施這一經濟權利法案的途徑，因為人人皆知這確確實實是國會的責任。很多這類問題的相關提案已經遞交給了國會相關的委員會。針對這些問題以及進一步的建議我將經常與國會溝通。萬一這項提案沒有實質的進展，我肯定所有的美國民眾都將會得知這一事實。

　　在國外浴血奮戰的美軍將士 —— 還有在大後方他們的家人 —— 都期待這樣一項法案。他們有權堅持這樣的要求。政府應該認真考慮他們的要求，而不是總去遷就那些給政府施壓的利益集團 —— 他們牢騷滿腹，只圖謀求私利，卻置前線流血犧牲的年輕將士於不顧。

　　我們一貫遵循的外交政策 —— 在莫斯科、開羅和德黑蘭所遵循的方針 —— 基於普通常識的原則，這項原則曾由班傑明·富蘭克林在 1776 年7 月 4 日作過經典表述：「我們都必須依附在一起，否則我們都肯定會被一個個分別吊死。」

　　我已經常提到，對美國來說，這場戰爭中不存在兩條戰線，而是只有一條。這條統一的戰線一直從後方民眾延伸至前方衝鋒陷陣的美軍官兵。當我們說起萬眾一心、全力以赴，不僅包括前方的戰場，還包括工廠、農田和礦山；包括士兵和平民百姓、市民以及政府。

　　在這國難當頭的時刻，上帝賦予我們每一個神聖的職責報效我們的國家，讓我們的國家在一個更加美好的世界中屹立於強國之林。

談攻克羅馬
—— 1944 年 6 月 5 日　星期一

　　這是羅斯福在諾曼地登陸前夜的一篇談話，篇中他激動地宣布盟軍部隊攻克羅馬的振奮人心的消息，以及盟軍在義大利的進展。隨後提醒國人在興奮之餘保持頭腦清醒，告誡國人戰爭還在繼續，同盟國軍隊和軸心國軍隊還會有更慘烈的戰爭。他還充滿敬意地概括了羅馬城的歷史地位，以解放這樣的「永恆之城」來激勵鬥志，宣示正義戰爭的道德力量。

　　朋友們：

　　昨天，也就是 1944 年 6 月 4 日，美國和盟軍部隊攻克了羅馬。這是第一個落入我們手中軸心國首都。一個被攻克了，另外兩個也指日可待。

　　第一個被攻克的首都歷史最悠久，這具有重人的意義。羅馬的歷史可以追溯至文明的起源階段。至今我們還能看到當時羅馬和羅馬人統治整個世界的 3 個遺跡。這同樣具有非凡的意義。因為盟軍已下定決心，未來任何一座城市，任何一個民族都不能統治整個世界。

　　除了那些古跡，我們在羅馬還見到一些基督教的代表性建築。這種基督教代表性的建築幾乎遍及世界的每一個角落。很多地方都有關於宗教的廟宇和教堂。但是羅馬的教堂和廟宇最明顯地表明了早期先賢聖人和殉道者信念和決心：基督教將永世長存，傳遍四海。今晚，由盟軍來保障主教和梵蒂岡城 [150] 的自由，我們深感欣慰。

　　同樣具有非凡意義的是，盟軍部隊已解放了羅馬。美軍和英軍擔任了主攻任務。北美其他盟國部隊以及英勇的加拿大部隊與他們並肩戰鬥。驍

150　梵蒂岡城坐落在羅馬城的西北角，是天主教教廷所在地。羅馬教皇（Pope）是教廷和城國的首腦，亦有「羅馬城主教」等稱謂。

爐邊談話 Fireside Chats

勇善戰的來自南太平洋的紐西蘭人、勇敢的法國人和法屬摩洛哥人、南非人、波蘭人和東印度群島人，所有的人與我們一道，浴血殺敵，直撲羅馬城。

義大利人民從未心甘情願地加入軸心國。此刻，他們調轉槍口，在自己的國土上與我們並肩打擊德國侵略者。

羅馬即將釋放束縛，對希特勒和他的將軍們來說無異於雪上加霜。在行將崩潰的東部和西部戰場，德國將以巨大的物質損失和人員傷亡為代價做最後一搏。德國人曾毀掉了那不勒斯和其他一些義大利城市。羅馬如能倖免於戰火，那絕不是納粹的初衷。盟軍將領運籌帷幄。納粹若想堅持抵抗，毀掉羅馬只能是冒著全軍覆沒的危險。

但是，羅馬絕不僅僅是一個軍事目標。

從凱撒大帝時代起至今，羅馬就一直是權力的象徵。羅馬曾是共和國，也曾是帝國。從某種意義上講，羅馬曾是天主教堂，是統一之後義大利的首都。[151] 不幸的是在這之後，即 25 年前，羅馬成為法西斯主義滋生氾濫的溫床，成為軸心國三個老巢之一。

25 年裡，義大利人民倍遭奴役，在墨索里尼的統治下受盡恥辱。義大利人民一定會為義大利的解放歡呼雀躍。在義大利北部地方，當地人民仍在遭受納粹以及納粹傀儡的統治和威脅。

我們的勝利恰逢這樣一個美妙的時刻：盟軍正準備在西歐開闢第二戰場，而納粹的部隊只能戰戰兢兢地防備我們的進攻。與此同時，英勇的蘇聯紅軍正日漸壯大，愈戰愈勇。

151　這裡概括了羅馬的歷史。羅馬在西元前 510 年王政時代結束後建立羅馬共和國，西元前 1 世紀後半葉共和國為羅馬帝國取代，一直持續到 476 年西羅馬帝國滅亡（東羅馬帝國存至 1453 年）。1870 年義大利統一後，羅馬成為首都。由於 756～1870 年曾是教皇國首都，此後又是梵蒂岡城國所在地，故羅馬又有「天主教中心」之稱，文中提到的「天主教的教堂」指的就是這個意思。

從嚴格的軍事意義上講，我們早已達成了義大利戰役的某些主要目標：控制主要的島嶼；控制地中海上的航線以縮短我們的運輸線；占領羅馬南部福賈 [152] 的所有飛機場，並以這些機場為基地對歐洲大陸實施攻擊 —— 覆蓋整個歐洲大陸一直到蘇聯前線。

我們頭腦裡那種肆意誇大攻克羅馬的軍事意義的想法是很不明智的。我們必將經過長時間的努力和更加殘酷的戰鬥才能攻入德國本土。從開羅、利比亞、突尼斯和義大利南部，德軍一潰千里。他們遭受了巨大的損失，但並未傷及元氣，仍有可能做最後的抵抗。

德國尚未繳械投降，還未到山窮水盡的地步，還有可能在稍作喘息之後死灰復燃重新挑起爭霸全球的戰爭。

因此，勝利離我們還很遙遠。勝利的一天也終究會到來。這一點不用擔心。但正如我無數次所談到的，取得最終的勝利將十分艱難，並將付出巨大的代價。

義大利人民長期生活在墨索里尼的腐敗統治之下。上層的生活腐化奢侈，其國民經濟狀況卻每況愈下。盟軍部隊發現當地人民忍飢挨餓、營養不良、遭受疾病的折磨、教育狀況每況愈下、公共健康水準降低。所有這一切都是納粹的暴政造成的結果。

盟軍在占領地區的任務一直十分艱巨。我們不得不從最根本處著手，協助當地政府進行民主改革。德國人掠走了他們的糧食，我們必須為他們提供食品。我們得幫助他們耕種田地以使他們能夠自給自足。我們得幫助他們恢復本國的教育，從法西斯的影響下擺脫出來。

我認為全體美國人都會贊同對義大利人民的救援。他們正在自由的環境裡開始新的生活。

152　福賈（Foggia），義大利南部的一座城市，位於普利亞平原中心。

　　某些人可能會由此想到財政支出方面的問題。實質上這可是一種救濟。而與此同時，我們希望這種救濟將是對未來的一筆投資。這筆投資的紅利便是剷除法西斯主義，消除義大利再次發動侵略戰爭的任何欲望。這些紅利表明這筆投資是划算的，因為有利於世界的和平。

　　義大利人民有能力組建自治政府。他們熱愛自己的祖國。他們的種種美德一定會重新展現在我們的面前。

　　我們不會忘記，若干世紀以前，義大利人是藝術和科學的先驅，他們使全人類的生活更加豐富多彩。

　　我們不會忘記，義大利人民的優秀代表伽利略和馬可尼，米開朗基羅和但丁；[153] 我們更不會忘卻那位英勇無畏的義大利探險者 —— 克里斯多夫·哥倫布。

　　義大利試圖透過建立一個軍事帝國來提升自己的地位，這絕對行不通。義大利國內已人滿為患。但他們大可不必試圖去征服他國以謀求生存之路。沒有任何一個民族是可以隨意征服的。

　　過去，上百萬的義大利人湧入美國。他們受到歡迎，並在美國成功發跡，成為了優秀公民和政府的領導者。他們不是義大利的美國人。他們是義大利後裔的美國的美國人。

　　成千上萬的義大利人已遷往其他美洲國家：巴西和阿根廷。他們已經遷往世界上的許多其他國家，帶去了產業和人才，在異國他鄉取得了成功，過著舒心的日子並成為優秀公民。

　　作為一個偉大的國家，義大利應該繼續為全人類的文化與進步，為人類的美好願望做出自己的貢獻；發展其在藝術、手工業和科學方面的特殊

153　這裡列舉的四位都是義大利的歷史名人。伽利略（1564～1642）是物理學和天文學家，是近代實驗科學的奠基者。馬可尼（1874～1937）是工程師，無線電的發明者。米開朗基羅（1475～1564）是文藝復興時期的雕塑家、畫家等。但丁（1265～1321）是詩人，著有《神曲》等作品。

才華；保護歷史和文化遺產，為了自己也為了全人類。

　　我們需要並期待義大利為人類的長期和平做出自己的貢獻。所有反對法西斯主義和納粹主義的國家都應伸出手來援助義大利，給義大利一次機會。

　　德國統治羅馬已多年，幾近將這座「永恆之城」[154] 的居民置於飢餓的邊緣。美國和英國將竭盡全力予以他們救援。預計在攻陷羅馬之時，我們將向這座城市提供食品。但是我們也應清醒地認知到這座城市對食品的需求量是巨大的。部隊的運輸任務將十分繁重。供給的改善必須是逐步的，不能一蹴而就。但是我們拯救羅馬市民的行動已啟動。

　　我認為，這一切正說明了我們戰爭機制運行的高效率。生產糧食，造出商船，製造並集中軍需物資，跨越重洋提供補給，未雨綢繆應對突發事件 ── 所有的這一切都表明了我們美國人民的效率和活力 ── 包括我們武裝力量的每個部分，與部隊共同作戰的每個機構，還有美國的所有行業及其員工。

　　進行這樣大規模的戰爭是不可能做到完美無暇的。平均來看，我們所取得的戰績已是相當輝煌了。

　　因而，我代表美國人民向指揮整個義大利戰役的亞歷山大將軍，向指揮美軍第五軍和第八軍的克拉克將軍和里斯將軍，[155] 向地中海戰區盟軍最高司令威爾遜將軍及他的副官德弗斯將軍，[156] 向伊克將軍，[157] 向坎安寧和

154　羅馬城歷史悠久（始建於西元前 753 年），長期以來居於歐洲政治、文化中心的地位，故有
　　　「永恆之城」（Eternal City）的譽稱。

155　克拉克（M. W. Clark, 1896 ～ 1984），美國四星將軍，曾任第五集團軍司令等職，參與指揮了
　　　北非登陸、西西里登陸和進攻義大利戰役。里斯為美國第八集團軍司令。

156　威爾遜（Henry Maitland Wilson, 1881 ～ 1964），英國將軍，1944 年 1 ～ 11 月間擔任地中海盟軍
　　　最高司令官。戰後晉升為陸軍元帥。德弗斯（Jacob Loucks Devers, 1887 ～ 1979），美國陸軍上
　　　將。擅長指揮坦克部隊作戰，參與了歐洲戰場的作戰。

157　埃克（Ira Clarence Eaker, 1896 ～ 1987），美國空軍中將，曾參與北非、歐洲戰場的空軍作戰。

爐邊談話 Fireside Chats

休伊特海軍上將，[158] 向所有的將士們表示祝賀和感謝。

上帝會祝福他們，保佑他們，保佑所有浴血奮戰的勇士們。

158　休伊特（Henry Kent Hewitt, 1887～1972），美國海軍上將，曾參與北非、歐洲戰場的海軍作戰。

發起第五次戰爭籌款運動
—— 1944 年 6 月 12 日　星期一

　　此次談話主題是第五次認購戰時公債運動。在盟軍諾曼地登陸不到一週，羅斯福總統透過電波號召全體美國人民再盡一份責任，全力認購戰時公債，全力支持盟軍的反攻軍事行動。他分析全面有利於同盟國的戰爭形勢，強調軍事物資在取得勝利方面的重要作用。談話中羅斯福把購買戰時公債置於良心的天平，指出納稅「說到底是美國公民應盡的義務」，而認購戰時公債「卻是每一位公民在自己良心指引下做出的自由選擇」；「不論我們每一個人能做什麼，購買戰時公債是所有的人為贏得這場戰爭能夠做到也應該做到的」。

　　今天，在遍布全球各地戰場上，所有海外作戰的美軍都駐紮在指定的駐地。在美國本土也一樣。我們需要我們的勇士們，我們為他們感到驕傲和自豪。但是，在未來一段令人憂慮的時間裡，我們不要忘記勇士們也需要我們。

　　毋庸置疑，我們必須繼續製造出大量的、成千上萬種大大小小的各種武器。這些武器對打贏這場是至關重要的。從戰爭一開始這就是我們的主要任務，現在也仍然是。從事軍需物資生產的工人想離開兵工廠從事民用商品的生產現在還不是時候。

　　不用說，我們還必須繼續向政府提供戰爭所需的資金，不僅僅是透過納稅 —— 說到底，那是美國公民應盡的義務，還要認購戰時公債 —— 這是一種自由的選擇，每一位公民在自己的良知的指引下做出的自由選擇。

　　不論我們每一個人可能做些什麼，購買戰時公債和郵票是所有的人能贏得這場戰爭能夠做到和應該做到的。

爐邊談話 Fireside Chats

今晚，我很高興地談談這似乎是每個人正在做的事情。儘管說有某種形式收入的美國民眾現在大約是 6,700 萬人，卻有 8,700 萬人已經認購了戰時公債。他們已經購買了 6 億的個人債券，所購買債券的總額已超過 320 億美元。這些都是個人認購的債券。幾年前，任何人認為上述的事情會發生都會被看作是異想天開。但是這樣的異想天開卻在美國人的身上變成了現實。

當然，我們當中總會有一些悲觀主義者。我想起這樣一件事。1940 年法國淪陷之後，我向國會提出申請追加經費每年生產 50,000 架飛機。人人都說我瘋了，說這個數目完全是不切實際，異想天開，是辦不到的。然而，今天我們正年產 100,000 架飛機。

你們認購的戰時公債與正在跨越英吉利海峽的千軍萬馬以及源源不斷的軍需供應有著直接的關聯。你們認購的戰時公債與今天世界每一個角落的戰爭都密不可分。

因此，今晚，在第五次戰爭籌款運動啟動之際，我們應該籠統地審視一下這次世界大戰的全貌，因為本次籌款運動的成與敗將在很大程度上影響到我們取得這場戰爭的勝利，達成和平的進程。

儘管我知道，今晚人們關注的焦點是英吉利海峽和諾曼第海濱、農場和城市，[159] 我們卻不應當忽視這樣的事實：我們的部隊正在遍布全球的戰場多線作戰，每一個戰場都不是孤立的，都與其他戰場有著密不可分的關聯。

因此，很有必要與過去做一下總體的比較。讓我們拿今天與 2 年前即 1942 年 6 月進行比較。當時，德國實際上已控制了整個歐洲，並逐步推

159　這次談話是在諾曼第登陸戰役打響（1944 年 6 月 6 日）一週後進行的，至談話當天，盟軍 12 個登陸場已連成一片，但戰事仍在激烈進行，故有此說。

進，使蘇軍退至烏拉爾山脈地區。德國已控制了北非和地中海地區，正叩響進出蘇伊士運河和和通往印度的門戶。義大利是一支重要的軍事力量，是納粹的幫凶，之後的戰役也證明了這一點。

日本控制了阿留申群島西部；威脅著到澳洲和紐西蘭的門戶，同時也威脅著印度。日本已占領並控制了中太平洋的絕大多數地區。

美軍無論在陸上、海上還是空中都處於全面防禦狀態，在逐漸積蓄力量。盟軍正承受敵人不斷的攻擊，節節敗退。

1942 年，美國政府長出一口氣。首次發行的戰時公債被美國人民認購一空。回顧 2 年前的那些日子，我們經常聽到來自「業餘戰略家」和政治評論家的鼓噪之詞。其中一些言論更有益於希特勒而不是美國。這是 2 年前的事。

但是今天，我們在全世界對敵人展開了反攻。

在太平洋，透過潛艇和水面艦艇的打擊，兩棲登陸作戰和不斷增強的空中優勢，我們已在與日軍的較量中占了上風，實力在不斷增強，裝備也越來越先進。我們已將日本的海上運輸量削減至 300 萬噸；我們已重新占有了制空權；我們已切斷了成千上萬被困日軍退守日本本土之路。日軍要不是餓死，就是最終投降；我們已削弱了日本的海軍力量。數月以來日本海軍一直在避免與我們的海軍正面交鋒。

的確，打到東京還有很長的路要走。但是，執行我們最初制定的戰略計畫，即先殲滅歐洲戰場上的敵人，然後全力以赴轉向太平洋戰場，我們就能比預期更快的迫使日本無條件投降。若拒不投降，他們將遭受毀滅性的打擊。

現在回過頭來看看我們首先要消滅的敵人。德國已窮途末路。實際上德國已被三面包圍！

爐邊談話 Fireside Chats

在南線，我們已經突破了德國在義大利中部的防線。5 月 4 日，羅馬被盟軍攻克。為不給敵人以喘息之機，當德軍倉皇北撤之時，盟軍正對其一路窮追猛打。

在東線，英勇的蘇聯紅軍已將德軍趕出 3 年前被其占領的領土。偉大的蘇聯紅軍正在發起毀滅性的打擊。

在空中，大批盟軍轟炸機和戰鬥機正在德國和西歐上空對敵人發起攻擊。他們有兩個主要目標：摧毀德國賴以支撐其武裝力量的軍事工業；徹底消滅德國空軍。結果，德國的工業生產被持續削弱，德國的軍事實力已大不如以前。

無論是戰略上還是戰術上，這種規模空前的空中打擊都將繼續，打擊力道也將不斷增強。

在西線，不到一週前，也就是上週二早上，盟軍在法國海岸強行登陸。此次登陸作戰經過了數月精心的策劃和艱苦的努力。

集結在蘇格蘭無數的武器裝備和軍需物資及成千上萬的盟軍將士，將投入到歐洲戰場這場規模空前的戰役中。

在敵人看來，我們的所做的一切是不可能做到的。我們已突破了法國北部他們自詡為固若金湯的防線。但此次戰鬥我們也傷亡慘重，損失巨大。我們的某些登陸作戰本身就是冒險一搏。但從目前的戰報來看，損失比盟軍指揮官們事先的估計要小得多。我們已經站穩了腳跟，正充滿信心準備痛擊德軍的反撲。所有的人都期盼我們能盡快擁有更多的立足點。

美國人正萬眾一心，使這一天早日到來。

動用了成千上萬的飛機和艦隻，坦克和重炮，盟軍正跨越英吉利海峽，登上灘塗陣地，穿過法國的田野和深林。在這場危險艱巨的戰役中，

盟軍使用了大量的軍需物資。[160] 盟軍現在是兵精糧足。這種情況一定要保持下去。

　　自 1940 年法國淪陷之時起，美國在擴充軍備，調集軍隊，為戰爭生產武器彈藥及提供後勤補給方面所做的一切簡直就是奇蹟。這在很大程度上歸因於美國人民的團結合作：資本，勞動力和農業的合作，軍方與民用企業的合作 —— 實際上是所有的人，所有行業間的合作。

　　每一個人 —— 男人、婦女或孩子 —— 每一位認購了戰時公債的美國人都發揮了重要的作用！

　　在合眾國，仍然還有許多人沒有認購戰時公債，或者說沒有傾盡全力認購戰時公債。每個人心裡都清楚自己是屬於哪一類。某些情況下他的鄰居也會知道。為喚起這些人的良知，作為美國總統，我有必要發出呼籲。

　　這次戰爭中我們所使用的一切以及提供給盟國的一切都要花錢 —— 花很多的錢。對每一個男人、婦女還有孩子來說，告慰那些已經獻出生命或正在流血犧牲的勇士們的最佳方式，就是拿出你手中那些贏得最後的勝利所需要的錢。

　　我呼籲所有的美國人都踴躍認購戰時公債。讓我們眾志成城，從勝利走向更大的勝利。

160　在整個諾曼第登陸戰役中，6 月 6 日～ 7 月 5 日一個月間，盟軍登陸人員達 100 萬，車輛約 17.2 萬輛，其他物資達 56.7 萬噸。

爐邊談話 Fireside Chats

其他重要演講
Other Speeches

我保證為美國人民實施新政
—— 1932 年 7 月 2 日

　　1932 年 6 月，民主黨在芝加哥舉行全國大會。經過四輪投票，羅斯福勝出，成為民主黨總統候選人。按慣例，被提名人要裝作不知而等幾個星期接受正式通知。為表示變革決心，遠在紐約的羅斯福打破慣例，乘飛機到芝加哥主動接受提名，發表了此篇演說。

　　諸位經受了六天折騰仍願意留下[161]，我對此深表感謝。我深知，諸位和我都曾夜不能寐。我來遲了，我很懊悔，但我無法呼風喚雨，我只能慶幸自己曾在海軍中受過訓練。[162]

　　一個競爭總統提名的人在黨的全國大會上露面，並被正式告知他已獲得提名，這一舉動不但史無前例，而且異乎尋常。但目前正是史無前例和異乎尋常的時刻。因此，我以打破陋習來投身我所面臨的任務。這個陋習就是，候選人應當假裝對事態進展一無所知，直到過了很多個星期，接到正式通知為止。

　　朋友們，但願此舉表達了我的一個心願：我要以誠待人，絕不虛情假意，絕不愚蠢地對這次競選運動的真相閉目塞聽。我知道諸位已提名我為總統候選人，我來到這裡，就是為了感謝大家給了我這份殊榮。

　　但願這也象徵著打破了傳統。但願從今以後，打破傳統能成為本黨的任務。我們要打破愚蠢的傳統，而讓共和黨領導人去打破自己的諾言，他

161　1932 年 6 月 27 日開始的民主黨全國大會上，圍繞兩位提名候選人的爭鋒十分激烈，7 月 1 日的投票多次出現僵局，羅斯福在第四輪投票中才勝出，成為民主黨總統候選人。

162　指羅斯福乘小型飛機從紐約奧爾巴尼飛赴芝加哥會場時，受盡逆風飛行之苦，而且晚到了幾個小時。其間大會所有演講均告結束，民主黨領導人只好求助樂隊指揮和歌手們把疲憊不堪的代表留在座位上；飛機上的夫人和孩子或暈機、或受涼，而羅斯福準備完講稿後竟然睡著了。

們在這方面有著高超的技藝。

讓我們在此時此地下定決心，要恢復我國中斷的征程，使我國重新沿著真正的進步、公正、平等之路，沿著對所有公民不論其偉大或渺小都一律平等之路前進。在那次中斷的征程上，一位不屈不撓的領袖已經離開人世，但今天他的精神仍然活著。[163] 感謝上帝！他的許多助手仍然與我們在一起，仍然在給我們提出明確的建議。讓我們相信，無論我們做什麼，伍德羅·威爾遜總司令不屈不撓、一往無前、不斷革新的偉大精神仍然同在。

在這次競選活動中，我有很多問題要儘早澄清自己的立場。對於那份備受讚賞的文獻，[164] 即大家已通過的、觀點鮮明的政綱，我百分之百予以贊同。

我可以向大家保證，在這次競選中，我對任何重大問題都將毫不含糊地闡述自己的立場。

在投入新的戰鬥之際，讓我們大家永遠牢記黨的理想：無論從傳統來說，還是從歷史發展的邏輯來說，民主黨在過去和現在都既是自由主義和進步的旗手，同時又是維護我國制度安全的保證。如果我黨失去了這種號召力，朋友們請記住，由於共和黨領導人的失敗而引起的怨恨就會變成喪失理智的激進主義。

與前幾次經濟蕭條不同，本次蕭條中有一個重要的社會現象，那就是以往司空見慣的騷亂情況這次並不多見。

野蠻的激進主義只贏得了少數信徒。在當前物資奇缺的日子裡，我國

163　這裡所說的領袖即下文提及的伍德羅·威爾遜。威爾遜是美國第 28 任總統，民主黨人。他之後的三任總統 —— 哈定、柯立芝、胡佛，均為共和黨人，故羅斯福有「中斷征程」之說，而「恢復」則是說自己身為民主黨總統上承威爾遜之緒。

164　這裡的「文獻」指民主黨的政綱，下文亦多次提及。

千百萬人民儘管備受折磨，卻始終秩序井然，滿懷希望。我想同胞們表示最崇高的敬意。我們如果不能為他們提供新的轉機，那不僅是辜負他們的希望，而且是誤解他們的耐心。

對激進主義的危險做出反應會導致災難。做出反應並不能阻止激進主義。這樣做是一種挑戰、一種挑釁。避免激進主義的危險只有一條路，即提出一種可行的重組方案，並且應由誠實的政黨提出這個方案。

只有這樣，才能正確地避免做出盲目反應，又不至於墮入想入非非的、漫不經心的、不負責任的樂觀主義。

對於政府在影響經濟和社會生活方面的職責，存在著兩種觀點。一種觀點認為應幫助有天賦的少數人，並希望他們的昌盛會在某種程度上傳播給勞工、農民和小業主。這種理論屬於托利黨人，而我希望，大多數托利分子早已在 1776 年就離開我國了。[165]

但這不是，永遠也不是民主黨的理論。現在不是恐懼的時候，不是對抗的時候，不是怯懦的時候。此時此地，我邀請所有名義上的共和黨人與我攜起手來，因為他們從良心上對自己的黨的領袖的折騰和失敗感到不安；同樣，我也對徒有虛名的民主黨人提出警告，因為他們對未來半信半疑，墨守陳規，對新時代賦予的責任渾然不覺，他們的步調已不能與本黨保持一致。

是的，美國人民今年要的是真正的選擇，而不是在兩個名稱之間的選擇。我們的黨必須具有自由主義思想，必須採取有計劃的行動，必須用開明的國際觀點，為我國絕大多數公民謀取最大利益。

當然，蕭條狀況及其嚴重，在現代史上聞所未聞。因此，這次競選活

---

165 指 1776 年美國在獨立戰爭後擺脫了英國的殖民統治，暗喻共和黨的保守政策不得人心。托利黨是形成於 1670 年代的英國政黨，代表土地貴族和高級教士的利益，19 世紀成為保守黨的建黨基礎。美國的一些保守黨也用過這一名稱。

動的關鍵應該是對這一明確的事實做出解答。這是時代的決定。僅僅說全世界都發生了蕭條是無濟於事的 —— 共和黨領導人在解釋自己屢屢違背諾言、長期毫無行動時正是這樣說的。但他們對 1928 年的經濟繁榮卻另有一番解釋。人民不會忘記，他們當時聲稱，繁榮是由共和黨人控制的國會所帶來的國內產物。加入他們能聲稱自己是繁榮的開拓者，就不能否認他們也是蕭條的始作俑者。

今天，我無法闡述所有問題，而只談幾個重要問題。讓我們稍微看一看最近的歷史和一種簡單的經濟學 —— 諸位和我以及普通人所談論的經濟學。

我們知道，在 1929 年以前的若干年，我國經歷了一個建設和通貨膨脹的週期。整整十年，我們根據彌補戰爭損耗的理論發展生產，而實際上遠遠超出了這一限度，並超出了我們的自然增加和正常增加的限度。現在，值得回憶的是 —— 冷酷的金融數字正是了這一點 —— 在那段時期，儘管數字表明生產成本已極大下降，但消費者必須支付的價格卻只微微下降或沒有下降。公司獲得了豐厚的利潤，卻很少用於降低價格 —— 消費者被遺忘了；很少用於增加薪資 —— 工人被遺忘了；根本談不上把充足的部分用於支付紅利 —— 持股人被遺忘了。

順便說一句，在那些年，政府極少透過徵稅把上訴利潤用於慈善事業。

結果如何呢？公司獲得了巨額盈餘 —— 史無前例的巨額盈餘。那麼，在瘋狂投機的迷惑下，這些盈餘到哪裡去了呢？讓我們用數字所證實的和我們所能懂的經濟學來談一談。瞧，這些盈餘主要有兩大流向：其一，流向現在已徒有軀殼的不必要的新工廠；其二，直接透過公司，或間接透過銀行，流向華爾街的活期借貸市場。這些都是事實。為什麼要視而不見？

接著便發生了崩潰。諸位都知道崩潰的過程。對不必要的工廠所進行的投資變得不知分文。人們失去了工作；購買了枯竭了；銀行害怕了，開始索債。有錢人怕失去金錢。信貸業萎縮了。工業停頓了。商業衰退了。失業率直線上升。

於是，輪到我們站出來了。

換用簡單易懂的言辭，來看看過去三年發生的事情讓各個具體族群的人們終於明白了什麼：一是依靠工業謀生的族群；二是依靠農業謀生的族群；第三個族群由上述兩個族群的大部分成員組成，就是所謂的「小投資上和小儲戶」。事實上，農業和工業這頭兩個族群之間最為強固的合理紐帶，是在第三個族群中連繫起來的兩者的存款以及最大程度上的安全保障。這就是國家的信用結構。

在歷史上，全體人民的利益從未像今天這樣在同一個經濟問題上如此緊密地連繫起來。比如，諸位可以想像，我國千百萬公民擁有大批財產，這些財產都以證券和抵押形式展現於信貸：各級政府包括聯邦政府、州政府、市政府和縣政府所發行的各種證券；工業公司和公用事業公司的證券；農場和城市的房地產抵押；最後，還有國家對鐵路的巨額投資。我們應如何看待上訴各個團體的安全問題呢？我們深知，在我們複雜的、互有關聯的信貸結構中，任何一個信貸團體的垮臺，都會導致整個結構的垮臺。一個團體的危險，就是全體的危險。

我要問，華盛頓當局是如何看待上訴信貸團體之間的相互關係的呢？答案非常清楚，它根本沒有認知到存在著那種相互關係。我國人民要問，華盛頓當局為什麼不了解，應該把所有這些團體 —— 每一個團體，無論它處於金字塔頂層還是底層，都統一起來考慮？每一個團體都與其他團體休戚相關；每一個團體都會對整個金融結構產生影響。

朋友們，無論從治國的才能還是從治國的目標而言，都要求我們同時救濟所有的人。

讓我簡單地談談稅收問題 —— 有我們大家掏腰包供各級政府開支的稅收問題。

我對稅收略知一二。三年來，我在美國東奔西跑進行宣傳，說政府的開支 —— 無論聯邦政府、州政府還是地方政府的開支 —— 都太大了。我不會停止宣傳。作為一項緊急行動計畫，我們必須廢除不起作用的官職。我們必須取消不必要的政府職能，取消那些對保持政府的連續性實際上無足輕重的職能。我們必須合併政府的下屬部門，並且像每個公民那樣，放棄再也無力承擔的奢侈。

我們要在華盛頓做出榜樣，以便為地方政府指明節儉之路。讓我們牢記：在各州向聯邦交納的每 1 美元稅收中，有 40 美分納入了華盛頓特區的財政開支，只有 10 或 12 美分匯入州的資本，而其餘 48 美分則被地方政府，即城市、鎮和縣政府花費掉了。

朋友們，我要向你們並透過你們建議，各級政府不分大小都不可借債度日，合眾國總統及其內閣必須樹立榜樣。

說到明確地樹立榜樣，我要祝賀大會勇敢地、大無畏地把絕大多數與會者對第十八條修正案[166]的真實想法寫入了原則宣言。本次大會要求取消該條修正案；你們的候選人要求取消該條修正案；我堅信，美利堅共和國也要求取消該條修正案。

2 年前，我據以再次競選州長的綱領實際上包含了同樣的規定。我知道，正如當年的投票情況所顯示的，我州人民排山倒海般的情感感染了許

166　即美國憲法第十八條修正案，長期名存實亡，1933 年被廢除。該條修正案規定：「禁止在合眾國及其所轄領土內釀造、出售和運送作為飲料的致醉酒類，並禁止該類酒進口或出口。」

多其他州的人民。我現在要對大家說的是，憲法第十八條修正案注定要流產。一旦發生這種事情，我們身為民主黨人必須而且必將從道義和精神上允許合眾國在進口酒類違法所在州法律的各州禁止進口酒類以保護自己，我們一定要從道義和精神傻瓜阻止沙龍的死灰復燃。

讓我們會得到金融危機的這個乾巴巴的話題，因為這個問題與別的問題完全交織在一起 —— 第十八條修正案也與金融問題有些關聯。在一項旨在重建這一龐大信貸集團包括聯邦政府信用的綜合規則中，我在已通過的綱領裡著重講到了糟糕透頂的原則聲明（prize statement of principle），呼籲在處理國內外安全問題時增加對投資大眾的透明度。

朋友們，你我都是普通公民，我們都知道，這有助於使我們國家的存款不會因為騙子們的欺詐行為、不會因為某些身居金融高位卻不知道羞恥的人兒遭受損失。公開性是欺詐行為的剋星。

現在談一談失業問題，順便提一提農業問題。我贊成實施某種公共工程，作為刺激就業的另一項應急措施，也作為支付此種工程費用的證券的擔保；但我也已經指出，如果我們並非為了必要目的而建設，那麼任何經濟方法也無濟於事。當然，如果透過發行證券來籌集資金，這種工程就應盡可能做到自給自足。為了盡可能擴大受益面，我們必須採取堅決的步驟來壓縮所需的工作日。

讓我們運用我們的常識和企業意識吧！僅舉一個例子 [167]，我們知道，透過植樹造林，把成千上萬公頃荒地改造成林地，這個宏偉計畫，無論對於解決失業問題還是農業問題，都是一個大有希望的應急救濟措施。僅在密西西比河以東，在那些雜草叢生的被廢棄的農場和採伐的林地，就有上千萬公頃土地。歐洲各國都有明確的土地政策，而且這些政策已持續了幾

167　以下所談，後來成為著名的田納西河流域工程的組成部分。

代人之久。而美國卻沒有。正因為如此，我們才面對著土壤侵蝕和森林遭災害的景象。顯而易見，經濟上的遠見卓識和眼前的就業問題都要求我們在這一大片土地上植樹造林。

這樣做就能解決 100 萬人的就業問題。這種公共工程是自給自足的，能透過發行證券來籌集資金，因為大批農作物的成長為投資者提供了足夠的安全感。

不錯，我有一個非常明確的、用這種方法提供就業機會的效用。我用過這個方法，今天我正在紐約州使用這個方法。我知道，民主黨能在全國卓有成效地採用這個方法。它將使人們重新行動起來，它也是我們將來採取行動的一個範例。

作為救濟農業的另一項措施，我們完全知道 —— 但我們是否已如此明確地說過 —— 應該立即廢除那些為減少農產品剩餘，而迫使聯邦政府進入農產品購銷和投機市場的法律條文。堅持這些條文的人正是那些要求政府不干預企業的人。切實可行地幫助農民的辦法是，一方面要減輕壓在他們肩上的、使他們窮困潦倒的負擔；另一方面採取措施減少市場上的剩餘農產品。我們的目標是根據世界農作物價格，採取合理的關稅保護措施，使農業也得到工業那樣的保護。

我能肯定，我國農民由此就可以立即獲得收益，而作為一種交換條件，他們最終也會同意妥善地安排生產，以減少農產品剩餘，而且今後不必依賴向國外傾銷來維持國內價格。別的國家已取得那樣的成果，美國為什麼不能呢？

總的來說，農場領導人和農業經濟學家都已經認同，根據這個原則制定的計畫是可取的，是復興農業的第一步。它本身並不是一個完整的計畫，但從長遠來看，它將有助於驅除農產品剩餘的陰影，避免世界性傾銷

的持久威脅。農民最終能自願地減少農產品剩餘是我們的目標之一。但是，長期存在的農產品剩餘和目前的壓力，使我們有必要採取措施來醫治目前的創傷。

這樣一個計畫，我的朋友們，不需要政府花錢，也不會使政府干預企業或從事投機。

至於這個法案[168]的具體措詞，我相信民主黨已做好準備，按照負責的農場團體所同意的任何意見辦理。這是一個十分有效的原則，我再次要求大家行動起來。

關於農民我還要說幾句。我知道，這個大廳裡每一位住在城裡的代表都明白我為什麼要強調農民。因為我國有一半人口，即有 5,000 多萬人依靠農業；而且，我的朋友們，如果這 5,000 萬人沒有錢 —— 沒有現金買城裡生產的東西，城市也要蒙受同樣的或更大的痛苦。

因此，我們今年打算使選民們懂得，這個國家不僅是獨立的國家，而且，如果我們要存在下去，就一定要成為相互依存的國家 —— 鄉鎮和城市、北方和南方、東部和西部。這就是我們的目標，這個目標將會被我國人民所了解，無論他們居住在哪裡。

是的，我國那一半依靠農業的人口的購買力已經蕩然無存。農場抵押今天已接近 100 億美元，每年應付的利息多達 5,600 萬美元。但事情還沒有完。地方政府的奢侈和無效率，引起了額外的稅收重負。我們最迫切的任務應該是減輕由抵押而產生的利息負重。

我們必須依據有效的限制措施對農場抵押進行重新折算，而且應該在將來依照利率下降的情況加以限定。在這場危機中，對抵押財產進行重新折算前應該延長其分期付款和到期債券的償還時限。我的朋友們，這就是

168　這裡的法案即後來實施的《農業調整法》。

另一個需要給予務實而緊急救濟的方面：行動。

對於我國城鄉的小企業主，我打算也這樣做。我們能夠減輕他們的重負，開發他們的購買力。朋友們，把高利率的幽靈趕走吧！把逾期未付的幽靈盡快趕走吧！我們要拯救家庭和家宅，讓成千上萬個有自尊心的家庭安居樂業，把縈繞我們腦際的危及安全的恐懼趕走。

縱觀無數件印刷品，無數次演說、反詰、辯論，以及華盛頓和各州隨心所欲都想出來的無數個計畫，一個既重要又簡單的事實就變得顯而易見：在共和黨人擔任領導的過去 10 年間，透過關稅方法，一個 1 億 2,000 萬人口的國家已在其邊境周圍建起了固若金湯的鐵絲網工事，把自己與全世界人民隔離了開來。我完全贊同本次大會政綱中所作的關稅說明。它將對美國企業和勞工發揮保護作用。我們過去的行為已招致外國的報復。我提議向這些國家發出邀請，大家捐棄前嫌，友好地進行談判，為復興世界貿易而制定計畫。

到企業主的家裡看看吧，他知道關稅給自己帶來了什麼。到工廠工人的家裡看看吧，他知道為什麼貨物積壓滯銷。到農民的家裡看看吧，他知道關稅如何使自己毀於一旦。

我們終於睜大了眼睛。美國人民終於準備承認共和黨領導人錯了，而民主黨是對的。

我的綱領 —— 我只能談及上訴要點 —— 建立在一個簡單的道德原則之上。這就是：國家的福利和健全首先應以人民大眾的意願和需求為轉移，要看人民大眾的意願和需求是否得到了滿足。

美國人民最需要什麼？我認為他們最需要兩件東西：一是工作和隨之而來的所有的道德和精神價值；二是合情合理的安全感 —— 使自己和妻子兒女獲得安全感。這兩件東西比任何言詞更重要，比任何事實更重要。

它們是精神價值的展現，它們應該是我國重新建設的方向。達成這些價值是我的綱領和目標。我們在現職領導人的領導下未能達成這些價值。

共和黨領導人告誡我們：經濟規律 —— 神聖的、不可侵犯的，不可逆轉的 —— 沒有誰能夠預防它引起恐慌。不過，當他們滔滔不絕地侈談經濟規律時，人民卻在忍飢挨餓。我們必須堅持一個事實：經濟規律不是天生的，而是人類造就出來的。

是的，當 —— 不是假如 —— 我們得到機會，聯邦政府就會勇敢地掌握領導權，開始救濟工作。幾年來，華盛頓一會兒把頭埋入沙灘，說什麼缺衣少食的貧民並不多，一會兒又說如果存在貧民，各州政府就應該關心。他們早在 2 年半以前就應該做現在想做的事，但他們一拖再拖，日復一日，週復一週，直到有良心的美國人要求採取行動為止。

我認為，地方政府雖應一如既往地負起主要責任，但對於廣大人民的福利，聯邦政府過去一直負有、現在仍然負有責任。聯邦政府不久就要承擔起那種責任。

現在，我想簡單談談未來四個月的計畫。我來到這裡，而不是等候正式通知，這一舉動已清楚表明，我們將廢除開支昂貴的儀式。朋友們，我們將立即開動、今晚就開動所有必要的機器，向全國各地的選舉團充分闡述各種問題。

身為一個偉大的州的州長，我本人還有重要的職責，在目前時刻，這些職責比以往任何時候都要更加光榮和艱巨。然而我相信，我將能夠對我國若干地方作幾次短訪，首要目的就是與各黨派、各行業的人們開展對話，直接研究全國各地的實際狀況和需求。

我再說一句：人類每經歷一次危機、憂傷和災難，都會共同獲得更豐富的知識、更高尚的禮儀、更純潔的目的。我們必將能度過一個思想渙

散、道德敗落的時期，必將度過一個在人際和國際關係方面自私自利的時代。我們不要只責備政府，我們同樣也要責備自己。讓我們坦率承認，許多人對金錢頂禮膜拜，而投機獲利、好逸惡勞的思想已使我們誤入歧途。威力重新確立高尚的標準，我們必須拋棄錯誤的預言家，尋找符合自己意願的新領袖。

在我國現代史上，兩大政黨的根本區別從未像今天這樣突出。共和黨領導人不僅在物質方面失敗了，而且在提出目標方面也失敗了，因為他們在災難時期不能展示希望，不能為人民指出一條可以返回安全場所的道路。

在過去年代被政府遺忘的、全國各地的男男女女正看著這裡，看著我們，期待著我們能提供指導，提供更公平的機會來共用國家的財富。

在農場、在大都會、在小城市、在鄉村，千百萬公民滿懷希望，希望傳統的生活標準和思想準則並沒有一去不復返。他們的希望不能、也絕不會落空。

我向你們保證，也向自己保證，我要為美國人民實施新政。讓所有聚集在這裡的人都獻出自己的能力和勇氣，做新秩序的宣導者。這不僅是一場政治運動，這也是戰鬥的號令。幫助我吧！不僅為了贏得選票，而且為了贏得這場使美國回到人民手中的改革運動。

首任就職演講
—— 1933 年 3 月 4 日

　　羅斯福當選總統之時，美國已經經歷了三年多的經濟危機。大蕭條導致無數人深陷苦難之中，社會出現嚴重動盪，美國制度面臨嚴峻考驗。第31任總統赫伯特・胡佛面對危機不肯徹底改弦易轍，終致局面無可收拾。民心思變，從 1932 年 11 月羅斯福當選至 1933 年 3 月就職，舉國都在企盼新總統上任後扭轉危局。羅斯福正是在這樣危難重重、眾首翹盼的情勢下發表了他的首任就職演說。

　　胡佛總統、首席大法官、朋友們：

　　今天，對全國人民來說是一個神聖的日子。我肯定，同胞們都期待我在就任總統時，會像我國人民目前的處境所要求的那樣，坦率而果斷地向他們講話。

　　現在正是坦白、勇敢地說出實話，說出全部實話的最好時刻。我們也不必畏縮，不敢坦誠地面對我國今天的狀況。這個偉大的國家會一如既往地堅持下去，它會復興和繁榮起來。

　　因此，讓我首先表明我的堅定的信念：我們唯一的恐懼就是恐懼本身 —— 一種莫名其妙、毫無根據的恐懼，它把我們轉退為進所需的種種努力化為泡影。每當我們國家生活烏雲密布的時刻，坦率而有活力的領導都會得到人民的了解和支持，因而為勝利準備了必不可少的條件。我相信，在目前的危機時刻，你們一定會再次給予這樣的支持。

　　我和你們都要以這種精神，來面對我們共同的困難。感謝上帝，這些困難只是物質方面的。貨幣貶值到令人難以置信的地步；稅收增加了；支付能力下降了；各級政府面臨著嚴重的收入短缺；交換方法在貿易過程中

遭到凍結；工業企業枯萎的落葉到處可見；農場主的產品找不到銷路；千家萬戶多年的積蓄付之東流。更重要的是，大批失業公民正面臨嚴峻的生存問題，還有大批公民正辛勤工作卻收入甚微。只有愚蠢的樂天派會否認當前的陰暗現實。

但是，我們的苦惱絕不是因為缺乏物資。我們沒有遭到蝗蟲的災害。我們的先輩曾以信念和無畏一次次轉危為安，與他們相比，我們仍然有許多值得慶幸的地方。大自然仍在慷慨施捨，而人類的努力已使之倍增。富足近在咫尺，但就在我們見到這種富裕並要盡情享受時，它卻悄然離去。

這主要是因為主宰人類物資交換的統治者們失敗了，[169] 他們固執己見而又無能為力，因而已經認定失敗了，並撒手不管了。貪得無厭的貨幣兌換商的種種行徑，受到輿論法庭和人類心靈和理智的唾棄。

不錯，他們是做出過努力。但他們的努力一直束縛於過時的傳統模式。面對信貸的失敗，他們提議的只是借貸更多的錢。當利潤失去其誘惑力，不再能吸引我們的人民追隨他們的錯誤領導時，他們就求助於規勸，眼淚汪汪地請求人民恢復信心。他們所了解的不過是追逐私利的那一代人的規畫。他們沒有遠見，而沒有遠見，人民就要遭殃。[170]

是的，貨幣兌換商已從我們文明廟堂的高位落荒而逃了。我們現在可以按古老的真理來復原這座廟堂。衡量復原的標準在於比純粹金錢利潤更高尚的社會價值。

幸福並不在於單純地占有金錢；幸福還在於取得成就後的喜悅，在於創造性努力時的心靈震顫。千萬不要再去瘋狂地追逐那轉瞬即逝的利潤，

169　這裡的「失敗」主要指 1929 年 10 月的股票市場崩潰。「主宰人類物資交換的統治者們」主要指投機商人，尤其指股票投機者，即下文的「貨幣兌換商」。
170　這段文字集中批評了胡佛政府的反危機措施。胡佛試圖採取自願合作政策，透過小修小補來挽救危機，但收效甚微，導致民生日益凋敝。

而忘記了工作帶來的喜悅和激勵。朋友們，如果這些暗淡的時日能使我們認知到，我們真正的使命不是要別人侍奉，而是為自己和同胞們服務，那麼，我們付出的代價就是完全值得的。

認知到把物質財富當作成功的標準是錯誤的，隨之而來的便是放棄以地位、尊嚴和個人收益為唯一標準來衡量公職和高級政治地位的錯誤信念；我們必須制止銀行界常把那種神聖的委託混同於無情和自私的不當之舉。[171] 難怪人們的信心在減弱，因為增強信心，只有靠誠實、榮譽感、神聖的責任感及忠實地加以維護和無私地履行職責；而沒有這些，就不可能有信心。

但是，復原不僅僅要求改變倫理觀念。這個國家要求的是行動，現在就行動起來。

我們壓倒一切的首要任務是讓人們有工作可做。如果我們明智而勇敢地面對這個問題，這就不是什麼解決不了的問題。對此，我們可以採用處理戰時緊急情況的方式，透過政府直接招僱來解決部分問題，同時又透過這種招僱，完成急需的工程，促進和重組我國豐富的自然資源的使用。

與此同時，我們必須坦白地承認，我們工業中心的人口已經過剩，因而要在全國範圍調整人口的分布和資源的使用，為那些最善於利用土地的人創造更好的條件。

是的，為了促進此項工作，我們可以切實提升農產品的價格，由此提升農民對城市產品的購買力；我們可以從實際出發，防止小房產主和農場主因喪失贖回權而不斷蒙受損失的這類悲劇的發生；我們可以堅決主張聯邦政府、州政府和地方政府立即按要求大幅度消減經費；我們可以統籌開展救濟工作，避免目前這種分散、浪費和不公平的現象；我們可以由國家

171　這主要是指某些銀行和企業利用儲戶存款和股東資金進行股票投機。

統一規劃和監督各種運輸、交通及其他明確的公共設施。有許多方法來促進這項工作，但光說不做永遠無濟於事。我們必須採取行動。我們必須趕快行動起來。

最後，在逐步達成人們回復工作的過程中，我們需要兩個保障，以防舊秩序的弊病捲土重來：一是嚴格監督所有銀行、信貸及投資；二是杜絕利用他人錢財進行投機，提供充足而健全的貨幣。

朋友們，這些就是我們行動的路線。我會立即敦促新一屆國會召開特別會議，對實施這些路線的詳細措施進行審議，我還會向全國 48 個州尋求立即的援助。

透過這個行動綱領，我們要致力於整頓國內的事務，達成收支平衡。我們的國際貿易雖然十分重要，但就時間和必要性而言，要服從於建立健全的國家經濟。我贊同把最重要的工作置於首位這種務實的政策。我將不遺餘力地透過國際經濟調整來恢復世界貿易，但是，不能等到這項工作完成後再來處理國內的緊急狀況。

達成國家復興的具體措施的這些基本指導思想，並非狹隘的國家主義。[172] 它首先考慮的是美國各個部門及多種因素的相互依賴 —— 即認知到這是美國拓荒傳統的並且是永遠重要的展現。這是復興之路，這是捷徑。這是復甦得以持久的最有力的保證。

在外交政策方面，我將使美國致力於奉行睦鄰政策 —— 這個鄰國尊重自己因而也尊重其他國家的權利 —— 這個鄰國尊重自己的義務，也尊重與世界各國的神聖性協議。

如果我正確了解了我國人民的性情的話，那麼我們現在比以往任何時

172　國家主義（nationalistic）指片面依賴國家、由政府包辦一切的主張。在美國建國初期曾流行一時。

313

候都要更加深刻地認知到，我們是相互依靠的，我們不能只是索取，我們還必須奉獻；如果我們要前進，就必須像一支訓練有素的忠心耿耿的軍隊，願意為共同的紀律而犧牲，因為，沒有這種紀律，就無法前進，領導者就不可能發揮作用。我知道，我們都已經做好準備，並願意為這種紀律獻出生命和財產，因為這使得以謀求更遠大的利益為目標的領導成為可能。這就是我想提供的領導，我保證，這些遠大的目標將像一種神聖的義務對我們大家產生約束，產生只有在戰爭時期才會存在的共同責任感。

做出了這樣的保證，我將毫不猶豫地率領這支由我們的人民組成的偉大軍隊，紀律嚴明地向我們共同的困難發起進攻。

這樣的行動，這樣的目標，在我們從先輩哪裡繼承來的政府形式中是可行的。我們的憲法簡明而實用，只要在不損及其基本形式的前提下改變其重點和排列，就總能滿足各種特殊的需求。這也是我國的憲法體系被證明是現代世界所見證的最持久的政治體制的原因。它經受了大規模的領土擴張、對外戰爭、痛苦的內戰和國際關係帶來的種種壓力。人們希望，行政權和立法權之間的正常平衡完全可以應付我們面臨的前所未有的任務。但是，史無前例的要求和立即行動的需求，或許使我們暫時背離公共程序的正常平衡。[173]

我準備根據自己的憲法職權為一個為難世界中的危難國家提出一些它所需的措施。對於這些措施，以及國會根據其經驗和智慧所制定的其他措施，我將根據自己的憲法許可權謀求迅速實施。

但是，如果國會未能採納這兩條路線中的一條，如果國家緊急狀態依然如故，我將不迴避擺在我面前的明確的盡責方向。我將要求國會准許我

173　當時，人們普遍寄望於新任總統來挽救危局。因此，羅斯福認為，自己上任後所採取的行動必將擴大總統權力而打破原有的三權分立制衡的格局，故在此預先說明。

使用唯一剩下的方法來應付危機 —— 向非常狀況開戰的廣泛的行政權，如同我國遭到外敵入侵時授予我的那種廣泛的權力。

對於大家寄予我的信任，我一定報以這個時代所要求的勇氣和獻身精神。我一定說到做到。

讓我們懷著舉國一致的人情和勇氣，懷著尋求傳統的、珍貴的道德觀念的明確意識，懷著老老少少都能透過恪盡職守而得到的問心無愧的滿足，來正視面前的嚴峻歲月。我們的目標是要確保國民生活的圓滿和長治久安。

我們並不懷疑基本民主制度的未來。美國人民並沒有失敗。他們在需要之時表達了自己的委託，即要求採取直接而有力的行動。他們要求有領導的紀律和方向。他們現在選擇了我作為達成自己願望的工具。懷著對人民信任的感激，我接受了這一選擇。

在此舉國奉獻之際，我們謙卑地請求上帝賜福。

願上帝保佑我們每一個人。

願上帝在未來的日子裡給我指引。

連任就職演講
—— 1937 年 1 月 20 日

　　1936 年的大選中，民主黨獲得了空前的勝利，羅斯福以美國有史以來最多的票數當選總統。根據 1932 年 3 月提出、1933 年 2 月獲得批准的憲法第二十條修正案，總統就職日期改為 1 月 20 日，以便迅速完成政府的交接工作，因此羅斯福在一年中更為寒冷的時節發表了他的連任演講。他坦率承認還沒有達到自己在第一任期之初設想的「幸福河谷」的目標，但發誓繼續努力，消除「全國三分之一的人住不好、穿不好、吃不好」的貧困狀態。

　　4 年前，當我們聚集在一起舉行總統就職典禮時，那時，這個一心沉浸在焦慮不安中的共和國，彷彿精神飽滿地站在這裡。我們當時決心獻身於達成一個理想，即促使全體人民早日享有對追求幸福來說至關重要的安全與和平。我們身為這個共和國的一員，發誓要從我們古老信念的殿堂中驅逐那些曾經褻瀆這種信念的人，並且不知疲倦和無所畏懼地採取行動，結束當日那種經濟停滯和灰心絕望的局面。我們首先解決了這些當務之急。

　　我們的誓約沒有就此止步。我們本能地認知到更深一層的需求 —— 需要透過政府來找到達成我們共同目標的方法，為每個人去解決複雜的文明社會所不斷產生的問題。撇開政府的幫助來解決這些問題的屢次嘗試，結果都使我們備受挫折和一籌莫展。譬如，倘若離開了政府的幫助，我們就決無可能創造出控制科學的利用的道德方法，而這種方法對使科學成為人類的有用僕人而非無情主人，乃是至為必要的。要做到這一點，我們深知必須找到切實可行的方法以控制盲目的經濟力量和盲目的自私自利者。

我們合眾國人民認知到一條真理：民主政府天生就有能力保護人民，使他們免遭一度認為不可避免的災難，解決一度認為是無法解決的問題。我們不肯承認，我們不能像在經歷無數世紀聽天由命的折磨之後終於找到了控制流行疾病的辦法一樣，找到控制經濟時疫的方法。我們拒絕把我們的共同福祉問題交給運氣的陣風和災難的颶風去擺布。

在這方面，我們美國人不是在發明全新的真理，而是在為我們自治的史冊中續寫新的篇章。

今年是制憲會議召開 150 週年，那次會議使我們成為一個國家。[174] 在那次會議上，我們的前輩為擺脫革命戰爭後的混亂局面找到了出路；他們創立了步調一致、堅強而有力的政府，使我們足以在當時和現在都能解決個人或地方根本無法解決的問題。他們在 1 個半世紀以前建立起聯邦政府，目的就是增進美國人民的普遍福利，確保美國人民的自由幸福。

今天，我們要動用政府所擁有的同樣的權力，以達成同樣的目標。

4 年來的新經驗表明，我們的這種歷史直覺並未落空。這 4 年清楚地展示了一種希望，顯示從社區、各州到全國的各級政府，都能完成時代提出的任務，而絲毫沒有損及其民主體制。我們過去 4 年的任務並沒有迫使民主休假賦閑。[175]

我們幾乎所有的人都認知到，由於人類關係日趨複雜，支配這種關係的權力也必須加強 —— 包括抑惡的權力和揚善的權力。我國的基本民主制和人民安全的依據不是不要權力，而是透過誠實和自由的選舉制度，把權力交給可以由人民定期更換或連任的人。1787 年的憲法並沒有使我們的民主軟弱無力。

174　費城制憲會議於 1787 年召開，至 1937 年時已 150 年。

175　羅斯福擴大行政權力的做法以及種種國家干預措施遭到了反對者的攻擊，如前任總統胡佛在其《對自由的挑戰》一書中稱「新政」是「社會主義」、「對整個自由哲學的否定」。

其他重要演講 Other Speeches

　　事實上，在最近 4 年裡，我們使權力的行使更為民主化，因為我們已開始促使各種獨斷獨行的私人權力適當地服從於大眾的控制。關於他們凌駕於民主制度之上而不可戰勝的神話，已經被打碎了。他們遇到了挑戰，並且已被打敗了。

　　我們擺脫蕭條所取得的進展乃是有目共睹的。但這並不是你們和我所說的「新秩序」所包含的全部意義。我們立下的誓約，並不僅僅在於用二手材料從事一點點東修西補的工作。我們運用社會正義的新材料，已經著手在原有的基礎上建造一所更加牢固持久的新大廈，以便未來幾代更好地利用。

　　為了達到這個目的，我們已從思想和精神方面的成就中獲得了益處。古老的真理得到了重溫，謊言已無人問津。我們向來都懂得，膜不關心他人的自私自利行為，乃是十分糟糕的道德表現；現在我們還明白了這種行為在經濟學上也是十分糟糕的。曾經造成經濟繁榮的人們誇耀那些做法乃是現實可行的。但結果繁榮景象卻毀於一旦，人們於是從中獲得一個信念：不講究經濟道德終究是要付出代價的。我們正開始消除劃分現實與理想的界線，透過這一做法，我們正在鍛造 —— 種威力無窮的工具，以建設一個在道德方面更為美好的世界。

　　這種新的認知，打破了人們對追逐世俗名利這類成功的崇拜心理。那些為了利潤而背棄生活的基本尊嚴的人，慣於濫用權力，對此我們已開始感到難以容忍。

　　在這個過程中，從前習以為常的種種惡劣現象，是不會得到輕饒的。意志堅強的人們對於冷血狠心的行為，不會輕易表示寬恕。我們正在走向一個感情和睦的時代。但我們也意識到，只有在心地善良的人們中間，才會出現感情和睦的時代。

基於上述原因，我完全有根據認為，我們所目睹的最偉大變革，乃是美國道德風尚的變革。

在心地善良的人們中間，科學和民主一同為個人提供了一種不斷富足的生活和不斷擴大的滿足。隨著我們道德風尚的變革，以及重新發現我們具有改進經濟秩序的能力，我們就踏上持續進步的道路。

我們現在應當停止前進，調轉頭來背對著前面的道路嗎？我們能把這個叫做「希望之鄉」嗎？[176] 或者，我們還應當繼續前進嗎？因為有言道，「每個時代都是一場夢，不是在消逝，就是將要誕生。」[177]

我們在面臨重大抉擇的關頭之時，聽到了許多說法。「安樂」先生表示要「歇一會兒」，「機會主義」先生則認為「這地方不錯」，「怯懦」先生則關心「前面的路有多難走」。

不錯，我們已經遠遠地擺脫了那種經濟停滯和灰心絕望的日子。國家的活力得到了維護，人們的勇氣和信心得到了恢復，精神和道德的天地也得到了極大的拓展。

但是，我們目前的成就乃是在異乎尋常的事態壓力之下取得的。處於恐懼與痛苦的刺激下，不前進是不可能的。那種時光是有利於取得進展的。

然而，今天要堅持進步卻更為不易。麻木不仁、不負責任、冷酷無情和自私自利的傾向已重新抬頭。這種繁榮的徵象，有可能成為又一次災難的不祥之兆。因為繁榮已在檢驗我們進步的意願能否耐久不衰。

讓我們再問一次，我們已經達到了我們在 1933 年 3 月 4 日所憧憬的

176　「希望之鄉」（Promised Land），也譯「應許之地」，指《聖經》中上帝賜給亞伯拉罕的迦南寶地。

177　這裡引用的是 19 世紀英國詩人亞瑟‧奧肖內西（Arthur O'Shaughnessy）的詩句。

目標嗎？我們已經找到「幸福河谷」嗎？[178]

我看到的是一個偉大的國家，屹立於一片遼闊的大陸，享有極為豐富的自然資源。這裡的 1 億 3,000 萬人民和睦相處：他們正在把自己的國家變成一個與世界各國友好相處的鄰邦。我看到的是這樣一個美國，它能夠證明在民主方式的政府之下，全國的財富可以轉化為廣大人民前所未有的普遍舒適生活，可以把最低生活水準提升到遠遠超出純粹糊口的基準之上。

但是，我們的民主制還面臨著挑戰。在這個國家，我看到，占總人口很大一部分的千百萬公民，就在此刻仍被剝奪了今天的最低生活水準所要求的很大一部分生活必需條件。

我看到數百萬個家庭收入低微，生活艱難，家庭災難的陰影日復一日地籠罩在他們頭上。

我看到數百萬城鄉居民每天的生活，仍然處於半個世紀以前被所謂的上流社會稱作不體面的狀況之中。

我看到數百萬人被剝奪了教育和娛樂的權利，得不到改善他們自己及其後代的命運的機會。

我看到數百萬人缺乏購買工、農業產品的能力，而由於他們的貧困，又使其他數百萬人無法進行工作和生產。

我看到全國三分之一的人住不好、穿不好、吃不好。

我向你們描繪這幅畫面，並非出於悲觀絕望。我是懷著希望來描繪的，因為全國人民現已看到和了解了國內存在的不公正現象，他們就會建議一筆將它抹去。我們下定決心，要使每個美國公民都成為國家照顧和關

178　幸福河谷（happy valley），《聖經》中有「死蔭之幽谷」一說，指人在臨死前的恐懼階段，羅斯福在此反其意而用之。

心的對象，我們絕不會把我與境內任何一個忠誠守法的族群看作多餘者。檢驗我們進步的標準。並不在於我們為那些家境富裕的人增添了多少財富，而要看我們是否為那些窮困貧寒的人提供了充足的生活保障。

假如我對我國人民的精神和目標略有所知的話，那就讓我們不要理會「安逸」先生、「機會主義」先生和「怯懦」先生所說的話。我們要繼續前進。

從整體上說，我們共和國的男男女女都是心地善良的人，他們不僅具有樂於奉獻的火熱心腸，而且頭腦冷靜，腳踏實地，朝著預定目標穩步前進。他們會要求民治政府的各個機構都運用有效方法來達成他們的意願。

一個政府的所有組成人員若都能身為全體人民的受託者而工作，那它就是一個稱職的政府。它若能跟上時勢的發展，就會取得不斷進步。倘若人民能夠了解這個政府所作所為的真實情形，那它就會得到正當的支持和合法的批評。

假如我對我國人民的意志略有所知的話，那麼他們所要求的就是要創造並保持使政府有效運轉的各項條件，就是要使我們的國家免受不公正這種癌症的侵襲，因而成為一個嚮往和平的典範，在世界各國中保持強大的地位。

今天，我們重申，在急劇變化的文明時代，我們的國家決心獻身於長期倍受珍視的種種理想。在每一片土地上，時刻都有使人分道揚鑣和使人走到一起的種種力量在發揮作用。在為各遂其志而奮鬥的時候，我們乃是個人主義者；但在作為一個國家而尋求經濟和政治進步的過程中，我們就成了一個整體，不是全體向上攀登，就是一起墜入深淵。

我們在奮鬥中要保持民主作風，這就要求以極大的耐心來處理方法上的分歧，並且做到虛心聽取各種意見。不過，在眾多聲音的吵嚷混亂當

中，要能夠了解占主導地位的大眾的需求。於是，政治領導者就可以表達人們的共同理想，並且有助於這些理想的達成。

藉此再度宣誓就任合眾國總統之際，我又一次擔當起領導美國人民沿著他們選定的前進道路奔向前方的莊嚴職責。

在擔任這個職務期間，我要盡最大努力按照人民的一員說話，按照人民的意志辦事。我要祈求上帝的指引，來幫助我們全體和每一個人，來啟發執迷不悟的人，來引導大家走向和平之路。

四大自由
—— 1941 年 1 月 6 日

　　這是羅斯福致國會的年度咨文。歷史發展到這個年分，對美國來說，國內經濟蕭條之外，外來的戰爭威脅已經迫在眉睫。針對內外交迫的形勢，羅斯福在咨文中談了政府的內政外交政策，尤其是後者。在此基礎上，羅斯福概括出了人類理當享有的四種權利 —— 言論、信仰自由以及不虞匱乏、免於恐懼的自由。後來，人們把這些自由權利概括為「四大自由」。正是這些理念，使這篇咨文成為偉大的思想文獻。

　　我向第 77 屆國會的各位議員提交的這份咨文，是在合眾國歷史上一個前所未有的時刻。我使用「前所未有」一詞，是因為此前美國的安全從未像今天這樣受到嚴重的外來威脅。

　　自 1789 年我們的政府根據憲法成立以來，歷史上的多數危機時刻關涉的都是國內事務。幸運的是，只有其中一次 —— 四年的州際戰爭 [179] —— 曾經威脅到我們國家的統一。今天，感謝上帝，48 個州的 1 億 3,000 萬美國人已經忘記了我們在國家統一上的那點分歧。

　　的確，在 1914 年以前，合眾國也曾不時受到其他各洲事態的干擾。為了維護美國的利益以及和平通商的原則，我們還和歐洲國家打了兩仗，[180] 在西印度群島、地中海和太平洋也有過幾次未曾宣布的戰爭。不過，在所有此類情形下，我們國家的安全從來不曾受到嚴重的威脅。

　　然而，我打算告訴大家一個歷史事實：作為一個國家，合眾國無論何時都明確反對這樣的企圖 —— 在文明發展的進程中，卻把我們封堵在一

179　這裡的戰爭指始於 1861 年、止於 1865 年的美國南北戰爭。
180　指 1898 年的美西（美國—西班牙）戰爭和下文提及的 1812 年的美英第二次戰爭。

道古老的長城後邊。今天，想到我們的孩子和孩子的孩子，我們同樣反對這樣的企圖 —— 把我們自己或者美洲的其他任何部分強制孤立。

這種許多年來經久不衰的決心，曾在戰爭裡得到證明 —— 比如在法國革命後的幾次戰爭裡。

儘管拿破崙曾因法國有西印度[181]和路易斯安那的據點而威脅到美國，儘管我們不得不在 1812 年以戰爭[182]來維護自己從事和平貿易的權利，但十分明顯的是，法國、英國或任何其他國家從來都沒有打算過統治世界。

同樣的是，在 1815 ～ 1914 年的 99 年間，沒有哪一次歐洲或亞洲的戰爭曾對我們或其他美洲國家的未來構成過真正的威脅。

除了墨西哥的馬克西米利安[183]那段插曲之外，從未曾有哪個國家染指過這個半球；而英國的大西洋艦隊則一直是一支友軍 —— 現在仍然是友軍。

甚至 1941 年驟然爆發的世界大戰，對我們美國本身的前途似乎也僅有輕微的威脅。但是，隨著時間的推移，美國人民開始想像到了民主國家的淪陷對我們美國的民主制度將意味這什麼。

我們無需過分強調《凡爾賽和約》[184]的缺陷。我們也無需反覆談論民主國家處理世界重建問題上的失敗。我們不應該忘記，與早在慕尼黑會議

181　西印度（West Indies），舊指「美洲」，是義大利探險家亞美利哥·維斯普奇（義大利語：merigo Vespucci）發現哥倫布以新大陸為印度的錯誤後為新大陸取的新名稱，因在西半球，故稱。後專指南北美洲間的西印度群島，包括安地列斯群島、巴哈馬群島、千里達和多巴哥島。拿破崙一世曾以此和當時屬於法國的路易斯安那對美國構成威脅。

182　這裡的戰爭指 1812 年開始的第二次美英戰爭。由於英、法嚴禁美國與歐洲其他國家通商，美國海外貿易受到打擊，故於 1872 年 6 月 18 日對英宣戰。1814 年 12 月雙方簽訂根特和約，英國完全確認美國獨立。

183　馬克西米利安（Maximilian, 1832 ～ 1867）為奧地利皇帝法蘭西斯·約瑟夫之弟，曾任倫巴第－威尼斯王國總督。在法國影響下，他於 1963 出任墨西哥皇帝。後因部下出賣被槍殺。

184　《凡爾賽和約》是一戰後英、法、美等戰勝國與戰敗的德國於 1919 年 6 月 28 日在巴黎凡爾賽宮簽署的條約。該條約犧牲戰敗國和被壓迫人民的利益且相互矛盾，為第二次世界大戰埋下了禍根。

以前就開始的「綏靖」[185] 相比，1919 年的和約要公正得多；而今天企圖向各大洲擴展的專制主義「新秩序」下，這種「綏靖」仍在蔓延。而美國人民一直堅定不移的反對這種暴政。

每一個現實主義者都知道，民主生活方式目前正在世界各地遭受直接的攻擊 —— 或者是武力的攻擊，或者是祕密散布的惡毒宣傳的攻擊。散布這種宣傳的人，企圖在仍然維持著和平的國家破壞團結、製造分裂。

16 個月來，這種攻擊已經在數目驚人的一批大大小小的獨立國家中徹底毀掉了整個民主生活的格局。進攻者仍在步步進逼，威脅著大大小小的其他國家。

因此，身為各位的總統，執行憲法賦予我的「向國會通報聯邦情況」的責任，我認為雖然令人不快但還是必須向各位報告：我們國家和我們民主政治的前途和安全，已經與遠離我們國境的許多事情不可抗拒地牽連在一起。

以武力保衛民主生存的戰爭，現正在四大洲英勇地進行。倘若這場保衛戰失敗，所有在歐洲、亞洲、非洲和大洋洲的人口和一切資源，都將被征服者控制。這些人口和資源合計起來，遠超過整個西半球的全部人口和資源的總數 —— 超過很多倍。

在這樣的時代，無論誰吹噓美國即使毫無準備，一隻手綁在背後，單靠另一隻手也能對付整個世界，都是幼稚的 —— 附帶來說，當然也是不真實的。

任何現實的美國人都不能期望從一個獨裁者的和平中獲得國際上的寬容，或真正獨立的恢復，或世界性裁軍、言論自由、信仰自由，或者甚至是公平的貿易。

185　綏靖指用讓步妥協、犧牲人民利益去滿足侵略者的欲望以求得苟安。相關思想、政策稱為綏靖主義、綏靖政策。文中提到的慕尼黑會議正是英法等國出賣捷克斯洛伐克、縱容德意法西斯的會議，正是在綏靖政策的縱容下他們才發動了第二次世界大戰。

這樣的和平絕不會給我們或者我們的鄰國帶來任何安全。「那些寧願放棄基本自由以求一時安全的人，既不該享有自由，也不該得到安全。」

作為一個國家，我們可以為自己的仁慈友好而驕傲。但是，我們不能任人擺布。

對於大肆鼓吹綏靖「主義」的人，我們一定要時刻保持警惕。

對於寧肯剪短美國雄鷹[186]的雙翼來鋪墊自己安樂窩的一小撮自私的傢伙，我們尤其要嚴加提防。

我最近曾經指出，現代戰爭可以極為迅速地將武裝攻擊帶到我們的身旁，如果獨裁國家打贏這場戰爭，我們就必須預計到這種攻擊的到來。

現在有不少人信口胡言，說什麼我們不會很快直接受到來自海外的入侵。因為顯然易見的是，只要英國海軍能夠維持優勢力量，這種危險就不存在。即使沒有英國海軍，恐怕也不會有哪夥敵人愚蠢到派兵橫跨幾千英里的海洋登陸到美洲來攻擊我們，除非他們已經事先取得了發動進攻的戰略基地。

然而，在過去幾年裡，我們從歐洲獲得了不少的教訓，特別是挪威的教訓。[187] 挪威重要港口的失陷，正是由於別人的背信棄義以及準備多年的突然襲擊。

進攻我們半球的第一個階段，不會是敵人正規軍的登陸。必不可少的戰略據點的占領，將依靠間諜和受其蒙蔽的人 —— 這樣的貨色，在我們這裡和拉丁美洲早已不乏其人。

只要侵略者保持進攻的態勢，進攻的時間、地點和方式就由他

186　這裡的「雄鷹」一語雙關。美國國鳥為鷹科的白頭海鵰，美國國徽圖案的主體也是這種鷹科猛禽。

187　1940 年 4 月，德軍進攻丹麥和挪威，丹麥當即投降，挪威則進行了兩個月的激烈抵抗，但終因動員遲緩、兵力不足而投降。

們 —— 而不是我們 —— 來決定。

所以，今天所有美洲共和國的前途都處於嚴重危險之中。

所以，今天才有這份給國會的我們歷史上絕無僅有的年度咨文。

所以，所有政府部門的成員和國會議員才能面臨艱巨的任務和重大的責任。

當務之急是，我們的行動和我們的政策都應該首先針對 —— 幾乎是專門針對 —— 如何對付這種來自國外的危險，因為我們所有的國內問題現在都已經成為這一迫在眉睫的危險的一個部分。

正如在國內事務上，我們的國策是以尊重國門以內所有問題的權利和尊嚴為基礎，在外交事務上，我們的國策也以尊重所有大小國家的權利與尊嚴為依歸。道義上的公正原則最後將會而且也必然會取得勝利。

我們國家的政策是：

第一，在明確表達大眾意願以及排除黨派偏見的情況下，我們致力於全面的國防。

第二，在明確表達大眾意願以及排除黨派偏見的情況下，我們決定對不論何處所有反抗侵略致使戰火沒有燃燒到我們西半球來的英勇民族予以全力支持。我們用這種支持來表示我們對民主事業必勝的決心；我們要加強我國本身的防禦和安全。

第三，在明確表達大眾意願以及排除黨派偏見的情況下，我們決定聲明，道義上的基本原則和我們對自身安全的考慮，將永不容許我們默認侵略者支配和綏靖主義者所贊許的和平。我們知道，持久和平不能以他人的自由為代價來換取。

在最近的全國選舉中，在國家政策方面，兩大黨並無實質上的分歧；在美國選民面前，也並未在這方面展開什麼辯論。今天已經十分清楚的

是，全國各地的美國公民都認知到了顯而易見的危險，正在要求採取和積極支持迅速而全面的行動。

因此，我們的軍備生產需要迅速推進。

企業領導和勞工已經對我們的召喚做出了相應。生產速度方面的奮鬥指標也已經確定。就某些方面來看，指標正在提前完成；在某些方面來看，指標正在按時推進；就另一些方面來看，有稍許並不嚴重的遲延；而在某些方面 —— 很遺憾地說，這是一些重要的方面 —— 計畫完成的緩慢情況令我們十分關切。

不過，在過去的一年裡，我們的陸軍和海軍取得了實質性的進展。生產工藝和速度正因為實際經驗的累積而日漸改進。

我對迄今做出的進展並不滿足。負責這項計畫的那些訓練有素、能力出眾、赤心愛國的人，他們對迄今做出的進展也不滿足。直到完成任務，我們誰都不會滿足。

不管原來設定的指標是高是低，我們都要求更快更好。

這裡我給大家舉兩個例子：

我們的飛機生產落後於計畫，我們正在解決諸多問題，爭取完成計畫。

我們的軍艦建造走在了計畫的前面，但我們正在努力提前得更多一些。

達成整個國家從平時生產向戰時生產的轉變，這是一個十分艱巨的任務。其中尤為困難的是，在計畫開始之時，首先得製造新樣機、建造新廠房、安裝裝配線、修建新船臺，然後才能穩定快速地生產出軍用物質來。

不言而喻，國會當然必須隨時了解計畫的進展。但是，正如國會也能及時認知到的，為了我們自己的安全和我們支援的國家的利益，有些情報

當然也有必要予以保密。

新情況不斷給我們的安全帶來新需求。我將要求國會大量增加新的撥款,並授權繼續進行我們已經開始的工作。

我也要求本屆國會授予足夠的權利與經費,一邊製造多種多樣的軍需物資與戰爭裝備,供給那些現在與侵略者作戰的國家。

我們最有效和最直接的任務,是充當他們和我們自己的兵工廠。他們不需人力,他們需要的是價值以 10 億美元計的防禦武器。

用不了多久,他們就將無力用現款償付這些防禦武器。我們不能也不會只因為他們無力償付明知他們必須擁有的武器,便告訴他們必須投降。

我不會建議由我們貸款給他們,再由他們用這筆款項支付購買武器的費用 —— 一種需用現金償還的貸款。

我建議由我們設法使那些國家繼續從美國獲得作戰物資,並讓他們的訂單與我們自己的計畫匹配。一旦時機到來,他們的幾乎全部軍用物資都會有利於我們自己的防衛。

根據富有經驗的陸海軍權威的建議,而且考慮到什麼對我們的自身安全最為有利,我們可以自由地決定應該在國內保留多少,應該運給我們的外國朋友多少。他們堅定英勇地抗敵,使我們贏得了為自身防衛充分準備的時間。

運到海外的物資,在敵對行動結束後的一段合理時間之內,我們將會得到同樣物資的償還,或者得到他們能夠生產而我們也需要的其他種類的產品。

讓我們對民主國家申明:「我們美國人極為關懷你們保衛自由的戰爭。我們正運用我們的實力、我們的資源和我們的整合力量,使你們有能力恢復和維繫一個自由的世界。我們會送去數量日增的艦艇、飛機、坦克和大

炮給你們。這是我們的目標，也是我們的誓言。」

　　為了達成這個目標，我們不會因為獨裁者的威脅而退縮，這些人認為我們對那些膽敢抵抗他們侵略的民主國家進行支援是違犯國際公法，是戰爭行為。我們的援助並不因為獨裁者單方面宣布就成為戰爭行為。

　　身為獨裁者，如果準備向我們開戰，他們不會等待我方的戰爭行為。對於挪威、比利時、荷蘭，他們都不曾等待他們發出什麼戰爭行為。

　　他們唯一有興趣的是一種新的單方面的國際法，這種國際法網開一面，不要求雙方共同遵守，因而也就成為他們的壓迫工具。

　　未來幾代美國人的幸福，可能要看我們如何有效而迅速地使我們的支援產生影響。沒有人知道我們要面對的緊急處境屬於怎樣一種性質。在事關國家生死存亡的危急時刻，我們國家的雙手絕對不能收到束縛。

　　我們所有的人都必須準備做出緊急情況 —— 幾乎和戰爭本身一樣嚴重的緊急情況 —— 要求所做出的犧牲。任何阻礙進行迅速有效防衛準備的事情，都必須為國家的需求讓路。

　　自由的國家有權期待所有社會集團的全面合作。自由的國家有權期待企業、勞工和農業領袖在自己的集團內部 —— 而不是在其他集團之間 —— 帶頭發揮促進作用。

　　對付我們中間少數逃避責任和製造麻煩的人，最好的方式，首先是用愛國主義的榜樣使他們愧疚；如果這樣沒有作用，就運用政府的權威來進行管制。

　　如同人們並非單靠麵包生活一樣，人們也並非單靠武器來作戰。那些堅守我們防禦工事的人以及在他們後面建立防禦工事的人都必須具有耐力和勇氣，而所有這些均來自他們對正在保衛的生活方式的不可動搖的信念。我們號召的偉大行動，不能建立在忽視所有值得為之奮鬥的東西的基

礎之上。

美國民主生活的保持與個人利害攸關，對於促使人民明白這一點而做的種種事情，舉國上下，都非常滿意，並且從中汲取了巨大力量。這些事情使我們人民的身心堅強，鞏固了他們的信念，也加強了他們對大家準備保衛的各種制度的忠誠。

當然，現在並非停止考慮各種社會和經濟問題的時候，這些問題都是社會革命的根本原因，而這種革命則是當今世界的一個主要因素。

一個健全穩固的民主政治的基礎並不神祕。我們人民對政治經濟制度所抱的基本期望十分簡單。它們是：給年輕人和其他人均等機會；給能工作的人工作；給需要保障的人保障；終止少數人享有的特權；保護所有人的公民自由權；在生活水準不斷普遍提升的情況下享受科學進步的成果。

在我們這個混亂和複雜得難以想像的現代世界裡，這些簡單而基本的東西絕不能一時忽視。我們種種經濟政治體制的內在和持久的力量，正取決於它們滿足這些期望的程度。

有不少與我們社會經濟有關的事項，需要立即改善。例如，我們應該使更多的公民享有養老金和失業保險的保障。我們應該擴大使人們享有充分醫療照顧的機會。我們應該制定一套更好的制度，使那些理當並需要獲得有薪職業的人們能夠就業。

我曾經號召大家做出個人犧牲。我相信幾乎每個美國人都樂於響應我這個號召。

這種犧牲的一個方面，是指拿出更多的錢來納稅。在我的預算咨文裡，我將建議由增加稅收來給這個偉大的國防計畫提供大部分資金。任何人都不該也不准從這個計畫上發財；各盡所能的納稅原則應該是這項計畫的指導方針。

　　如果國會維護這些原則，愛國危險、賺錢其次的選民就會對各位鼓掌歡迎。

　　在我們力求安定的未來歲月裡，我們期待一個建立在四項人類基本自由之上的世界。

　　第一是發表言論和表達意見的自由 —— 在全世界的任何地方。

　　第二是人人都有以自己的方式來崇拜上帝的自由 —— 在全世界的任何地方。

　　第三是不虞匱乏的自由 —— 就世界範圍來講，這意味著一種經濟上的融洽關係，它將保證每個國家的居民都過著和平時期的健全生活。

　　第四是免於恐懼的自由 —— 就世界範圍來講，這意味著世界範圍的裁減軍備，要全面徹底地裁減到這樣的程度：世界上沒有一個國家有能力向任何地區的任何鄰國發動武力侵略。

　　這並不是對一個渺茫的黃金時代的憧憬，而是我們這個時代和我們這一代人就可以達成的一種世界的堅實基礎，這種世界與獨裁者企圖在炸彈爆炸聲中製造的專制主義「新秩序」截然相反。

　　針對他們那個「新秩序」，我們提出了一個更為宏大的概念 —— 道義秩序，一個優越的社會，面對各種征服世界和在國外製造革命的陰謀全都是毫無畏懼。

　　自美國有史以來，我們一直在從事變革 —— 一種持久的和平變革 —— 一種悄然適應變化、穩健邁步向前的變革 —— 並不需要任何集中營或萬人塚。我們所追求的世界秩序，是自由國家之間的合作，以及在友好、文明的社會裡共同前進。

　　這個國家，已把它的命運託付給自己數百萬自由男女的雙手、頭腦和心靈，以及在上帝的指引下對自由的信仰。自由意味著在任何地方都是人

權至上。凡是為取得或保持這種權利而抗爭的人，我們都予以支持。我們的力量來自我們目標的一致。

為了這一崇高信念，我們不獲全勝絕不甘休。

第 3 任就職演講
—— 1941 年 1 月 20 日

　　1940 年又是美國大選年。此時，雖然有開國總統華盛頓典範在前，但憲法並不限制總統二次連任。因此，羅斯福有一次被民主黨提名，並打破多年來的政治傳統，第三次當選總統。而羅斯福在他的第三屆任期所要面對的，也許是比大蕭條還要驚心動魄的危機。就是在這樣的形勢下，羅斯福登上了就職演講臺。

　　1789 年起，每逢總統就職典禮的全國性日子，人民都要賦予為合眾國做出奉獻以新的意義。

　　在華盛頓時代，人民的任務在於創立和熔鑄成為一個國家。

　　在林肯時代，人民的任務是維護這個國家，使它避免從內部發生分裂。

　　今天，人民的任務是挽救這個國家及其制度，使它避免因外部因素而瓦解。[188]

　　當今世界風雲急劇變幻，因而我們已到了一個稍作停留和進行清點的時候。我們要回顧一下我們在歷史上處於何種地位，重新審視我們扮演了何種角色，以及將來可能扮演何種角色。我們倘若不如此，就會因動作遲緩而招致真正的危險。

　　所有國家壽命的長短，並不取決於年輪的多寡，而要看人類精神能夠生存多久。人的壽命大致在 70 歲左右，有人稍長，有人略短。而一個國家的壽命究竟有多長，則要按其生存的願望而決定。

188　第二次世界大戰爆發後，圍繞是否參戰的問題，美國國內輿論形成了「國際主義派」和「孤立主義派」的對立。

　　有些人對此表示懷疑。有人認為，民主作為一種政府形式和一個生活框架，受到某種神祕的和人為的宿命的限制，或者須以此來衡量其壽命。這就是說，由於某些無法解釋的原因，暴政和奴役已經成為未來的滾滾潮流，而自由則是正在退卻的海潮。

　　但是，我們美國人懂得，這是不真實的。

　　8 年前，當這個共和國的生命似乎因命運所加的恐怖而凍僵之時，我們就已證明這是不真實的。那時我們處於震驚之中，但我們採取了行動，我們迅速、勇敢而果斷地採取了行動。

　　後來的這些年乃是生機勃勃的歲月，對於生活在這一民主制之下的人民來說，也是碩果累累的年代。因為這些年裡我們獲得了更大的安定，而且，如我所希望的那樣，還使我們更好地認知到，生活的理想是不應用物質事物來加以衡量的。

　　對我們的現在和未來至為關鍵的一段經歷乃是，民主制成功地度過了國內危機，消除了許多弊病，在堅實持久的基礎上建立了新的大廈，而且透過所有這些，保持了民主制的實際內容。

　　這是因為，我們所採取的行動都沒有越出美國憲法所規定的三維框架。政府各個平行同級的部門仍在自由地發揮各自的功能，「權利法案」並未遭到踐踏，選舉自由得到了完全的維護。那些聲稱美國民主行將崩潰的預言家們，已經目睹他們的可怕預言化成了泡影。

　　民主不是在死亡。

　　我們懂得這一點，是因為我們已經看到民主制得到了復興，並且在不斷成長。

　　我們知道民主不會死亡 —— 因為它建立的基礎，乃在於我國男女老少那種未受壓抑的首創精神。他們攜手投身於一項共同的事業 —— 一項

事業的承擔和完成，都展現了自由的多數人所自由表達的意願。

我們知道民主不會死亡，因為在所有的政府形式中，唯有民主制能夠調動人們獲得開化的意志的全部力量。

我們知道民主不會死亡，因為唯有民主制已經造就了 —— 一種沒有限度的文明，能夠在改善人類的生活方面取得永無止境的進步。

我們知道民主不會死亡，因為我們若透過表象看問題，就會發現民主制仍在各個大陸不斷傳播，因為它最為人道，最為先進，並且最終也是所有人類社會形態中最不可戰勝的一種。

國家就像一個人一樣，也擁有身體，這個身體需要吃、穿、住，需要滋補營養和休息，以便能夠適應我們時代的各項目標。

國家就像一個人一樣，也具有頭腦，這個頭腦必須保持資訊靈通和高度警惕，必須了解自己，也了解其鄰居的種種希望和需求。這些鄰居乃是生活於這個小小環球的其他國家。

再者，一個國家也像一個人一樣，擁有某種較深沉的東西，某種較長久的東西，某種大於其各個組成部分總和的東西，這種東西與國家的未來關係甚大，要求人們至為神聖地捍衛國家現在的狀況。

對於這種東西，我們覺得難以甚至無法想出一個簡潔的詞彙加以描述。

但我們大家都知道它是什麼，它乃是精神，是美國的信念。它是幾個世紀的產物。它誕生於從四面八方湧集於此的移民人潮之中。這些人有的地位高貴，但大部分乃是尋常百姓，他們或遲或早地來到這裡，目的是尋找更大的自由。

人們對民主的嚮往，並不僅僅是人類歷史上最近才有的現象。它與人類歷史同在。它曾廣泛見之於古代早期人類的生活當中，又在中世紀重新

煥發出光輝，並且在《大憲章》當中得到了反映。

在美洲各國，對民主的嚮往所造成的衝擊，向來是不可抗拒的。說著各種語言的世界各國人民都一直把美國叫做新世界，這並不是由於這塊大陸是一片新發現的土地，而是由於來到這裡的人民相信，他們能夠在這塊大陸創造出一種新的生活，一種能在自由方面展示全新面貌的生活。

它的活力表現在我們自己的《五月花號公約》[189] 之中，表現在《獨立宣言》之中，表現在美國憲法之中，表現在蓋茲堡演說[190] 中。

那些最初到此以達成其渴望的人們，那些隨他們之後抵達的數以百萬計的人們，以及他們所留下的子孫後代，都在堅定不移、始終不渝地奔向一個理想，而隨著每一代人的嬗遞，這個理想本身也不斷成長和日益明確起來。

這個共和國以其所抱的希望，不可能長久容忍不應有的貧困和自私自利的富裕。

我們知道我們還有漫長的路要走，我們必須在我國的資源和能力可以做到的限度內，盡可能為每個公民提供更大的保障，創造更好的機會，以及輸送更多的知識。

但是，僅僅達成這些目標是不夠的。僅僅使這個國家的身體有吃有穿，使其頭腦得到開發和獲得資訊，也完全不夠。因為除此之外還有精神。在這三者當中，精神是最重要的。

眾所周知，如果沒有身體和頭腦，國家是不能生存的。

但倘若美國的精神遭到了扼殺，即使國家的身體和大腦依然存在，蜷

189　《五月花號公約》（May flower Compact）是 1620 年一批抵達北美的清教徒移民訂立的公約，規定他們所建立的殖民地將按多數人的意志進行統治。該公約被認為是美國民主制度的奠基石。由於這批清教徒乘「五月花號」船而來，故稱。

190　蓋茲堡演說是美國第 16 任總統林肯於 1863 年 11 月 19 日在蓋茲堡國家公墓為紀念陣亡將士而發表的演說。這篇數百字的簡短演說中提出了「民有、民治、民享」的民主理想。

縮在一個陌生的世界裡，而我們所熟悉的美國則已無跡可尋了。

這種精神，也就是這種信念，在我們的日常生活中通常以不為人所覺察的各種方式向我們傾訴，因為這些方式對人們來說似乎是習以為常的。它就在我們國家的首都向我們傾訴。它透過 48 個州政府的治理過程向我們傾訴。它在各個縣、市、鎮和村莊對我們傾訴。它從這個半球的其他國家，從大洋彼岸或受奴役、或享自由的各國向我們傾訴。有時我們未能聽到或未能留意這些呼喚自由的聲音，其緣故就在於享有自由的特權對我們乃是陳年舊事。

1789 年，我國第 1 任總統在他的首任就職演說中，即以預言式的詞句宣告了美國的命運，他的那席話似乎是直接針對 1941 年這一年而說的，「人們經過深思熟慮，最後確定把自由聖火的保存和共和政府模式的命運，寄託在交付於美國人民之手而進行的實驗之上。」

如果我們失去了這堆聖火，如果我們由於疑慮與恐懼而任它熄滅，那麼我們就會拋棄華盛頓曾經如此英勇和成功地為之奮鬥而確立的命運。維護這個國家的精神和信念，確能而且必將為我們在捍衛祖國的事業中可能做出的每一犧牲賦予至為崇高的意義。

我們面臨著前所未有的嚴峻的險惡形勢，我們的堅定決心是捍衛和維護民主的完整。

為此，我們要振作起美利堅的精神和美利堅的信念。

我們不會後退。我們不會滿足於原地踏步。身為美國人，我們要遵奉上帝的意志為國效力、走向前方。

第 4 任就職演講
── 1945 年 1 月 20 日

　　1944 年是歐洲戰局決定勝敗的一年，顯然臨陣換帥是不明智的，美國人民舉著「我們需要羅斯福」的牌子又一次把他留在了白宮。考慮到羅斯福的健康以及正值戰時等因素，這次總統就職典禮儀式相當簡單，盛大遊行和豪華舞會取消了，羅斯福也只講了 6 分鐘。

　　首席大法官先生、副總統先生、朋友們：

　　你們會了解，而且我相信也會贊同我的願望，把這次就職典禮辦成一個簡單的儀式，而我則只發表一個簡短的演說。

　　我們今天的美國人和我們的盟友一道，正經歷一個最為嚴峻的考驗時期。這是一次對我們的勇氣、決心和智慧的考驗，也是一次對我們根本性的民主制的考驗。

　　我們若能成功而光榮地承受住這次考驗，那我們就可以創造具有重要歷史意義的業績，受到人民世世代代的紀念。

　　今天，我佇立於此，在我國同胞的面前，在我們上帝的面前，進行了莊嚴的就職宣誓。當此之際，我深知美國的目標要求我們絕不能失敗。

　　在未來的歲月裡，我們要致力於建設一種公正而光榮的和平，建設一種持久的和平，就像我們今天正在為戰爭的徹底勝利而工作和戰鬥一樣。

　　我們能夠而且必將獲得這樣一種和平。

　　我們要為完美的局面而奮鬥。我們不會馬上達到目標，但我們仍要為之奮鬥。我們也許會犯下錯誤，但我們絕不能因為喪失意志和拋棄道義原則而犯錯誤。

其他重要演講 Other Speeches

　　我記得，在我們似乎感到安穩無憂的日子裡，我們的老校長皮博迪博士[191]話過：「生活中的事情並不總是一帆風順的。有時我們眼看就要登上頂峰，可是情況似乎很快急轉直下，又開始走下坡路了。但我們要牢記一個重要事實：文明本身的趨向永遠是向上的，如果從數個世紀的高峰和低谷之間劃出的中線來看，這條線一直都是呈上升趨勢的。」

　　我們1787年的憲法並不是一份完美無缺的文獻，而且它至今仍未盡善盡美。但它卻提供了一個堅實的基礎，供不同種族、不同膚色、不同信仰的各式各樣的人們來建立一個牢固的民主大廈。

　　因此，在今天，在1945年這個戰爭的年頭，我們用可怕的代價換取了若干教訓，我們會從中獲益不淺。

　　我們懂得，單憑我們自己是無法生活在和平之中的，我們自己的富足有賴於相距遙遠的其他國家的富足。我們懂得，我們必須像人一樣生活，而不是作為駝鳥，或是馬槽裡的狗。[192]

　　我們懂得了要做世界的公民，要成為整個人類社會的成員。

　　我們懂得了一個簡單的真理，也就是愛默生[193]所說的：「只有當朋友，才能交朋友。」

　　我們在謀求和平時，如果疑慮重重、互不信任和心懷畏懼，也就不能獲得持久的和平。只有滿懷來自於信念的了解、信任和勇氣而走向和平，我們才能獲得持久的和平。

　　全能的上帝一直以各種方式賜福於我們的國家。他賦予我們的人民堅

191　皮博迪（Peabdy），羅斯福在麻薩諸塞州格羅頓中學時的校長，對羅斯福影響很深，他曾於30年後說「校長夫婦對我的影響僅次於我母親」。

192　馬槽裡的狗（dogs in the manger），指自己不吃馬草料卻躺在馬槽裡不讓馬吃的狗，出自《伊索寓言》。後指獨占財富而不與他人分享的人。

193　愛默生（R. W. Emerson, 1803～1882），美國哲人，著有《依靠自我》（Self-Reliance）、《人生法則》等。

強的意志和有力的雙手，用以為自由和真理而打退各種強大的進攻。他賦予我們的國家一種信仰，在一個苦難深重的世界裡，這種信仰已成為各國人民的希望。

因此，我們現在向上帝祈禱，祈求它賜給我們遠見，讓我們看清我們的道路 ── 一條使我們自己和全人類通向更加美好的生活的道路 ── 一條通往達成上帝意願和世界和平的道路。

富蘭克林・羅斯福的爐邊談話：

30 場經典廣播、6 大重要演講，看小羅斯福如何以「話家常」的方式帶領人民度過國家危機

作　　者：[美] 富蘭克林・羅斯福（Franklin D. Roosevelt）

翻　　譯：孔謐

發 行 人：黃振庭

出 版 者：崧燁文化事業有限公司

發 行 者：崧燁文化事業有限公司

E-mail：sonbookservice@gmail.com

粉 絲 頁：https://www.facebook.com/ sonbookss/

網　　址：https://sonbook.net/

地　　址：台北市中正區重慶南路一段六十一號八 樓 815 室

Rm. 815, 8F., No.61, Sec. 1, Chongqing S. Rd., Zhongzheng Dist., Taipei City 100, Taiwan

電　　話：(02)2370-3310

傳　　真：(02)2388-1990

印　　刷：京峯彩色印刷有限公司（京峰數位）

律師顧問：廣華律師事務所 張珮琦律師

定　　價：450 元

發行日期：2023 年 02 月第一版

◎本書以 POD 印製

國家圖書館出版品預行編目資料

富蘭克林・羅斯福的爐邊談話：30 場經典廣播、6 大重要演講，看小羅斯福如何以「話家常」的方式帶領人民度過國家危機 / [美] 富蘭克林・羅斯福（Franklin D. Roosevelt）著，孔謐譯 . -- 第一版 . -- 臺北市：崧燁文化事業有限公司，2023.02
面；　公分
POD 版
譯自：Roosevelt's fireside chats.
ISBN 978-626-357-068-9(平裝)
1.CST: 美國政府 2.CST: 經濟政策 3.CST: 公共政策 4.CST: 言論集
752.262 111021749

電子書購買

臉書